高等教育·通用课程教材

根据教育部《高等学校学生心理健康教育指导纲要》编写

大学生
心理健康教育

赵　荔　李艳武　赵　明　主　编

鲍　杰　刘子暄　张　慧　副主编

田志鹏　范勤毅　王丽莉　主　审

人民交通出版社

北　京

内 容 提 要

本书为高等教育通用课程教材，根据教育部《高等学校学生心理健康教育指导纲要》编写。全书主要内容包括学习心理健康知识、拓展自我认识方式、提高心理适应能力、提高学习心理素养、优化情绪调适策略、提升人际交往能力、掌握挫折与压力应对方法、感悟生命的力量、培养职业心理素质、增强智慧求助意识等。

本书坚持落实立德树人根本任务，遵循大学生成长规律，聚焦新时期大学生存在的心理困惑，将心理学知识与心理健康疏导有机融合，开拓创新，从"以德育心、以智慧心、以体强心、以美润心、以劳健心"的角度出发，有针对性地引导学生进行心理自助与成长，帮助学生掌握切实可行的心理调整策略，解决心理困惑，开创幸福生活。

本书可供于高等院校心理健康课程教学使用，亦可供相关行业培训参考使用。

*** 本书配套教学课件、课程教学标准、课程教授计划、课程教案等教学资源，任课教师可加入"职教公共基础课教学研讨群"（qq 群:985149463）获取课件。**

图书在版编目(CIP)数据

大学生心理健康教育 / 赵荔，李艳武，赵明主编
. — 北京 ：人民交通出版社股份有限公司，2024.6
ISBN 978-7-114-19537-2

Ⅰ.①大… Ⅱ.①赵…②李…③赵… Ⅲ.①大学生—心理健康—健康教育—教材 Ⅳ.①G444

中国国家版本馆 CIP 数据核字(2024)第 093998 号

高等教育 · 通用课程教材
根据教育部《高等学校学生心理健康教育指导纲要》编写
Daxuesheng Xinli Jiankang Jiaoyu

书　　名： **大学生心理健康教育**
著 作 者： 赵　荔　李艳武　赵　明
责任编辑： 杨　思
责任校对： 赵媛媛　龙　雪
责任印制： 刘高彤
出版发行： 人民交通出版社
地　　址： (100011)北京市朝阳区安定门外外馆斜街 3 号
网　　址： http://www.ccpcl.com.cn
销售电话： (010)59757973
总 经 销： 人民交通出版社发行部
经　　销： 各地新华书店
印　　刷： 北京印匠彩色印刷有限公司
开　　本： 787 × 1092　1/16
印　　张： 15
字　　数： 302 千
版　　次： 2024 年 6 月　第 1 版
印　　次： 2024 年 6 月　第 1 次印刷
书　　号： ISBN 978-7-114-19537-2
定　　价： 49.00 元
(有印刷、装订质量问题的图书，由本社负责调换)

前言

【编写背景】

在社会高速发展的形势下，大学生的思想观念和心理状态难免受到冲击，使心理上的动荡进一步加剧。2018 年，教育部正式颁布了《高等学校学生心理健康教育指导纲要》，指明了大学生心理健康教育方向，提出要深入学习贯彻习近平新时代中国特色社会主义思想，全面贯彻党的教育方针，把立德树人的成效作为检验学校一切工作的根本标准，着力培养德智体美全面发展的社会主义建设者和接班人。该纲要提出，高等学校在学生心理健康教育中要坚持育心与育德相统一，加强人文关怀和心理疏导，更好地适应和满足学生心理健康教育服务需求，培养学生理性平和、积极向上的健康心态，促进学生心理健康素质与思想道德素质、科学文化素质协调发展。

为认真贯彻党的二十大精神，贯彻落实《中国教育现代化 2035》《国务院关于实施健康中国行动的意见》，全面加强和改进新时代学生心理健康工作，提升学生心理健康素养，2023 年教育部等十七个部门联合印发了《全面加强和改进新时代学生心理健康工作专项行动计划（2023—2025 年）》，提出坚持以习近平新时代中国特色社会主义思想为指导，全面贯彻党的教育方针，坚持为党育人、为国育才，落实立德树人的根本任务，坚持健康第一的教育理念，切实把心理健康工作摆在更加突出的位置，促进学生思想道德素质、科学文化素质和身心健康素质协调发展，培养堪当民族复兴大任的时代新人。其重点任务包括五育并举促进心理健康、加强心理健康教育、规范心理健康监测、完善心理预警干预、建强心理人才队伍、支持心理健康科研、优化社会心理服务、营造健康成长环境。

【编写目的】

本书在上述文件精神的指导下，结合新时代学生心理需求现状，聚焦如何解决学生不同成长阶段的心理困惑，集心理体验、案例教学、行为训练、实践反馈于一体，将知识学习与心理疏导方法的实践结合，致力于开发学生心理潜能、提升学生心理健康素质、增强学生社会适应能力，引导学生学会积极自助与求助，更好地创造理想的生活状态。

【编写思路】

本书依据《高等学校学生心理健康教育指导纲要》确定编写大纲及编写内容。编写思路源于多所高校心理健康教育一线教师多年教学实践积累，总结大学生遇到的普遍心理健康问题，将发展性与预防性结合，注重加强心理健康知识的普及和传播，充分挖掘学生心理潜能，培养学生积极心理，促进学生身心和谐发展，引导学生学会心理自助；重视心理问题的及时疏导，预防和最大限度减少严重心理危机个案的发生。

【本书特色】

本书在编写过程中力求突出以下几方面特色：

1. 注重课程思政引领。本书在内容设计、故事案例等方面，注重潜移默化引入课程思政内容，落实立德树人的根本任务，充分体现创新精神。

2. 内容丰富充实。本书包含大学生在不同成长阶段面临的困惑和问题，全方位加强学生在不同时期遇到心理困惑的自助意识，务使学生学会调适方法。

3. 案例贴近实际。本书的案例均为大学生的真实生活案例，有助于学生更好地体验和感受，从而引发共鸣。

4. 针对性和指导性强。本书每章内容都将心理学知识与学生可能遇到的困惑有机地结合起来，着力突出针对性和指导性强的特色。

5. "知行合一"，拓展教学实践内容。本书在每章内容结尾处都设置了"心理素质拓展实践"和"学习反馈单"，帮助学生在活动中体验，在体验中总结，在总结中升华所学知识。

6. 行业专家指导。本书编写全程由行业专家、学者参与指导，特别邀请哈尔滨市第一专科医院范勤毅教授参与本书编审。

【编写分工】

本书由黑龙江交通职业技术学院赵荔、黑龙江交通职业技术学院李艳武、哈尔滨剑桥学院赵明担任主编，负责结构设计、内容编写、统稿。哈尔滨金融学院鲍杰、吉林大学刘子暄、黑龙江交通职业技术学院张慧担任副主编，负责内容编写和校对。哈尔滨师范大学田志鹏、哈尔滨市第一专科医院范勤毅、黑龙江交通职业技术学院王丽莉担任主审。

【致谢】

感谢在本书编写过程中提供专业支持的诸位同仁。

由于编者水平有限，书中难免存在疏漏和不足之处，敬请广大读者批评指正。

编　者

2024 年 1 月

数字资源索引

资源使用说明：

1. 扫描封面二维码，注意每个码只可激活一次；

2. 长按弹出界面的二维码关注“交通教育出版”微信公众号并自动绑定资源；

3. 公众号弹出“购买成功”通知，点击“查看详情”，进入后即可查看资源；

4. 也可进入“交通教育出版”微信公众号，点击下方菜单“用户服务—图书增值”，选择已绑定的教材进行观看。

序号	数字资源内容	序号	数字资源内容
第 1 章　学习心理健康知识		第 6 章　提升人际交往能力	
1	微课　第 1 章　章节介绍	11	微课　第 6 章　章节介绍
2	微课　第 1 章　拓展实践说明	12	微课　第 6 章　拓展实践说明
第 2 章　拓展自我认识方式		第 7 章　掌握挫折与压力应对方法	
3	微课　第 2 章　章节介绍	13	微课　第 7 章　章节介绍
4	微课　第 2 章　拓展实践说明	14	微课　第 7 章　拓展实践说明
第 3 章　提高心理适应能力		第 8 章　感悟生命的力量	
5	微课　第 3 章　章节介绍	15	微课　第 8 章　章节介绍
6	微课　第 3 章　拓展实践说明	16	微课　第 8 章　拓展实践说明
第 4 章　提高学习心理素养		第 9 章　培养职业心理素质	
7	微课　第 4 章　章节介绍	17	微课　第 9 章　章节介绍
8	微课　第 4 章　拓展实践说明	18	微课　第 9 章　拓展实践说明
第 5 章　优化情绪调适策略		第 10 章　增强智慧求助意识	
9	微课　第 5 章　章节介绍	19	微课　第 10 章　章节介绍
10	微课　第 5 章　拓展实践说明	20	微课　第 10 章　拓展实践说明

目录

课程导学——给大学生的一封信

亲爱的同学们：

感恩相遇！

相信我们每个人在成长的过程中，都曾感受过关怀的温暖，体验过成长的快乐，或许也曾遇到过很多困扰和烦恼。例如，当我们进入新环境时，可能会因为初期的不适应，产生低落、焦虑的情绪，甚至身体不适；当我们和老师、同学交流时，可能会感到些许紧张，因找不到话题而尴尬；当我们学习压力增大、成绩不理想时，可能会自卑、自责，对事物提不起兴趣；当我们沉迷手机，因此影响学习时，可能会懊恼不已却又难以自控；当我们遇到困难和挫折时，可能会怀疑自己的能力，甚至否定自己、轻言放弃……

其实，没有哪一个人的成长是一帆风顺的。只要我们拥有健康的心理状态，积极面对，学会正确的处理方法，这些困扰和烦恼都会被逐一化解。荆棘之路终将使我们变强大，通往幸福的彼岸。

在该课程中，老师将带领大家一起学习心理健康知识和技能，涉及自我认识、心理适应、学习心理、情绪调适、人际交往、挫折和压力应对、人的生命、职业心理素质、心理咨询等。老师还会通过课堂讲解、案例分析、小组讨论、角色扮演、实践练习等方式，陪伴你在轻松愉快的氛围中体会心理健康的重要性和感受学习的乐趣。同时，老师也希望大家能够积极参与课程的学习和活动，多交流、多互动，分享自己的想法和感受，提出自己的问题和困惑，寻求帮助和支持。老师相信，大家这样做一定能够有丰富的收获和更好的成长。

最后，老师想对同学们说，心理健康是每个人都需要关注和重视的问题。心理健康状况会影响你们的生活质量和幸福感，健康的心理状态会助力你们的成长。希望同学们可以保持对心理健康的关注和学习，不断提高自己的心理素质和应对能力，做一个自信、乐观、积极、健康的人，成为快乐的追风少年，拥有属于自己的精彩生活！

第1章 学习心理健康知识

学习目标

1. 了解科学的健康观。
2. 懂得心理健康对生活的影响。
3. 学会运用积极的心理调适方法帮助自己更好地适应环境与发展。

本章导读

《"健康中国2030"规划纲要》对健康的重要意义做了科学的诠释。对于一个人,健康是享受幸福生活的前提;对于一个国家,健康是开创美好未来的根基。健康既是发展的资源,也是发展的目的。要塑造自主自律的健康行为,促进心理健康,加强心理健康服务体系建设和规范化管理,加大全民心理健康科普宣传力度,提升心理健康素养。

大学阶段是一个人成长发展的重要阶段。在这个阶段,我们会面临多重人生任务,需要探索很多人生问题,如寻找自我发展方向、交友、择业等。党的二十大报告提出要"重视心理健康和精神卫生"。心理健康就像一盏闪亮的心灯,可以照亮我们生活的每个角落。它代表着内心的平衡和稳定,是我们生活的基石和支撑,让我们能够应对生活中的挑战和压力。

心理案例 1-1

关于"脆皮青年"的争论

近两年,"脆皮青年"这个话题频上热搜,引发了许多关注和讨论。班会上,同学们展开了对"脆皮青年"的讨论。有的同学认为,年轻人的不良生活习惯透支了身体,引发身体健康问题。有的同学认为,部分年轻人还出现了焦虑、压力大等心理状况,造成心理上的"脆"。两种认知共同引发了同学们对"健康"的广泛关注。

同步思考

1. 你的观点是什么?
2. 你认为心理健康是什么?

1.1　心理健康概述

一、科学健康观

健康是人生宝贵的财富,是实现理想的前提和幸福生活的保障。人们对健康的认识随着社会的发展以及人们自身认识的深化而不断丰富,甚至发生了质的飞跃,不再局限于生理机能的正常。

科学的健康观认为健康不是单纯地没有疾病,而是身体、心理、道德和社会适应均达到良好状态。也就是说,一个人在身体健康、心理健康、道德健康和社会适应方面都处于良好状态,才是完全健康的人。因此,现代健康的含义是多元的、广泛的。在此基础上,健康的生活方式也是多元的。目前比较公认的健康生活方式主要包括合理膳食、适量运动、心理平衡等。这里的心理平衡即体现了心理健康。简言之,人是身心统一的个体,身体和心理是紧密依存的。

二、心理健康的含义、标准、特征

心理健康影响身体健康,良好的情绪可以使人的生理功能处于最佳状态,反之则会降低或破坏某种生理功能而引发疾病。身体状况的改变可能带来相应的心理问题,如生理上的缺陷、疾病,往往会使人产生烦恼、焦躁、忧虑、抑郁等不良情绪,导致各种不正常的心理状态。

(一)心理健康的含义

对于心理健康的具体含义,心理学家们尚未达成共识,可综合概括为:心理健康是指一种持续的、积极发展的心理状态,在这种状态下人们能做出良好的适应,能充分发挥身心潜能,能积极应对各种挑战和压力,从而保持身心的平衡和健康。

知识拓展 1-1

心理健康的多种定义

心理学家们对心理健康的定义有以下三种。

(1)心理健康是指人们对客观环境具有高效、快乐的适应状况。心理健康的人应具有稳定的情绪、敏锐的思维、适应社会环境的行为。

(2)心理健康是指在知、情、意、行方面的健康状态,主要包括发育正常的智力、稳定而快乐的情绪、高尚的情感、坚强的意志、良好的性格及和谐的人际关系等。

(3)心理健康是人的一种持续的心理状态,主要是指能较好地适应各种情况,具有生命的活力,能充分发挥身心的潜能。

(二)心理健康的标准

目前被广泛认可的心理健康十条标准如下:

(1)充分的安全感;

(2)切合实际的生活目标;

(3)充分了解自己,并对自己的能力作适当的评价;

(4)不脱离周围的现实环境;

(5)能保持人格的完善与和谐;

(6)具有从经验中学习的能力;

(7)能保持良好的人际关系;

(8)适度的情绪表达与控制;

(9)在不违背团体要求的前提下,能使个性得到发展;

(10)在不违背社会规范的前提下,能恰当满足个人的基本要求。

(三)心理健康的特征

心理学家认为,一个心理健康的人具有以下几方面的特征:

1. 情绪稳定和心情愉快

情绪稳定和心情愉快是心理健康的重要标志,它表明一个人的中枢神经系统处于相对平衡的状态,意味着机体功能协调。

2. 意志品质健全

具有一定的自觉性、独立性和自制力,表现为能够自觉地确定目标,并支配自己的行动,努力实现预期目标。

3. 行为协调得体

一个心理健康的人,其行为受意识支配,思想与行为是统一协调的。行为上能够自我控制、独立自主,不以他人的好恶作为个人行为的依据,不盲从,行为方式与其年龄、社会角色匹配。

4. 反应适度

反应强度与刺激强度一致。对外界事物的反应和活动效率是适度的、积极主动而富有成效的，不冲动、不毛躁，也不敷衍塞责。

5. 人际交往良好

乐于且善于与人交往，能和大多数人建立良好的人际关系，重视友谊，不拒绝别人的关心与帮助。与人相处时积极态度多于消极态度，在新环境中能很快地适应，与他人打成一片。

以上是心理健康的主要特征，但是心理健康并非要求人处于超人的非凡状态，心理健康也不一定在每个方面都有明显表现。一个人只要在生活实践中能够正确认识自我，自觉调整自己，合理对待外界影响，使心理保持平衡协调，那么他就具备了心理健康的基本特征。

心理案例 1-2

大学的我怎么了？

小A进入大学开心不已，可是到了寝室，一切都变了。从前的她没有住校经历，现在忽然和好多人一起生活，她不知道和大家聊什么。一想到大家要一起生活几年，小A真是头疼……就这样，小A每天都很烦恼……

同步思考

1. 小A到底怎么了？
2. 如何帮助小A？

三、心理学与心理健康

心理学与心理健康紧密相连。心理学研究人的心理现象，是一门研究人的心理过程、行为以及心理状态的学科。心理学可以通过科学正向的实践手段帮助人们维持稳定的心理健康状态。心理学的研究成果可以帮助人们更好地了解自己的情绪变化、个性特点以及问题产生的原因，进而采取相应的干预措施。心理学研究为人们提供了对心理健康状况的评估和诊断工具，如焦虑、抑郁等心理疾病的诊断标准和量表。通过这些工具，人们能够了解自己的心理健康水平，及时发现并处理可能存在的心理问题。心理学的行为疗法和咨询技术可以帮助人们调节情绪、缓解压力，解决心理问题。例如，认知行为疗法能够通过调整个体的思维方式和行为习惯，改变其对事件的理解和应对方式，从而改善个体的心理健康状态。心理学的应用范围涵盖个体、家庭、社会等各个层面，旨在提高个人和社会的心理健康水平。家庭心理学研究可以帮助人们了解家庭内部关系、冲突产生的原因，从而提出解决方案，促进家庭成员和谐相处和互动；社会心理学研究可以揭示社会环境对个体心理健康的影响，为社会政策的制定提供依据。心理学的这些研究成果和应用实践，使个体能够更好地了解自己，提高心理适应能力，增强心理韧性，从而更好地维护和促进心理健康。

在心理健康的状态下，个体具备良好的情绪调节能力、专注力和学习能力，能够更好地投入心理学的研究中，为学科的发展提供有力的支撑。心理咨询者的心理健康状态良好可以促进心理学实践的有效进行。在心理健康的状态下，个体更容易接受心理咨询师或心理治疗师的建议和指导，并主动参与治疗过程。这为心理学的应用提供了更好的实践基础。心理健康的个体在面对困难和挑战时具有更乐观的态度，并能积极应对，能够更好地利用心理学的知识和方法解决问题，提升个人的心理素质和应对能力。

总结起来，心理学与心理健康是相辅相成、相互促进的。心理学研究的成果为心理健康的维护和干预提供了科学依据和方法；而心理健康的良好状态则为心理学的研究和实践提供了支撑和动力。通过不断深入研究和实践，心理学与心理健康的关系进一步发展和加强，心理学为个体和社会的发展作出了更大的贡献。

心理实验1-1

情绪实验

学者曾把一胎所生的两只羊羔置于不同的外界环境中生活：把一只小羊羔放在水草地随羊群快乐地生活，而在另一只羊羔旁边拴了一只狼。后者总是处于自己身旁那只野兽的威胁中，在极度惊恐的状态下，根本吃不下东西，日渐消瘦。可见，恐惧、急躁、愤怒、敌意等情绪具有破坏性，长期被这些负面情绪困扰就会影响健康，甚至导致身心疾病的发生。

四、高校心理健康教育

心理案例 1-3

课程表引发的热议

今天班级下发了大学的课程表，同学们议论纷纷。原来，大家看到了课表中的“大学生心理健康教育”这门课。有的同学说，这门课是做什么的呢？我们有必要上吗？还有的同学说，这应该给个别有需要的同学上吧！也有的同学默不作声，思考着……

同步思考

1. 你的班级也出现过这样的现象吗？
2. 你如何看待高校的心理健康教育？

（一）高校心理健康教育的含义

高校的心理健康教育是针对大学生的心理特点、心理需求和心理问题，通过有目的、有计划地普及心理健康知识，传授维护心理健康的技巧和方法，帮助大学生个体和群体树立心理健康观念，自愿采纳有益心理健康的行为和生活方式，提高心理健康水平的教育活动。

（二）高校心理健康教育的特点

（1）发展性。注重发展，开发潜能，提高大学生整体心理健康水平。通过心理健康课程、专题讲座、各种宣传活动，对全体学生进行心理健康教育，使学生正确认识自我，开发心智潜能，塑造健全人格，增强承受挫折和适应环境的能力，提高学生心理素质，帮助学生积极成长，顺利度过大学阶段，并为走向社会做好心理准备。

（2）预防性。对部分有轻度心理问题的学生，通过个别咨询或团体咨询，帮助学生认识自己，找出问题，克服障碍，健康成长。

（3）补救性。对极个别有严重心理问题的学生，界定问题，转介专业医院诊治，个别咨询，进行恢复期跟进辅导。

总之，高校心理健康教育旨在帮助大学生了解自身的心理特点和心理需求，并接纳自己；掌握维护心理健康的知识和技能；在日常生活中有意识地营造积极心态，预防不良心态，学会调适困扰情绪与心理压力，提高心理健康水平，进而塑造自立、自信、自尊、自强的人格品质。

1.2 心理健康对生活的影响

人们的心理健康状况会给社会及生活带来极大影响,也可能会给个人和社会带来极大挑战。习近平总书记高度重视心理健康教育工作,在 2016 年全国高校思想政治工作会议上,他强调要培育理性平和的健康心态,加强人文关怀和心理疏导[1]。大学生的心理健康状况是否良好关系到其能否以积极正向的心态度过人生关键的成长阶段。了解心理健康对生活的影响,促进心理素质提升,在大学阶段具有重要意义。

一、心理健康对自我的影响

心理健康对自我的影响主要体现在自我适应方面,自我适应包括:对自己生长发育的适应,如从小到大再到老;对自己社会角色的适应,如从子女到配偶,到父母,再到祖父母等;对自我成长过程的适应,如对自身局限性和优势潜能的新发现,对自己不断增长的愿望的适应;等等。人生重大的发展阶段,都是一个人自我适应的关键期,心理健康的人更容易适应。另外,人在自我成长过程中也会产生很多困扰,究其原因,多是在心理健康状态方面没有调节好。心理健康状态良好的人,会更加自信、积极,将挑战视为自我成长的阶梯。

二、心理健康对人际的影响

在人际方面,心理健康的人建立和维护良好人际关系的能力更强。他们通常具备积极的情绪表达能力和沟通技巧,善于与他人交流和合作;他们包容和理解他人的能力更强,关注他人的需求和感受,从而能与交往对象建立互相支持和理解的关系,形成良好的人际互动模式。同时,心理健康的人还具备较强的解决冲突和处理矛盾的能力,能够冷静客观地分析问题,以积极的态度面对冲突和挑战,寻找解决方案,并与他人进行有效的协商,维护良好的人际关系。心理健康的人更愿意参与社会活动,更容易融入社会,与他人建立积极的合作关系,参与团队合作,并积极为社会发展作出贡献,促进社会的和谐与进步。

---

❶ 张烁. 习近平:把思想政治工作贯穿教育教学全过程 开创我国高等教育事业发展新局面[N]. 人民日报,2016-12-09(1).

1. 心理健康对工作关系的影响

工作中的人际关系可能包含同事关系、上下级关系和师生关系等。当这些人际关系出现了问题,自己又没有良好的心理健康状态,无法获取支持或理解,就会进一步影响心理健康;反之,当我们具备良好的心理健康状态,则能够开阔视野、拓展思维、获得更多处理和解决问题的渠道。

2. 心理健康对家庭关系的影响

家庭关系包括夫妻关系、亲子关系、手足关系以及各种亲戚关系等。家庭关系处理不好,人的生活质量会受到严重影响,心情自然就会受到负面情绪的干扰,以致影响心理健康;而良好的心理健康状态有助于人们以积极的态度处理家庭关系。

3. 心理健康对朋友关系的影响

朋友既是个体的社会资源,又是其重要的情感依托。当朋友之间出现摩擦、存在误会,往往缺乏类似亲人间的亲密沟通,会让人产生苦恼、不安、担心等情绪,以致影响心理健康;而心理健康的人更愿意学习积极的沟通方法,能够更好地处理朋友关系。

三、心理健康对环境的影响

人的一生往往要经历各种变化,如升学、工作、结婚、生子、搬迁、升职、调岗、退休等,在这变化的过程中,有的人适应得很快,而有的人会遇到难以适应的局面,出现心理健康问题。心理健康的人不仅更善于运用积极的方式应对这些变化,而且能够改善环境,尽快适应这些变化。心理健康对环境有以下影响:

1. 促进社会和谐

心理健康的人能够积极参与社会活动,以积极的心态和行为影响周围的人和环境。他们通常展现出友善、合作、关爱的品质,推动社会关系的和谐发展。

2. 激发创造力和创新精神

心理健康的人更具有开放的思维和创造力,通常能够以积极的态度面对问题和挑战,寻找创新性的解决方案;同时,心理健康能够激发人的创造力,鼓励人们提出新的观点和思路，为环境的改善和发展提供新的动力。

3. 传播积极能量与情绪

心理健康的人通过自身的行为和情感表达能够传播积极的能量和情绪，以他们的积极态度和乐观精神感染周围的人，营造积极向上的氛围，为环境注入正能量。因此，心理健康对环境具有深远的影响。

通过培养和提升心理健康水平，人们能够在社会中发挥更积极的作用，为创造良好的环境和社会氛围作出贡献。同时，社会环境也对人的心理健康产生重要影响。因此需要全社会共同努力，营造能促进心理健康的环境。

知识拓展 1-2

中华优秀传统文化中有以儒家文化为主导的思想体系，儒家推崇“仁、义、礼、智、信”，以及“格物、致知、诚意，正心、修身、齐家，治国，平天下”“八条目”的个人道德修养和立身治世的思想，通过以德修心，提升道德品质，塑造君子理想人格，打下健康社会心态养成的思想道德基石。诚如《大学》所说，“大学之道，在明明德，在亲民，在止于至善。”“富润屋，德润身”。“八条目”的个人道德修养思想，是处理个人与自我、个人与他人、个人与社会关系的道德规范和准则，它不仅从家庭、人际关系的层面培养友爱、宽容和互助的品质，还将“修身”“齐家”拓展到“治国”“平天下”层面，树立起家国同构的远大情怀和高远的人生目标，以提升人生的精神境界，展现出道德主体良好的社会心态。因此，以德修身思想有利于形成正确的道德认知，培养积极的道德情感，塑造积极的道德人格，深刻影响中国人的世界观、人生观和价值观。从道德和价值观层面塑造心灵，以提升思想道德境界达到“修心”目的，对健康社会心态形成起着重要的导向作用。

情境体验 1-1

依据身边的情境设计并表演情景剧，展现心理健康对自我、人际、环境的影响。

同步思考

1. 对于心理健康，你是否有自己的理解？
2. 生活中如何有意识地促进心理健康？

1.3　心理健康与心理危机干预

一、心理健康与心理不健康

人们的心理是动态变化的，因此，心理健康与心理不健康没有明确的界限，正常与异常更像是连续体的两端，没有明显的分水岭，如下图所示，绝大多数人的心理健康状态处于“灰色区域”。

灰色区域又细分为浅灰色区域与深灰色区域，人们在日常生活中出现的心理健康问题往往处于浅灰色区域，该区域的人通过简单的心理辅导就可以调节情绪、解除困扰、缓解压力。而对于心理健康状态处于深灰色区域的人，则建议进行心理咨询和治疗，改变其影响正常生活的认知和行为模式，以减轻心理上的痛苦与压抑，建立合理的认知，进入正常的工作和生活状态。

二、认识心理危机

（一）心理危机的含义

当人们面临突发事件或重大困难时，其心理健康和生活通常会受到负面影响甚至是严重威胁。心理危机指当人意识到某一困难或境遇超过了自己的正常应对能力，并认为使用常规方法不能解决时，形成的心理创伤。心理危机可能来自多个方面，如突发的灾难事件、人际关系冲突、校园暴力、学业压力、失业等，它们对人的心理健康会产生不可忽视的影响。

（二）心理危机的标准

（1）存在造成重大心理影响的事件。

（2）引起急性情绪扰乱或认知、行为和躯体等方面的改变，但又不符合任何精神病的诊断标准。

（3）当事人或患者用平常解决问题的手段暂时不能应对或应对无效。

知识拓展 1-3

校园暴力与校园欺凌危机

校园暴力是指在校内外发生的，可能造成受害者身体、心理等方面伤害的一种攻击性行为。校园欺凌则是发生在校园内外的一种长时间持续的，对个人心理、身体的恶意攻击。校园暴力包含校园欺凌。校园欺凌又分直接欺凌和间接欺凌两种类型。我国虽然没有出台专门针对校园暴力、校园欺凌的法律法规，但是在多部法律法规中都有涉及两者的相关内容规定。

直接欺凌是指采用公开、明显的方式进行欺凌。直接欺凌包括直接身体欺凌和直接言语欺凌等类型。其中，直接身体欺凌包括打、踢、抓咬、推搡、勒索、抢夺和破坏物品等身体动作行为，直接言语欺凌包括辱骂、讥讽、嘲弄、挖苦、起绰号等言语行为。

间接欺凌是指以较不易被发现的方式进行欺凌，通常借助第三方进行，包括关系欺凌、网络欺凌等类型。其中，关系欺凌包括传播谣言、社会孤立等，网络欺凌包括发送歧视性的网络信息等。

三、心理危机干预

（一）心理危机干预的含义

心理危机干预是指帮助处于危机中的当事人认识和矫正由创伤性事件引发的暂时的、被扭曲的情绪、认知和行为，以帮助其缓解困扰、恢复心理平衡，并促进其健康发展。危机干预的目的是帮助当事人平复情绪，建立积极的、建设性的认知，改变不良行为，防止不良事件的发生或阻止不良事态的进一步扩大。

心理危机的常见表现：情绪明显不同于往常，行为反常，学习兴趣明显下降，丢弃或损坏个人平时十分喜爱的物品。

（二）心理危机干预的分类

1. 心理危机的他人干预

心理危机的他人干预措施有：第一，尽快与辅导员、系领导、学生工作部的老师、心理咨询中心的老师、专业医院的心理医生或校医联系，以便使当事同学尽快得到妥善安置；第二，不要让其独处；第三，对其表现出关心及深切同情，设法提出一些良好的建议；第四，设法把周围可能对其造成伤害的东西拿走。

2. 心理危机的自我干预

当意识到自己的心理处于危机状态又无法进行有效的自我调节时，可采取以下自我干预措施：第一，尽早求助学校心理咨询中心的老师或专业医院的心理医生；第二，将自己目前的状况告诉家人、信任的老师和同学，寻求他们的帮助；第三，避免独处；第四，不在周围放置可能对自己造成伤害的器具。

（三）心理危机干预的原则

1. 快速响应

心理危机需要及时应对，因此心理危机干预要能够快速响应、尽早介入，以防止心理危机进一步恶化。

2. 个体关注

心理危机干预需要以个体为中心，关注当事人具体的心理需求和困扰，提供个性化的支持和帮助。

3. 综合评估

在进行心理危机干预时，需要对个体的心理状态和危机程度进行综合评估，以制定合适的干预方案和策略。

4. 多元干预

心理危机干预需要采用多元的干预方法和技术，包括心理疏导、认知重构、情绪调节等，以满足个体的多元化需求。

5. 持续支持

心理危机干预不仅需要提供短期的紧急干预，还需要持续提供支持并跟进，以确保个体情绪稳定，心理恢复健康。

总之，心理危机干预旨在帮助个体建立积极的应对策略，增强其心理韧性和适应能力，促进其从危机中恢复并得到成长。通过心理危机干预，个体可以重新找回内心的平衡和稳定，恢复自信，重塑积极的生活态度，并为未来的挑战做好心理准备。

思考

1. 开学了，室友已经生病两次了，而且闷闷不乐，你会给室友什么样的建议呢？ 为什么？
2. 回顾过去的成长经历，你遇到过心理危机吗？ 你是如何应对的？

□心理素质拓展实践

拓展任务：自我探索——我的“心”世界

一、拓展目标

1. 素质提升目标：挖掘内在心理力量。
2. 能力提升目标：从心理学视角看待自己以及身边的人和事。
3. 实践能力目标：提升助人及自助的实践能力。

二、拓展任务及实施过程

第1章
拓展实践说明

1. 建立小组：为小组起名并设计一个有代表性的口号。
2. 小组互动：创新设计团队造型。
3. 小组展示：小组口号及创新造型展示。
4. 小组代表分享创作过程中的难忘瞬间。
5. 小组成员轮流表达对彼此的欣赏。

三、拓展小结

通过小组互动、合作与交流，分享对此次实践活动的感悟。

1. 我感受到自己有变化：

____

2. 我对同学有新的了解：

____

3. 我打算开启我的“心”世界：

____

□学习反馈单

一、自我评估反馈表

学习反馈项目	自评	改进措施
课前准备情况	优　良　中　差	
课上学习专注度	优　良　中　差	
与教师互动情况	优　良　中　差	
对内容的理解程度	优　良　中　差	
完成学习任务的品质	优　良　中　差	
知识与实践的结合运用情况	优　良　中　差	
课后反思情况	优　良　中　差	

二、问题反馈

1. 通过自我觉察,你是否产生了与课程内容相关的困惑,请具体说一说。

2. 通过学习,结合身边的人或事,你有哪些感悟?

3. 通过学习,你对自己当下的情境有哪些新的认知?

4. 通过学习,你对自身有哪些具体规划?

5. 如果有机会,你希望深入学习和探讨与本次课程相关的内容吗?

学习者签字:　　　　日期:　　年　月　日

指导教师签字:　　　　日期:　　年　月　日

第2章
拓展自我认识方式

学习目标

1. 了解自我意识的意义。
2. 掌握客观认识自我的途径,学会自我探索。
3. 培养健全人格,实现健康成长。

本章导读

勇于自我革命是中国共产党区别于其他政党的显著标志,是我们党最鲜明的品格。中国共产党走过了百年的光辉历程,历史经验告诉我们,勇于觉察自我、探索自我、增强自我认识,是提升自我、不断进步的阶梯。

从古至今,认识自我对人生发展都有着重要的意义。荀子说:"君子博学而日参省乎己,则知明而行无过矣。"老子说过,"知人者智也,自知者明也。胜人者有力也,自胜者强也。"大学是人生中美好而又精彩的一段时光,也是求知的重要阶段,是实现人生理想的"加油站"。进入大学,学生面临的一个重要任务就是要改变过去的参照系,重新认识自己,重新给自己定位。

心理案例 2-1

步入大学,我要怎么规划?

进入大学的小 A,期待美好的大学生活,也希望可以好好规划大学生活。可是看着各种社团,他有点困惑了:我适合做什么呢?我喜欢做什么呢?老师说大学是锻炼自己最好的平台,可是我究竟要从哪里开始锻炼自己呢?

同步思考

1. 小 A 的困惑你也有吗?
2. 如何帮助小 A 呢?

2.1 认识及探索自我

一、自我意识

自我意识是主观的、对自我以及自己与周围环境关系的多方面多层次的认识、体验和评价，是一个人关于自我全部思想、情感和态度的总和，它对人个性的形成、发展起着调节和监督作用。

培养健康的自我意识有助于个人的心理健康。人首先产生对外部世界、对他人的认识，然后才逐步认识自己。自我意识是一个人在与他人交往的过程中，根据他人对自己的看法和评价发展起来的，对自己的稳定认知和身心活动的觉察，以及心目中的自我印象。

自我意识在很大程度上决定自己的行为方式。当我们对自己的行为方式存在不解或疑问时，可以通过了解我们是如何成为今天的自己、了解我们的生命过程、了解我们存在问题的来源来寻求答案。从生命的角度理解我们是如何选择了现在的生活方式，并重新审视这些方式，我们或许可以做出新的、更好的选择。生活中，更多的人关注现实的“自我”，了解现实“自我”的需求。而实际上，还有心理的“自我”需要了解。心理的“自我”比现实的“自我”对个人产生的影响更大，所以了解心理的“自我”可以让我们对自我的认识更全面，从而获得新的认知。

二、常见的自我意识偏差

心理案例 2-2

自卑的小 A

小 A 来到大学，觉得同学们都比自己优秀，讨论的话题都是自己没听过的，穿着也比自己时尚……同学们每天快乐的样子让他羡慕不已。

同步思考

1. 你能体会小 A 的心理感受吗？
2. 你会给小 A 什么样的建议呢？

(一)自卑心理分析

自卑是一个人对自己的评价过低、轻视自己、担心失去他人尊重的心理状态。自卑源于自我认识偏差,如有的自卑者认为自己的生理条件(如外貌、身高等)各方面明显不如他人,产生自卑情绪,甚至泛化到其他方面,变得敏感,常把别人的无关言行当作对自己的轻视。

自卑者对自我的接纳建立在一系列条件上,即有条件地接纳自己,认为只有达到某些条件,才能认可自己的价值,做事情也更关注结果。他们认为,只有拥有好成绩和好容貌,大家才会认可和喜欢自己。只有拥有这些条件,得到认可、赞扬或被他人羡慕时,他们才感觉自信。同时,自卑者对自己的评价以他人的评价和标准为转移。但毕竟"他人"是多样的、变化的,满足他人是不现实的,以致自卑者容易过度纠结,不能自由思考,感到疲惫和被束缚。

相对于追求成功,自卑者更恐惧失败,因为失败意味着周围的人可能会给予其消极的评价。因此,自卑者为了得到他人的认可,习惯按照约定俗成的方法做事,习惯采取安全、保守、失败率低的方法,这样可以减少差错,但没有什么创新。这导致自卑者的行为方式不能真正提升个体的能力,也不能开发自身潜能。他们被动、消极、逃避,感觉每件事情对他们来说都是一个考验。可是,生活就是面对考验的过程,所以,自卑者通常过分担忧结果,容易产生焦虑情绪,然后以强迫性的思想和行为缓解焦虑。有强迫心理的人通常对他人、对自己都是比较苛刻的。这一切最终会让他感到非常疲劳,从而更加自卑,因为自卑,又更加追求外在的成功和他人的认可。这时,他可能已不再满足于常态的成功,而是追求一种过度补偿以弥补自卑,于是他的生活便陷入恶性循环。根据个人能力和境况的差异,自卑者可能出现以下两种结果:一种是我很成功,但我很自卑;我很优秀,但我不快乐。另一种是我很失败,所以我很自卑;我很差劲,所以我很不快乐。

有自卑心理的人,往往需要积累勇气从内心接受自己本来的样子,建立恰当的自我认同,既肯定自己的长处,又能接纳自己的不足,逐步建立自信心。真正的自信与一个人拥有的东西没有直接关系。因为自我接纳的程度不同,月收入 2000 元的人完全有可能比月收入 20000 元的人生活得更自信。所以,有一部分人总能在既有条件下享受自己的生活。如果你总是告诉自己"等我拥有了 × × 我就一定会更自信",那么你真的需要停下来回顾一下自己的成长足迹,看看在过去的岁月里你是否有过渴望,而当你真正拥有想要的东西时,你的生活是否真的如期发生了变化。我们总是寄希望于外界的变化可以改变自己,但那只会让我们失望,不如试着放下这种执念,从现在开始尝试无条件地悦纳自己,从内心开始改变。无论何时,我们都要记住:每个人都有资格失败,在很多情况下失败才能让我们真正成长。

心灵成长 2-1

突破，要不怕失败

人的一生总是在挫折和失败中不断奋起、不断前行。失败并不代表着终点，而是迈向成功的新起点。人只有经历过挫折和失败，才能不断积累经验，厚积薄发，最终登上事业高峰。纵观古今中外，举凡有所成就之人，无一不是在挫折中接受洗礼、在失败中经受历练的。爱迪生在研制出竹丝灯丝前，仅植物类的实验材料就试了6000多种，实验笔记写了200多本；屠呦呦经历了190次实验失败，终于成功提取出青蒿素……大量事例向我们证明：只有不怕挫折和失败，敢于向面临的挑战或未知领域发起冲锋，才有取得成功的可能，才能实现更大的突破、更高的飞跃。

（二）自负心理分析

自负是自卑的对立面，也源于自我认识的偏差，是不能恰当地评价自己的表现。自负的人往往自视过高，自我夸大，一味地过高评价自己，自以为是，有盲目的自信，认为别人不如自己，经常抬高自己、贬低他人、固执己见，将自己的观点、想法强加于人，甚至明知道别人正确，也不愿意改变态度。另外，自负的人也往往不能接受别人的批评，面对别人取得的成绩时，容易产生嫉妒之心，排斥他人。自负的心理和行为模式容易让人感觉此人自恋、傲慢，使其在人际交往方面受挫，很难与他人建立良好的关系，进而影响心理健康。

自负是自我认识的片面化，注重夸大自己的长处、优点，缩小或忽略自己的短处、缺点。分析其产生的原因，一方面可能与成长过程中的家庭教育有关，父母的过分宠爱和不恰当的夸奖，会让自负者自小认为自己样样优秀，样样都行；另一方面，他们在生活中没有受过打击和磨砺，也容易造成自负心理。换个角度来说，自负其实是另一种形式的自卑，是对自卑的防御，是内心深处存在的自卑感。通过自我放大和贬低他人补偿自己的不足和自卑，是一种无意识的防御机制。

心灵探索 2-1

了解多维的“我”

请在表2-1中填入你认为恰当的形容词。第三列为你常听到的别人对你的评价。第四列为通过学习及心理分析，你认识的内在真实的我。

心灵探索　表 2-1

现实的我	理想的我	他人眼中的我	内在真实的我

三、客观认识自我的途径

认识自我是人生的重要课题。对自己了解越多，认识越深入，越能洞察自己的生活，从而调整自己，不断提高和完善自己，对生活有更多的掌控感。客观认识自我可以通过以下几种方式进行。

（一）在比较中认识自我

生活中，我们有时与身边的人比较胖或瘦，需要注意的是，比较对象的选择是很关键的。选择不同的比较对象，会产生不同的自我认识。我们只有选择适当的比较对象，才能得到合理的自我认识。例如，从小到大，有些家长总是拿别人家的孩子的长处与自己家孩子的短处比较，这是以己之短比他人之长，存在不合理性，适当的比较方式是与自己比较，与自己的过去比较。只有这样，你才会对自己有更准确的认识，才会找到自己努力的方向和动力。

（二）从他人的评价中认识自我

“不识庐山真面目，只缘身在此山中。”苏轼的诗句写出了“当局者迷，旁观者清”的境况。参照身边人的评价，通过周围的人对我们的态度，可以增进对自己的了解。例如教师、同学、家长和朋友对自己的评价，会激起我们强烈的情感反应，也会巩固、增强或者动摇我们对自己的认识。但需要注意的是，对待他人的态度与评价，我们既不能盲从，也不能忽视，关键是要识别他人的评价是否恰当合理，否则就会产生自我认识的偏差。

大学生在与他人互动的过程中，一方面应看到他人的某些特点，认识自己与他人的共同点与不同点；另一方面应通过他人对自己的评价和态度认识自己。把他人看作自己的一面镜子,他人既是评价者又是参照者,能帮助自己澄清观念、认识自己。需要说明的是,我们在接受他人的评价前,应先分析他人的身份、地位、态度等,以便有选择性地接受或参考他人的评价,以形成客观的自我认识。

(三)在实践中认识自我

每当我们回顾人生成长之路上经历的一些事情,都可以获得一些成长的经验。这就是在实践中认识自我的过程。同时,在实践活动中还可以感受自己的能力,这是认识自我最直接的方法和途径。

心理故事 2-1

小马过河

有一天，小马要帮妈妈驮粮食过河，但因为是第一次过河，不知道河水的深浅，小马就请教了河边的伙伴。老牛告诉小马：“不深，才到我的小腿。”松鼠告诉小马：“千万别下去，你会淹死的。”小马听后没了主意，回去问妈妈。妈妈建议他：“试试就知道了。”小马通过实践明白了“原来河水既不像老牛说得那样浅，也不像松鼠说得那样深”。

通过这个故事，我们可以了解到，别人对你的评价和建议，只能作为参考。我们有没有完成一件事情的能力，还是需要在活动中体验,通过实践证实的。

在面对人生的成功与失败的经历时,某些心理状态比较脆弱的人,不从失败中汲取经验,不改变策略追求成功,受挫败心理的影响不敢面对现实,害怕应对困境或挑战,往往会错失良机,失败的经历又会促使其再次失败。某些狂妄自大的人,可能因为成功便骄傲自大,以致遭受失败。因此,我们对在成败经验中获得的自我认识也需要细加分析和甄别,只有客观地分析自己在实践中新的感知和新的认识,才能更全面、准确地认识自己,并在这个基础上构建合理的自我认识。

(四)从家庭经历中认识自我

一个人可以从两个家庭的角度看待自己:一个是自己出生、成长的家庭——我们称之为原生家庭;另一个是进入婚姻生活后建立的家庭。家庭经历可以塑造一个人的个性,影响人格成长、人际关系、管理情绪的能力,以及人与人之间的情绪互动。

例如,某个孩子小时候曾被父亲虐待,他对下一代可能会产生两种极端的倾向:一种是重复模式,不自觉地成为打孩子的人;另一种则可能是过度溺爱、完全不管教孩子。所以,恋爱、婚姻中的许多问题,大多也是由原生家庭复制衍生的。原生家庭带来的心理创伤,在与亲密爱人的互动关系中经常浮现,比如以前没有得到的满足,现在要加倍得到,最后可能出现婚姻问题。有了这样的认知后,我们需要觉察自己,看到自己的内在需求,避免让过去的创伤影响现在,伤害身边最亲近的人。要以理性和爱积极处理问题,找出自己的"心理按钮",探索过去控制我们的模式,了解过去带来的影响,并学会如何从过去的经历中跳脱出来,改变现状。

知识拓展 2-1

乔韩窗口理论

乔韩窗口理论也叫约哈里窗户理论,是关于人类自我认识和相互了解的心理模型。该理论的主要观点如下:第一,人对自己的认识是一个不断探索的过程。第二,每个人对自我的认识可以分为公开的自我、盲目的自我、秘密的自我和未知的自我四个部分。

公开的自我也就是透明真实的自我,即我们自己知道,也会让别人知道的部分。例如,你喜欢游泳,每周都要去游泳馆三次,而且经常和其他人交流游泳的经验,这部分关于你的信息就在开放区,所有的人际交往都在这个区域内进行。

盲目的自我即别人看得很清楚自己却不了解的部分。所谓"当局者迷,旁观者清",指的就是这部分信息。在这个区域中,个人看不到自己的优劣,但是在别人看来却一目了然,这就是个人的盲点。例如有些自恋的人,自己没有觉察的缺点,但别人却很清楚。

	自知	自不知
他知	公开的自我	盲目的自我
他不知	秘密的自我	未知的自我

秘密的自我是自己了解但别人不了解的部分,属于被每个人细心呵护的个人隐私部分。有些想法、感受、经验是个人不愿向外界透露的,所以别人无从知晓,这就是由个人掌控的私密地带。

未知的自我是别人和自己都不了解的潜在部分,通过一些契机可以被激发出来。它包含的是个人不曾觉察的潜能,或者是被压抑的记忆。

每个人各个部分所占的比例不同。越能够自我觉察、勇于向他人表露的人,其开放区越大,在人际交往和工作中越容易获得支持、谅解;有些人的隐秘区较大,对别人保留得太多,会影响其正常社交。

2.2　了解人格与自我

生命是独一无二的,每个人都是独一无二的个体,具有独特的人格特点。人格影响着我们的生活模式以及我们对生命的理解,是自我的一部分,我们的行为模式会折射出人格的特点。中国古典名著中,宝玉的多情与反叛、黛玉的抑郁与聪慧、曹操的雄心与奸诈、关羽的勇猛与忠诚……一个个栩栩如生的人物显示出人格的千姿百态。在现实生活中,我们也能发现性格迥异的人:有人性格内向,有人性格外向;有人泼辣、开朗,有人娴静温柔;有人顽强、果断,有人优柔寡断……正所谓"人心不同,各如其面"。

什么是人格?从古希腊人到现代人,从剧作家到心理学家,人们对它探讨了几千年,却谁也说不清楚。但是,研究者们一致认为,人格的本质是一个人区别于他人的独特的、稳定的心理品质和行为模式。回想某个你真正信任的或你无法忍受的人,最先进入你脑海的都是这个人一贯的特点,例如真诚、可信、大方、自私、情绪化或是悲观,正是这些稳定的特点构成了每个人独特的人格画面。

一、认识健全的人格

健全的人格是指人的生理、心理、道德、社会各要素完美地统一、平衡、协调,使人的才能得到充分发挥。对于个体自身而言,人格健全与否就是指对自身的认识是否正确,自己的奋斗目标是否明确,是否能够正视现实并努力实现目标。

一般而言,每个人都有自己欠缺的部分,就算认知到了这一点,想改变也并非易事,关键在于是否可以把握自己做事的尺度和处理问题的态度。事实上,一个人的人格越健全,当他的努力在某一方向受阻时,他越容易为自己的努力找到更多的新途径,而不是守着执念——"我必须得到这个,否则将一无所有"。人格不健全者往往把注意力主要指向自己的得失。相对而言,人格不健全者如果觉得自己软弱,通常会营造自感强壮的情境。他不是把自己训练得更为强壮、更为能干,而是训练自己在自己的眼中显得更强壮。他努力地欺骗自己,但只会获得部分成功。如果自觉不能胜任工作,那么他可能会在家里当一个"暴君",企图以此安慰自己,证明自己是重要人物。但不管他用怎样的方式欺骗自己,自卑感依然存在,依然是同样的情境引发同样的自卑感。

心理案例 2-3

不开心的小 A

小 A 来到大学后，觉得自己没有存在感，一天都说不了几句话，和同学没有交流，觉得室友都不喜欢自己。在家的时候，他觉得自己是个"话痨"，家人营造的温暖氛围让他快乐长大，可是现在几乎没有人主动和他沟通。

同步思考

1. 小 A 的情况可能是什么原因导致的?
2. 请给小 A 一些好的建议。

二、人格探索

不同的心理学家按照不同的方式将人格分为不同的类型,其中比较有影响力的是多元类型理论。该理论将人格气质分为四种典型的类型:胆汁质、多血质、黏液质和抑郁质。这四种气质类型各自具有不同的优点和缺点。

(一)胆汁质——实干家,支配型

这种类型的人像“夏季的一团火”,又称“不可遏止型的人”或“战斗型的人”,常被视为“热情而急躁的人”。

在意志方面,这类人坚定、自信,克服困难时有不可遏止和坚忍不拔的劲头。他们意志坚强、果断勇敢,注意力稳定而集中,但不善思考,急躁易怒,抑制性较差,好争论。

在情感方面,他们直率、热情,情绪多变,脾气火暴,有极明显的外部表现,常高度兴奋和充满激情,因此也极易疲惫。

在工作方面,他们思维敏捷,精力旺盛, 有远大的志向,经常以极大的热情从事工作,易冲动,但不持久,有时缺乏耐心、缺乏完整的条理性,准确性差。

在行为方面,他们热情、直爽、朴实、真诚,是天生的实干家和领袖。做事雷厉风行,行动干脆利落, 喜欢冒险,支配欲强,有决心,有远见,着眼大局,组织力强,说话速度快且声音洪亮。这种类型的人通常比较喜欢户外运动。他们可能的缺点是:好发号施令,常常粗枝大叶,遇事欠思量,鲁莽、冒失。

因此,胆汁质的人在长时间的工作过程中很难保持良好的工作效率;而在短时间的工作过程中,他们的工作效率一般都是比较显著的,遇到问题可以见机行事,在紧急情况下能够迅速采取适当的行动。

(二)多血质——影响力强者,互动型/社交型

这种类型的人被称为“活泼而好动的人”,总是满面“春风”,善言谈、喜交际,影响力强,因而又被称为“互动型的人”或“交际型的人”。热情、活泼、幽默、开朗、乐观、思维灵活、反应迅速是他们的优点。这种类型的人惹人喜爱。他们的情绪丰富而外露,表情生动,精力充沛,说话时总是伴随着各种各样的手势,语言表达能力

强而且富有感染力。他们喜欢社交和聚会，对各种环境适应力强，姿态活泼，具备明显的外倾性特点，兴趣广泛，善于结交朋友，待人公正，特别易于相处。他们的弱点是缺乏耐心和毅力、稳定性差、见异思迁。

在意志力方面，他们缺乏忍耐性，毅力不强，注意力易转移，不稳定，他们对待问题不求甚解，容易接受新鲜事物，但有一定的表面性。

在情感和行为方面，他们动作发生得很快，变化得也快，兴趣和情感易变换，极富同情心，情绪容易外露，体验不深刻。在遭受挫折和重大不幸时，具有处事比较灵活和情绪多变的特点，情绪和情感容易产生，也容易变化和消失，如果事业上不顺利，热情可能消失，消失的速度与投身事业的速度一样快。

在工作方面，他们重兴趣，富有幻想，不愿做耐心细致的工作，从事多样化的工作往往成绩卓越。学习上富有精力而且效率高，表现出机敏的工作能力，善于适应环境变化，不易疲劳；在集体中朝气蓬勃，愿意从事合乎实际的事业，会对事业心向神往，能迅速地把握新事物，在有充分自制能力和纪律性的情况下，会表现出巨大的积极性，可顺利完成长时间的工作任务。

（三）黏液质——重视关系者，稳健型/支持型

这种类型的人被称为“沉着而稳定的人”。他们冷静、稳重、性情平和，沉默寡言，善于克制、忍让，重视人际关系，好和谐、易共事，与人交往适度、交情深厚，被称为重视关系者；他们机智、从容、仁慈，具有同情心，善倾听，且具有协谈能力；他们自制力强，不怕困难，忍耐力强，内刚外柔；他们表情平淡，情绪不易外露，其外表给人冬天般“冷峭”的感觉，但内心的情绪体验深刻，外冷内热。他们的缺点是被动、刻板、目标性差，缺乏动力，优柔寡断，思维缺乏灵活性。

在情感方面，他们情绪不易发生，也不易外露，很少产生激情，遇到不愉快的事也不动声色，情感无明显变化；他们注意力稳定、持久，但难以转移；他们思维灵活性较差，但比较细致，喜欢沉思；他们不易发脾气，也不易流露情感，能自制，也不常显露自己的才能。

在意志方面，他们具有耐性，对自己的行为有较强的自制力，工作严肃认真，办事总是有始有终，沉着镇定，专心致志，埋头苦干，耐久力强。但其反应不够灵活，行动迟缓，注意力不易转移，因循守旧，对事业缺乏热情。他们镇静、有预见性、刻苦耐劳，适宜在不复杂的条件下长时间工作。在情况复杂的条件下工作，效率不高，对新的工作较难适应，行为和情绪都表现出内倾性，交际适度，不做空泛的清谈。这种人能长时间坚持不懈、有条不紊地从事自己的工作。

（四）抑郁质——思想家，分析型/思考型

这种类型的人被称为“情感深厚而沉默的人”。他们具有天才倾向，聪明而富有想

象力,自制力强,善分析,追求完美,才华横溢,具有创造力和牺牲精神。他们是分析型和思考型的人,多才多艺,具有艺术气息,易成为艺术家和音乐家。这种人的情绪体验深刻、细腻而又持久,主导心境消极、抑郁,多愁善感,心事重重,给人以“秋风落叶”般的无奈、忧伤的感觉,类似林黛玉的气质。他们的缺点是挑剔、悲观、情绪化。

在情感方面,他们有较强的感受能力,易动感情,情绪体验的方式较少,但是体验时持久且有力,能观察到别人不易察觉的细节,对外部环境变化敏感,内心体验深刻,外表行为缓慢、迟疑、孤僻、柔弱、沉静、胆怯、腼腆、易伤感。对问题感受和体验深刻、持久,情绪不容易表露,反应迟缓但深刻,准确性高。

在意志方面,他们常表现出胆小怕事、优柔寡断,受到挫折后常心神不安,但对力所能及的工作表现出坚忍的精神;不善交往,较为孤僻,具有明显的内倾性。他们一般具有自卑孤僻的特点。

在工作方面,他们工作效率不高,在紧张情况下尤其如此,这是由其固有的消极性、犹豫不定、意志薄弱和易疲劳性所决定的,不适宜做紧急的工作。

上述四种气质类型显示人们“四季”般的天性。但在实际生活中,单纯地属于这四种典型气质之一的人并不多,有些人是两种气质的混合型,有些人是三种气质的混合型,有些人则是四种气质的混合型。

每一个人都有其自身的气质,要悦纳自我,赏识他人,寻找自身优势。

心理互动 2-1

判断下图中人物展现的是何种气质类型。

课堂互动 2-1

测一测：完成自己的气质类型测试（参见附录 1）。

三、培养健全的人格

（一）充实自己的内在

充实自己的内在是培养健全人格的关键。内在的充实涉及知识的积累、精神的充实、兴趣的培养等方面。知识的积累可以通过学习、阅读等方式进行，以此不断扩大自己的知识面，丰富自己的内涵；精神的充实可以通过修身养性、坚持信仰等方式进行，以此提升自己的精神境界；兴趣的培养可以通过尝试不同的事物，发现自己的兴趣所在，以此丰富自己的生活。

（二）培养自我意识

培养自我意识可以让一个人更加清晰地认识自己，了解自己的优缺点，从而更好地发挥自己的优势，改善自己的劣势。培养自我意识可以通过自我反思、与他人交流沟通等方式进行，不断地探索自己内心深处的想法和感受，了解自己的内心世界。

（三）注重自我管理

自我管理是指个体在生活中对自己行为的自我控制和自我调节。注重自我管理可以让一个人更好地控制自己的行为，从而更好地适应社会的需求。自我管理可以通过积极的情绪调节、良好的时间管理等方式进行，让自己的行为更加有序、自律。

（四）发扬个性特点

个性特点是指个体在行为和心理方面表现出来的独特性。每种个性都有自己的优势，发挥优势可以让一个人更加自信、自立、自强，更好地展现自己的魅力。

（五）注重社会交往

社会交往是指个体在社会中与他人的交流和互动。注重社会交往可以让一个人更加了解社会的需求和规则，更好地适应社会的发展。注重社会交往可以通过积极地参加社交活动、参与社会公益事业等方式进行,让自己更加关注社会的发展和进步。

2.3 悦纳自我

悦纳自我就是愉快地接纳自我。愉快地接纳自我可以帮助我们更好和更全面地认识自己,拥有更加积极的自我体验,同时也可以更好地进行自我控制,朝着自己想要的方向努力和前进。

一、倾向性选择有助于悦纳自我

(一)倾向选择对自我有利的信息

为了形成并保持积极的自我观念,人们倾向选择对自我有利的信息。大多数人会不假思索地接受与自我有关的正面信息,却会仔细地审查和反驳与自我有关的负面信息。当人们得知他们的能力是正面的,他们会热心地寻求反馈,反之则不然。

(二)倾向选择令自我愉悦的朋友

我们看待自己的方式会因面对的人不同而有所区别。霸道、挑剔的人让我们感到不安,对我们赞赏有加的亲密朋友令我们充满自信。这并不表示我们是两面派,而是表示这些人的举动或暗示引出了我们自我的某个方面。意识到这一点,我们就尽可能找寻那些能够让我们展现最佳自我,并且令我们感觉良好的人。我们应该避开过分挑剔、贬低我们的人,找出可以看到我们的优点的人,与处世积极、喜欢与我们同行并共享人生的朋友交往。

二、在成长中接纳自我

(一)真正的转变来自接纳

我们要接纳自己,肯定自己的价值。只有这样,我们才能获得成长和改变自身行为的机会与动力。

过去,我们常将自己认为需要改变的地方看成一个缺点,把生命中的这个部分当成一个“敌人”。试想一下,我们在面对敌人时,通常会采取什么方式？或许首先就是想要击败它、摧毁它,当觉得敌不过它时,则会避开它。然而,这样做只能把它压制下来,它仍然在影响你、控制你。因此,真正的转变并不是来自回避,而是来自接纳。

当我们发现生命中的每一个部分都是曾经使得我们生存下来的要素,并带着感激的心去面对过去你认为是“敌人”、缺点的部分,开始将它们当作朋友,这时候自然就不会想摧毁它、打败它,或是避开它,而是想接近它、了解它。此时,这部分就在我们的生命中因为被接纳而融合,成为我们生命能量的一部分,被我们吸收。这时真正的转变才开始产生,生命中开始充满喜悦、平和、宁静,有一种在内心深处开花的感觉。

心灵成长 2-2

接纳自己不完美

人生是用来体验的，不是用来演绎完美的。允许自己不完美，才是完美的开始。

万物皆有裂隙，那是光照进来的地方。

接受自己身上那些不足的部分，接纳自己不完美,允许自己偶尔出错，带着缺憾拼命绽放，才更值得赞叹。

我们很难做好每件事，人生很难不留下任何遗憾，尽力就好。最完美的状态，不是你从不失误，而是你从没放弃成长。

(二)欣赏自己的独特性

尺有所短、寸有所长,每个人都有优点和不足,每个人都是一个独特的存在,每个人在这个世界上都有自己独特的经历,就如同在世界上没有两片相同的树叶、没有两个纹路完全相同的贝壳一样。当我们要求自己和他人一样,或者要求他人和我们一样时,痛苦就产生了。这时,我们试图改变他人或者改变自己,为自己建立一套是非对错的标准,要求自己必须怎样做才是对的、好的和完美的,努力修正自己,为自己剪枝,最后心力交瘁。请记住,在这个世界上,除了你自己再没有其他人是和你完全相同的了,因此,你有足够的理由表现得与众不同。不要盲目地将自己与他人比较,你是独特的,要学会欣赏自己的独特性。影响心理健康的关键点不是“我是什么样的人”,而是“我如何看待我自己”。

知识拓展 2-2

自我价值组合与整体自尊

生活中，我们会发现只有极少数人感觉自己是完全好或完全不好的，即使对自己非常满意的人也能找出自己的缺点和不足，以及相对别人不够自信的方面。心理研究者发现人们对自己有完整的评价，即整体自尊。整体自尊的建立是一个两阶段的过程。第一阶段，人们确定对他们来说很重要或者可决定其自身价值的领域，有些人的领域可能是学习成绩和道德行为；有些人的可能是外貌、家人朋友的接纳。研究者把人们用来评价自己的这些重要的多个领域称为自我价值组合。第二阶段，人们根据自己在所选领域的表现对自己做出评价，形成整体自尊。例如，根据学习成绩建立自尊的一个女生，当她在课堂上表现出色时就会自我感觉良好；又如自我价值组合中包含身体外貌的一个男生，在收到相貌出众、引人注目的反馈时会获得高自尊。

自我价值组合这个概念可以帮助我们理解为什么人们明明有不足和缺点，却还可以自我感觉良好。你也许在体育或数学方面有所欠缺，但只要你不把自我价值感建立在这些方面，它们就不会影响你的整体自尊。

（三）接纳自己的缺点

任何一件事情都有其两面性。想想看，那些让我们深深自责、讨厌的缺点，也许一直在陪伴我们、保护我们，甚至可能是我们曾经为了更好地生存而学会的。如果你觉得自己是一个很容易退缩、没有自信的人，那么回想一下在生命的某一个阶段中，退缩是你最好的选择，让你免受他人的批评而使自己更安全；如果你觉得自己是一个很难与人接近的人，那么你也可以回头看看自己的成长过程，或许不与别人接近是你曾经能做的最佳选择；如果你觉得自己是一个很容易放弃、很难坚持的人，你也可以回头看看，在生命的过程中，也许曾经有过因为坚持而更痛苦的情况，为了不让自己受到更深的挫败选择了放弃，学会了待在安全的地方。

所以，今天我们拥有的一切，无论是有意识的，还是无意识的，都是生命最高智慧为你做的选择，此时你呈现的一切面貌，都是你为了更好地生存而做的选择。有缺点不是因为你不好，而是因为在你成长的过程中，你已经做了你当时能做的最佳选择。至此，我们不仅要接纳生命中的缺点，更要懂得感谢在过往生命中的缺点。更重要的是，现在的你知道自己不再像小时候那样无助，你的身体已经变强壮了，你的力量已经变强大了，你可以在自己的生命里重新做出更好的选择。

心理故事2-2

换个方式去感受

有一位画家画了一幅颇为得意的画后，将其拿到画廊展出。为了提高自己的绘画技艺，画家在旁边放了一支笔并附上他的留言：哪一位观赏者如果认为这幅画有欠佳之笔，请在画上做记号。晚上，画家取回了这幅画，发现整个画面涂满了记号，几乎没有一处不被指责。画家很苦恼，打算放下画笔，不再创作。家人建议他换一种方式试试看。他又摹了一张同样的画拿到画廊展出，不过这次要求与上次不同，他请每位观赏者在他们最为欣赏的地方标上记号。当他再次取回画时，他看到画面又被涂满了记号，有些被指责的地方被换上了赞美的标记。

同步思考

从这个故事中，你得到了什么启示？

（四）坚定地爱自己

真正的爱自己，是在任何环境下都能为自己生出一颗"欢喜心"。能做到这一点的人，一定是一个懂得照顾自己、觉得自己无比珍贵的人。在困难面前，自爱的人对自己不离不弃，会耐心安慰自己，鼓励自己再接再厉。他们不期待自己完美无缺，也不强求别人有的东西，不会让自己长期陷于抱怨、比较、占有欲之中。自爱是一个人不断地向内表达支持、肯定、包容、接纳的结果。它让人摆脱了对外在评价的依赖，活得更自在，也更轻松。

（五）觉察并打破生命的限制

心理故事2-3

马戏团里的大象

你见过马戏团里的大象吗？它们原来可能生活在非洲大草原，后被人类捕获。起先人们用铁链困住它们，它们想挣脱，但是徒劳无益，于是索性放弃了挣扎。多年以来，它们在人类食物的安抚下，逐渐忘了自己的本性，即使人们用麻绳捆住它们，它们也不会反抗，而是温顺地待在有限的范围内。

同步思考

大象的经历让你有哪些启发？

我们在成长的过程中，或许都经历过痛苦、无助和挣扎，也正是因为这样，在我们的心灵最深处记住了许许多多的限制，甚至有时候我们觉得生命中有一种无力感，觉得自己被环境、被现实限制住了。而事实上，环境与现实就如同上文“马戏团里的大象”故事中大象脚上那条外在的、有形的麻绳，以及烙印于内心深处、在成长过程中出现的许多无形的限制，其中后者更关键。所以，当我们在外界的环境与现实中碰到束缚和限制时，要往自己的内在看：到底绑住我们的是外界的现实环境，还是我们自己内在的一些成长经验？如果可能的话，请试着鼓起勇气，觉察并打破生命的限制。成长经历中的磨难限制了过去的我们，但不代表可以限制未来的我们，让我们丰富自己，开启全新的模式，向未来出发吧。

（六）用发展的眼光看自己

成长与转变是缓慢、渐进式的，而不是快速、跳跃式的；是螺旋上升的，而不是直线向上的。犹如爬山一样，有时候当你爬到某一点会看到与前面相似的风景，但高度却已经不同了。所以在成长的道路上有时你会觉得返回了原点，这时即使你的外表没什么变化，你的内心、能量却已不同。感觉回到原点，并不表示你在倒退，而是内心正在统合更大的能量，等下一次再出发时，步伐会跨得更大、走的路程会更远。在我们成长的道路上，没有所谓的退步，每一个脚印、每一分耕耘都会有收获。另外，成长与转变是过程，而不是结果。在整个过程中，每一个不同的自己，每一个不同的瞬间，都值得我们享受。生命的品质一天天在提升，每天你都会因转变而看到不同的世界，所以，我们需要去觉察和体会成长与转变的过程，用发展的眼光看自己，而不是只着眼于实现一个个目标。

三、在悦纳自我中突破自我

悦纳自我，会让我们获得内在动力，从而突破自我、实现自我。悦纳自我的过程意味着改变，而改变则意味着离开舒适区，需要调整自我。舒适区也是一个地理学名词，用来形容那些气候宜人、四季如春的地区。其在心理学上的含义为，个体把自己的行为限定在一定范围内，对这个范围内的人和事都非常熟悉，从而有把握保持稳定的行为表现。离开舒适区，可能会带来不确定性，甚至需要冒险，所以很多人因此焦虑，不愿意成长。不过，随着我们成长中需求的不断提升、视野的不断开阔，舒适区也是需要不断扩大的，这就需要我们勇敢地突破自我，看到自己更大的可能性和发展空间。

知识拓展2-3

如何扩大舒适区

(1)舒适区范围的扩大建立在不断突破自我的基础上。舒适区的范围并不是一成不变的，一开始可能只有一块很小的区域，一些人成功在于能不断扩大自己的舒适区。

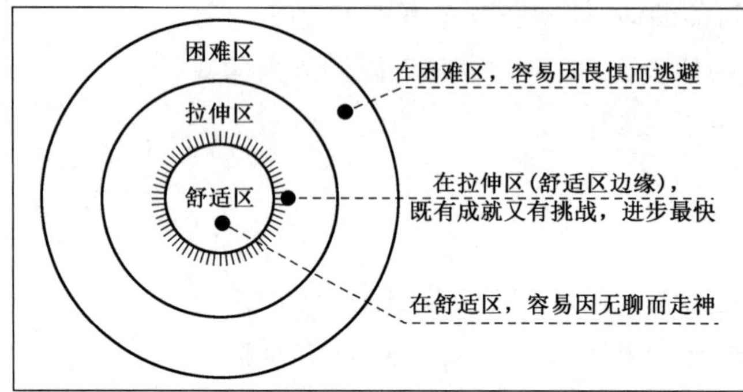

(2)如果只待在舒适区里，突破和实现自我就很难发生。因为每一次的突破一定包含未知的冒险，而这不是在舒适区能够做到的。

(3)贸然跳出舒适区也不明智。如果在没准备好的情况下，仓促地跳出舒适区，往往会因为太过不适，而不得不很快退回最初的舒适区，同时还会损耗个体今后做出改变的信心和动力，甚至缩小舒适区的范围。所以必须准备好了再行动。

如一位平时上课发言焦虑的同学想要突破自己，贸然在一次重要的大会上站起来提问，结果紧张得说不出话，感觉糟糕极了，导致他放弃了改变的想法。显然，他太急于跳出舒适区，一下子离开太远，导致自己无法承受，只好又退回舒适区。这就是一个改变失败的例子。

(4)真正的成长和突破发生在舒适区的边缘。我们需要一些让自己不舒服但是充满创造力的空间。如果你太过舒适，就会缺乏创造力，而站在舒适区的边缘，你会稍感不适，但能够忍受。所以尽可能多地站到舒适区的边缘，一段时间之后，你会发现那种不适感减少或消失了，此时你的舒适区就扩大了，原本边缘的位置已经不会让你感到不适了。

在自我实现的过程中,困难和痛苦是必经的,因为如果一切都很容易,那通常表明你还待在舒适区;而有困难则通常说明我们在不断拓展,不断学习新的东西,自我就是这样成长起来的,人生的经验也是这样丰富起来的。

思考

1. 在你过去的人生经历中，有哪些经历让你获得了成长？具体体现在哪些方面？

2. 第一次走出家门，步入大学，开始宿舍生活，有些同学总是担心室友不喜欢自己，你会给这样的同学哪些建议呢？

□心理素质拓展实践

拓展任务:心理绘画

一、拓展目标

1. 素质提升目标:挖掘内在心理力量。
2. 能力提升目标:从心理学视角看待自己以及身边的人和事。
3. 实践能力目标:提升助人及自助的实践能力。

二、拓展任务及实施过程

1. 准备阶段:每名同学准备一张白纸和各种颜色的笔。
2. 绘画阶段:同学们根据自己的情绪进行绘画,可任意发挥,要求画中包含房子、树、人。
3. 自我解读阶段:同学们依据自己的绘画,进行自我解读。
4. 教师分析和解读阶段:对学生情感、需求等方面进行积极疏导。

微课

第2章
拓展实践说明

三、拓展小结

艺术创作可以表达自己的情感和感受,从而促进个人成长和心理健康。同时,可以放松压力,释放负面情绪,从而提高身体健康水平和心理健康水平。此外,该活动还可以帮助参与者改善人际关系,增进对生活的理解和认识。

学生分享此次实践活动的感悟。

1. 我对自己有新的认识:

____

2. 我看待身边的人和事的视角有了变化:

____

3. 我打算进行自我规划:

____

□学习反馈单

一、自我评估反馈表

学习反馈项目	自评	改进措施
课前准备情况	优 良 中 差	
课上学习专注度	优 良 中 差	
与教师互动情况	优 良 中 差	
对内容的理解程度	优 良 中 差	
完成学习任务的品质	优 良 中 差	
知识与实践的结合运用情况	优 良 中 差	
课后反思情况	优 良 中 差	

二、问题反馈

1. 通过自我觉察，你是否产生了与课程内容相关的困惑，请具体说一说。

2. 通过学习，结合身边的人或事，你有哪些感悟？

3. 通过学习，你对自己当下的情境有哪些新的认知？

4. 通过学习，你对自身有哪些具体规划？

5. 如果有机会，你希望深入学习和探讨与本次课程相关的内容吗？

学习者签字： 日期： 年 月 日

指导教师签字： 日期： 年 月 日

第3章

提高心理适应能力

学习目标

1. 了解大学阶段常见的心理适应问题。
2. 学会积极调整自己，处理学习和生活中遇到的心理适应问题。
3. 提高自己的心理适应能力，更好地适应大学生活。

本章导读

有一流传很广的词句："此心安处是吾乡"。这一词句出自宋代大词人苏轼的《定风波·南海归赠王定国侍人寓娘》。千百年来，许多人对这句词产生了情感上的共鸣，不管身处何地，只要心安定下来，就能尽快熟悉新环境、主动适应新环境、不断改善新环境。大学生要保持阳光的心态，提高适应能力，这样才会使脚下有力量，通过不断奋斗实现人生理想。

人的一生中，在成长的不同阶段会不断面临心理适应问题，但每次适应后也一定有所收获，比如身体技能的发展、心理独立、人际关系调整等。因此，不断适应是一个人毕生的课题。

对于大学生而言，从出生、上幼儿园到上小学—中学—大学的求学经历，正是不断调整自己、适应新环境的过程。理解生活中的变化，提高自己的适应能力，学会调整自己，以适应新的大学生活，是大学生成长的必修课。

心理案例 3-1

小 C 的孤独

小 C 是一名大一新生，来到新环境的她显得有些不习惯。她时常挂念高中时代那些熟悉的同学和朋友，因此，一有空她就和老朋友聊天，这使得她特别开心，同时也缓解了她在新环境中的孤独感。可是时间过去了一个月，小 C 却慢慢发觉，身边的同学相互都熟悉起来了，唯独自己似乎总是被排斥在外，难以找到朋友。周围的同学时常结伴到处游玩，甚至结伴吃饭、自习、上课，自己却总是一个人。小 C 不禁伤感起来，是因为自己不讨人喜欢，还是因为自己不主动？由于在大学里缺乏朋友的关怀和帮助，大学生活给小 C 带来的压力越来越大，并引发了一系列的情绪问题。

同步思考

1. 小 C 的处境可能是什么原因造成的？
2. 你会给小 C 什么建议呢？

3.1　心理适应概述

一、心理适应的含义

在面对生活中的各种变化、转折或挫折时,适应是一种重要的生活态度和心理能力。不同时期,个体需要在心理、行为、观念及目标上做出适当的调整和改变,以适应环境的变化。对于大学生而言,适应是提升心理素质不可或缺的能力。适应有阶段性,每个人都会通过成长,逐步由不适应转变为适应。

心理适应是一个人离开舒适区、突破压力区、到达成长区的过程。其中,舒适区是熟悉的、安全的、自在的。但是,为了获得更多的发展,我们不得不离开舒适区,进入一个充满不确定性的压力区。压力区是进入成长区的一条通道:它可能很黑,让你看不清自己;它可能很曲折,让你不知道出路在哪里;它可能很坎坷,让你摔跤,感到疼痛。有些人为了避免这些不适,选择逃避,退回原来已经习惯和感到舒服的环境,以为这样就万事大吉。殊不知,从压力区退却固然会感到一时惬意,但因为放弃了成长,反而会给今后带来更多的适应问题。

二、心理适应的影响因素

心理适应会受到诸多因素的影响,当然这些因素起到的具体作用也因人而异。了解心理适应的影响因素,有利于我们对自身做出适当、合理的调节。按照具体来源,一般可以把心理适应的影响因素区分为外部因素及内部因素。

(一)外部因素

(1)生活变化:进入新环境以后,生活的变化主要体现在生活环境以及生活习惯的改变上。可以说,新环境给人的生活方面带来的变化是最直观也是最直接的影响心理适应的因素。这些变化体现在饮食习惯、环境气候、作息节律等方面。这些因素看起来很普通,可它们对人的心理适应的影响却是很大的。

(2)社会支持:除了明显的生活上的变化以外,伴随而来的就是社会支持来源的改变。在新环境中,基于原文化建立的社会支持,如家庭、朋友、老同学等,在一定程度上都会因为空间距离的产生而难以提供直接的支持。这个时候人就需要在新环境中建立新的社会支持以更好地适应新环境。

(3)文化差异:新文化与原文化之间的差异也是影响心理适应的一个重要因素。这种差异越大,个体的适应难度也就越高。

除了以上提到的一些因素以外,常见的影响心理适应的外部因素还包括新环境中面临的歧视、偏见问题以及进入新环境的时间等。

(二)内部因素

(1)主观评价:进入一个新环境以后,人们对该环境的主观评价对心理适应起着一定的作用。主要表现为接触新环境前对它的期望与进入该环境以后体验到的实际情况之间的差异。这种落差会给个体带来适应上的压力。对于大学生而言,对学校环境的期待以及对所选专业的期待带来的落差是最为常见的。很多同学在进入大学学习以后,发现自己所学专业与想象中的情况差异很大,从而产生适应压力。

(2)人格因素:人格差异也是影响心理适应的一个内部因素,具体表现在控制点以及外向性两个方面。对新环境中的事物越发感到可控,适应起来越顺利;相反,认为新环境中的事物不可控的人可能会在适应中体验到更多的不适。此外,由于外向性高的人会更主动、更积极地与新环境中的人互动交流,因此在一定程度上相对于外向性低的个体而言更能顺利地适应新环境。

除了主观评价以及人格因素外,其他常见的影响心理适应的内部因素还包括性别、年龄、受教育程度等。

知识拓展3-1

分离焦虑

分离焦虑是指个体与其依恋对象分离或与家庭分离造成的过度焦虑和发展性不适，存在于个体童年和青春期早期，甚至初入大学的学生可能也会存在该状况。分离焦虑可能会使人出现一些受焦虑影响的不安行为，如哭泣、身体不适（如胃痛、头痛）、逃避（如拒绝分离），以及采取获得安全的行为（如不断给依恋对象打电话，要求回到依恋对象身边）等。程度更深的分离焦虑还会导致抑郁等。分离焦虑成因复杂，但在很大程度上受童年时期建立的依恋关系的影响。

大学生是个特殊的群体，十七八岁正是自我成长的关键阶段，是自我价值观的最佳塑造时期，离开家乡，远离父母与熟悉的朋友，独立面对生活，是一种锻炼，更是一种自我成长。然而，缺少经验、容易产生分离焦虑，成为制约自我成长的重要障碍。大学本是自身学习知识、掌握社会技能、适应社会的过渡阶段，如果因为分离焦虑而逃课回家或打游戏排解思家之痛，这便与上大学的目的背道而驰。因此，要正确认识自己的依恋关系，采取合理的措施缓解分离焦虑，逐渐培养适应能力。

3.2　常见的心理适应问题及其应对方法

一、产生孤独感

在初入大学的适应阶段，由于远离了父母以及熟悉的同学和朋友，很多人会感到孤独。不同于高中，大学中的每个人作息不一定相同，目标不一定相同，不一定每顿饭都有人陪伴，不一定每一次自习都有人同去同归，也不一定每一次出去玩都能找到玩伴。有时候在独自忙碌了一天之后，孤独感会突然来袭，令人躲闪不及。这时的大学生总会感到心里空落落的、不踏实，有一种不安感。

心理案例 3-2

孤独的小 C

进入大学后的小 C 很想快点交到朋友，可是又觉得自己无法融入室友，除了简单的问答外，没有其他可以持续下去的话题。自己有时候主动找话题与室友聊天，却经常尴尬结束。慢慢地，就没有了自信。小 C 总是一个人，觉得好孤独。

同步思考

你会给小 C 什么建议呢？

孤独感源于我们曾经过度依赖的外在需求，这正是我们深化自我认识的好时机，也是觉察自我，锻炼和提升自我的契机。我们能够选择的是对待孤独感的态度，以及如何处理孤独感。孤独是人类的一种生存状态和人生经验中非常有价值的部分，我们不应该将孤独看作不好的体验。

孤独让我们有机会和自己相处，也可以叫作独处。独处是发展、成长的必经阶段，它所产生的积极经验对每一个阶段的个体发展都是非常重要的，尤其是对于青春期的个体，独处可以帮助其修复感情、自我反省。随着年龄的增长，个体的独处能力会变得越来越强。独处时，我们与自己相处，去探索自我，唤醒新的自我。如果我们不花时间和自己相处，而让各种活动和项目占据生活，就可能丧失中心感，失去内心的平衡。独处给予我们检验生活和深思的机会，它让我们有时间思索一些深刻的问题。我们可以在独处的时候，探索自我内心，更新自我认知，让自我内心的力量指引人生的道路，而非受环境和他人的左右。如果我们能坦然接受独处，那么我们参加活动和建立关系就是出于身心的自由，而不是出于恐惧。寂静和独处为我们提供了了解自我、获取中心感和建立有意义的人际关系的途径。

知识拓展3-2

社交退缩会导致孤独感

社交中的退缩行为会导致孤独感，会妨碍人们自由表达自己的观点和维护自己的合法权益，妨碍人们清晰地思考和有效地交流，妨碍人们认识、结交新朋友以及参与社交活动。

怎样才能改变呢？首先，确定那些导致你退缩或害羞的社会情境。其次，找出影响因素。影响社交退缩的因素通常有对他人的负面评价太过敏感、害怕被拒绝、缺乏自信和特定的社交技能、恐惧亲密关系等。

一种好的方法是，对那些有退缩行为的情境特别留意并进行记录，把你的真实感受和你在这些情境中做出的反应记录下来，特别要留意在这类场景中你的自言自语和内心独白。

例如，你可能悄悄对自己说：

- “我没有吸引力，大家可能不愿意与我交谈。”
- “我最好循规蹈矩，免得遭人嘲笑。”
- “我害怕被拒绝，我无法主动认识我想认识的人。”
- “人们没有兴趣了解我的想法和感受。”
- “周围的人都在对我评头论足，我可能没法达到他们的期望。”

学着战胜这类泄气的想法，并且用建设性的想法取而代之，从而克服你的退缩。克服退缩需要学习用新的角度看待自己。要意识到，并不只有你一个人想要退缩，永远不要小瞧自己，要勇敢挑战自己——你的能量是你难以想象的。

同步思考

哪些建设性的想法可以取代负面的内心独白？

二、其他心理适应问题

（一）环境心理适应

大学中，我们面临着适应全新的校园环境、住宿环境、饮食习惯、生活习惯、作息时间等方面的挑战。对于第一次住校的学生来说，要面临的压力可能会更大。这是大学赋予我们锻炼自我的机会，自主、自立、自律是大学生活的主旋律。随着时间的推移，我们都会逐渐适应这种生活方式的变化，培养出独立生活的能力。如果环境适应问题成为你的困扰，那么不妨学会给自己制订目标和计划，充实自己。

心灵成长 3-1

铁 人 精 神

中华人民共和国成立初期，石油资源的匮乏严重制约着国家发展。以王进喜为代表的广大工人阶级以“为国分忧、为民族争气”的爱国主义精神在极端艰苦的条件下从四面八方挺进松嫩平原，打响了从根本上改变我国石油工业面貌的大会战。在大会战拉开序幕之际，石油工人面临着匮乏的经验技术、落后的开发设备、复杂的油藏地质条件和恶劣的自然环境等诸多不利因素的挑战。面对松基三井喜喷工业油流的难得机遇，带伤工作的王进喜在井喷的危急关头，奋不顾身带头纵身跳进泥浆池，以血肉之躯奋力搅拌泥浆，最终制服井喷，践行了石油工人为国分忧的责任担当精神和“有条件要上，没有条件创造条件也要上”的钢铁誓言。对工作细致认真、对质量一丝不苟的王进喜还改革游动滑车、改进泥浆泵，成功研制“整拖搬家”“填满式”钻井法，在求真务实中寻找科学方法，提高生产质量。

(二) 角色心理适应

大学中，同学们来自四面八方，各有所长。有些同学觉得大学中好像人人都比自己强，人人都“身怀绝技”，因而变得没有自信。其实，我们要学会转变观念，调整好自己的心理，适应新的角色。当看到周围有那么多优秀的同学时，有些人是非常兴奋的，这些人把他人的优秀看成个人发展和学习的转机，认为在这样一个优秀的群体里学习，到毕业时如果能从每个人的身上吸取哪怕一点点的经验，毕业后的自己将多么优秀！而也有一些人觉得很失落，他们把周围同学的优秀看成对自身的威胁，将其看成个人成长发展的危机，苦恼于此。其实到底是危机还是转机，完全取决于我们自己的认知。为自己找到清晰定位，发挥自学的能力，在有限的时间里充实自己，丰富自己的人生阅历，多学习，多体验，必将收获满满。

(三) 人际心理适应

很多初入大学的学生存在人际适应方面的困惑。虽然大学生具有强烈的交往动机，交往可以使他们有一种归属感、安全感，获得人际支持和认可，但是由于正处于青春期的大学生具有内心敏感、细腻且害怕遭到拒绝和伤害的特点，他们不会轻易表露自己的需求，加上在与人交往时倾向以高中时找好友的标准衡量对方，从而经常会感到失望甚至失落。在这种情况下，很多人尽管心怀渴望，却不愿主动采取实际行动，总希望他人先主动；即使已经开始交往，但是对对方的预期过高，经常导致自己失望。有的同学本身不善于交流，遇到利益冲突等情况，也会导致人际关系的紧张。所以需要学会适度敞开心胸,主动与人交往,耐心倾听,同理他人,帮助他人。毕竟,赠人玫瑰,手有余香,这样做既可以提升自己的人格魅力,又满足了人际交往的需要。

心理实验 3-1

喜欢独处的人

有趣的“柠檬汁实验”显示，给每个被试的舌头上滴加等量的柠檬汁，内向者产生的唾液量比外向者更多。由此看出，同等的外界刺激强度，内向者的反应更大。换句话说，只需要很弱的刺激，内向者就能够产生较强烈的反应，过多的外界刺激不利于内向的人保持心理的平衡。因此，内向者不倾向于从外界寻求刺激，而是将关注点和兴趣集中在自己的内部世界。他们喜欢安静、低调，较少参加社交活动。在独自的活动中，内向者更加轻松自在，感到快乐。与他人交流相处其实是在消耗内向者的精力，而独处可以让他们恢复精力。但是，喜欢安静独处并不意味着内向者不善交际，他们注重的不是朋友的数量，而是质量。

(四)社会实践心理适应

大学阶段的社会实践对学生个人学习和成长具有重要意义,但是很多同学对此却感到茫然,甚至担心。对于大学生而言,社会实践是突破自我的必经之路,大学生毕业后需要融入社会,因此大学生进行社会实践可以提前接触并了解理论是如何联系实际的,从而让学习更有方向。参加社会实践活动,提前走进社会,参加一些企业活动,能帮助学生提前适应工作环境、工作节奏、工作强度及工作方式,积累实践经验,增强求职就业的信心,提前培养工作能力及组织协调能力。在社会实践活动过程中,大学生可以通过企业专业培训和考核,提高自己的个人素质和职业素养,不断完善自己的人格品质,为成为一个高品质的职场人打下基础。参与社会活动过程中,需要与不同的人交流合作,也能见到形形色色的人,从中可以锻炼自己的职场交际能力,将来走入社会、进入职场能更加游刃有余。多参加社会实践活动,能给毕业论文提供丰富的实践素材,发挥自己的所学,通过理论结合社会实践设计出更加有亮点、更加有创新性的毕业论文。

为了做好社会实践,同学们可以提前做好心理准备,积极向老师和其他同学请教,只要努力勤奋、虚心学习,不断积累经验,就一定会收获满满。

(五)网络心理适应

当今社会处于网络时代,运用网络成为非常重要的技能,但是,网络的双刃剑效应使部分同学产生网络适应问题。有的同学运用网络助力成长,也有部分同学沉溺于网络、依赖手机等，刷朋友圈、看网络小说、网购、玩游戏、网上追剧等成了他们熬夜的一大原因，以致因睡眠不足，难以完成学业任务而陷入自责—拖延—沉迷网络的恶性循环。同时，这种不健康的生活方式还会使大学生从集体生活中脱离，难以面对现实生活中的交往对象，影响人际交往，降低自我价值感。

在学习、生活中我们要如何对待网络呢？同学们可以从以下四方面认识网络。

知识拓展 3-3

2013 年 8 月，习近平总书记在全国宣传思想工作会议上提出，要依法加强网络社会管理，加强网络新技术新应用的管理，确保互联网可管可控，使我们的网络空间清朗起来。

---

1. 培养正确的网络思维观念

我们在看到网络积极方面的同时，对于网络中的消极影响要保持警觉，培养正确的网络思维观念，提升网络安全意识，不给坏人以可乘之机，警惕互联网诈骗或者敲诈，要清楚地认识到法网恢恢、疏而不漏。

2. 做到网络和现实相统一

现实生活与网络的紧密联系，让网络人际交往与现实人际交往的界限越来越模糊。网络人际交往虽然在很大程度上扩展了人们的交往范畴，使人们获得了更丰富和复杂的感情，但同时也给现实的人际关系带来了一定的影响。虚拟世界固然有其精彩，但始终代替不了现实世界的人际关系。理想的人际交往状态是现实人际交往和网络人际交往模式相统一，二者的结合既拓展了交往范畴，又丰富了现实的人际关系，增强了综合交往信息的可靠性。

3. 杜绝网络暴力

对于大学生而言，应该加强网络安全意识，避免被不良信息引导，杜绝网上的暴力行为。特别是在一些论坛或者贴吧中，不要发布不良信息，不要煽动不良情绪，更不能随意暴露别人的隐私；要积极沟通，使用文明用语，礼貌待人，尊重他人。切记，给他人造成伤害，最终将被追究法律责任。

4. 不沉迷于网络游戏、短视频

利用互联网的优势，大学生可以让自己的能力素质得到较大的提高，但是，如果沉迷于网络游戏或刷短视频，那些看似无害的娱乐实际上会削弱大脑对外部环境的感知力和敏感性，损害大脑的认知功能，不仅会耗费自己的宝贵时间，

还会深陷碎片化的信息泥潭。看似快速获取信息,实则有可能让我们困于信息茧房。网络背后隐藏着强大的操控力,能够消磨意志,制造空虚感,最终侵蚀我们的未来。

知识拓展 3-4

需求、欲望与克制

人有需求，也有欲望。需求可以被满足，如饿了要吃饭、渴了要喝水，需求被满足，人就会感受到幸福。相对来说，欲望比较贪婪，越满足，想要的越多，变得无止境。虽然欲望是人类生存和发展的动力之一，可以促使人们追求物质和精神上的满足，然而，欲望一旦得不到控制，就会导致贪婪、自私、暴力等不良行为，对个人和社会造成负面影响。克制则是通过教育和修养培养出来的一种能力，可以帮助人们控制自己的欲望，遵守社会规范和道德准则，保持理性和冷静，更好地适应现实，感受幸福。

在网络运用过程中，很多同学沉浸在网络游戏、短视频的氛围里，对手机的依赖逐步加深，以致被欲望套牢，远离现实。这就需要我们培养克制的能力，明确自己人生的目标，避免因眼前的快感错失璀璨的未来。“能克己，方能成己。”世间多繁华，追求无止境，但人的精力和时间却是有限的，要把有限的精力和时间运用于创造美好生活。

3.3 选择健康的生活方式

为了提高自己的适应能力,我们可以选择健康的生活方式。

一、健康的生活方式与心理健康

课堂互动 3-1

了解我的生活方式

请同学们结合自己在生活中的实际状况，为自己打分（单项满分 10 分），填在表 3-1中。

打分表 表 3-1

生活方式	营养均衡饮食	每天适度运动	睡眠规律	戒烟限酒习惯	个人卫生状况	积极乐观处世	合理使用网络	健康娱乐方式	自主调节情绪	理性规划消费
分值										

大学生追逐青春梦想需要身心健康作为基础和保障，而健康的生活方式对身心健康具有积极的促进作用。生活方式影响身体素质，健康的生活方式能为大学生的心理健康提供生理保证，有利于大学生拥有稳定和积极的心态，增强其适应能力。

大学生有意识地积极参加丰富的文化体育活动，有效地放松身心、净化心灵、缓解不良情绪、提高适应能力，可以增进人际交往，发展与他人的友谊，增强自我意识，使焦虑、紧张、抑郁等不良情绪得到宣泄，有利于保持健康积极的心态。例如：体育锻炼是一种健康的生活方式，长期坚持体育锻炼既能强健体魄，又能使人变得敏锐、灵活，还能降低大学生的焦虑水平并增强其自我效能感。科学睡眠也是一种健康的生活方式，睡眠是机体恢复状态的重要环节，睡眠不足将导致一系列躯体和精神问题，科学睡眠不仅有助于消除疲劳、调整身体功能，更能使人保持良好的心理状态。

心理案例 3-3

小 C 的快乐

小 C 的大学生活，因为自己制订了学习目标和计划而变得充实起来。一天，完成学习任务的小 C 在校园里闲逛，走到篮球场，一群打篮球的同学吸引了她，她驻足看了好久。然后她勇敢地走进球场，以学习和请教的心态加入大家。一场酣畅淋漓的篮球赛，让她结识了好多新朋友，还加入早上跑步锻炼体能的队伍。运动带来的意外之喜让小 C 感受到久违的放松和快乐。

二、培养健康的生活方式

（一）培养健康的饮食习惯、合理安排膳食

吃什么对我们的健康非常重要，但怎么吃、吃多少对我们的健康也有重要的影响。有的同学晚上熬夜、早上不起床，早餐自然就省掉了；还有少数同学的生物钟和其他人完全不一样，晚上工作，白天睡觉，一天只吃一顿饭，这对身心健康都是极为不利的。近年来，很多病症趋于年轻化，这大多与饮食不规律有关。“早餐像皇帝，午餐像平民，晚餐像乞丐”的说法，实际上就是在强调早餐的重要性，早餐不仅要吃饱，更要有营养；午餐不在多，而要合理搭配、营养均衡；晚餐则要吃少，因为晚饭后多数时间是用来休息的，吃得太饱或太油腻不仅会影响睡眠，还会使人的新陈代谢失衡，增加肠胃负担，导致肥胖，所以晚餐应以清淡的素食为主。当然，大学生一般下午五六点吃晚餐，如果晚上还有大量的脑力劳动，十一点或十二点才睡觉的话，晚餐也应吃好。

(二)进行规律、适量、安全的运动

生命在于运动,运动是生机、活力的展现,对健康具有促进作用。运动可以增强心肺功能,调节情绪,控制体重,延缓衰老,促进骨骼发育、肌肉生长,使人充满活力。然而,随着学习、就业压力的增加以及网络、电子设备的普及等,大学生经常处于久坐少动的状态,用于体育锻炼的时间越来越少,这既不利于身心健康,也影响适应能力的提升。对此,应做到以下两点。

1. 进行有规律的运动

有规律的运动可以改善大脑的血液循环,有助于维持大脑的清醒,减少抑郁情绪。尤其当感受到压力时,有规律的运动可以减少人体分泌的肾上腺素,有利于减轻焦虑。对于对身材有要求的人而言,有规律的运动可以加速人体的新陈代谢,燃烧多余的能量,收缩脂肪细胞,控制体重。有规律的运动对关节和骨骼有益,有助于预防骨质疏松,对关节炎也有一定的缓解作用,还可以降低心血管疾病的发病风险,有助于控制体内的胆固醇水平,降低冠状动脉血栓出现的可能性。

2. 进行适量和安全的运动

我们要根据自己的身体条件和环境状况,选择适当的运动方式,如跳绳、骑自行车、跑步等,运动量因人而异。如果体育运动的时间和强度超过骨骼、肌肉的承受能力,受伤的风险就会加大,而参加自己不熟悉的运动更容易受伤。因此,运动要遵循安全性原则。正式运动前应该进行 5 ~ 10 分钟的热身运动,如从慢跑、散步开始,热身运动结束可以做一些静态伸展运动,正式运动结束后再进行 5 ~ 10 分钟的放松运动,以帮助心率、体温和血液循环恢复到非运动状态。体育锻炼的次数和强度应该逐渐增加。

(三)树立正确的消费观

作为现代人,我们要考虑社会和人类的和谐发展,这是健康生活的基本条件。激增的人口对资源的需求量越来越大,同时人们为满足自己的欲望,奢侈、浪费现象存在,这就要求我们节制欲望,践行节约的传统美德。大学生需要树立正确的消费观,不盲目攀比。有些大学生无法控制不断膨胀的物质欲望,甚至在网络上高息贷款消费,给自己和家庭带来巨大痛苦。大学生应该结合自己的经济水平量力而行,

购买自己真正需要的商品，节制欲望，避免浪费性消费。

（四）保证充足的睡眠

保证充足的睡眠是健康的基础，是生命的需要，可以补充人体的能量，增强自身抵抗力，促进人体的正常生长发育，对于维护人的心理健康极其重要。睡眠充足的标志是白天感到精力充沛。处于青春期的人每天至少需要 8 小时的睡眠，大学生每天至少需要 6 小时的睡眠，长期熬夜对身体健康会产生不良的影响。

知识拓展 3-5

睡眠的作用

（1）消除疲劳，恢复体力。睡眠期间胃肠道及其有关脏器合成并制造人体能量物质以供活动时使用。另外，由于体温、心率、血压下降，呼吸频次及部分激素分泌减少，人体基础代谢率降低，从而使体力得以恢复。

（2）保护大脑，恢复精力，促进心理健康。睡眠不足者，表现为烦躁、激动或精神萎靡，注意力涣散，记忆力减退等；长期缺少睡眠则会导致幻觉。而睡眠充足者，精力充沛，思维敏捷，办事效率高。这是由于大脑在睡眠状态下耗氧量大大减少，有利于脑细胞能量储存。因此，睡眠有利于保护大脑，提高脑力。

（3）增强免疫力，康复机体。人体在正常情况下，能对侵入的各种抗原物质产生抗体，并通过免疫系统将其清除，保护人体健康。睡眠能增强机体产生抗体的能力，从而增强机体的抵抗力；同时，睡眠还可以使各组织器官自我康复速度加快。现代医学中常把睡眠作为一种治疗手段，用来帮助患者度过最痛苦的时期，以利于疾病的康复。

（4）促进生长发育。睡眠与儿童生长发育密切相关，婴幼儿在出生后相当长的时间内，大脑继续发育，这个过程离不开睡眠；且儿童的生长在睡眠状态下速度增快，因为睡眠期血浆生长激素可以连续数小时维持在较高水平。

（5）有利于美容。能加快皮肤细胞的再生速度，所以睡眠有益于美容。

（五）积极的心态与情绪

积极的心态可以促进人的发展、成长。积极心理学的研究发现，心态乐观的人抵抗力更强，身体更加健康；遇到挫败不灰心，继续努力尝试，可以取得更大的成功。一个人乐观、悲观的程度对其寿命有一定的影响。乐观程度高的人更开心，幸福感更高，抵御疾病能力更强，更长寿。积极的心态有助于我们克服困难，给我们解决问题的信心和勇气。大学生需要用积极的心态面对生活、学习中的各种挑战。

任何情绪都是有功能的，情绪最大的意义在于帮助我们适应环境，提高生活幸福感。恐惧虽让人有所畏惧,但在面临危险时恐惧可以帮助我们应对危险情境,并逃离威胁因素。同样,焦虑也可以帮助我们在面对重要事件时调动身体的能量,有效地解决问题。抑郁情绪的出现或许是在提醒我们要好好地休息,好好地对待自己。所以,当出现这些所谓负面情绪时,不要害怕,可以停下来,冷静地思考如何平复情绪。

(六)健康的娱乐方式

大学生学习的内容不仅仅局限于书本知识,从丰富多彩的活动、娱乐中也可以学到做人、做事的道理。积极、健康的娱乐活动不仅可以给人带来快乐,还可以减轻压力,提高身心对环境的适应能力,提升学习效率和生活质量。大学生在课余时间应该选择健康的娱乐方式,如组织一些体育项目,参加各种兴趣小组、志愿活动等。这些活动既能调节身心状态,又能提升身体素养,还能增加与人交往的机会,提升人际交往能力。

思考

1. 为了提高自己的适应能力,我们可以选择健康的生活方式,改变就在当下,你愿意做出的第一个改变是什么呢? 你打算如何规划并坚持下去?

2. 你了解的大学生的健康生活方式有哪些? 选择一个你自己实践过的健康生活方式,分享一下它带给你的感受。

□心理素质拓展实践

拓展任务：心理情景剧

一、拓展目标

1. 素质提升目标：挖掘内在心理力量。
2. 能力提升目标：从心理学视角看待自己以及身边的人和事。
3. 实践能力目标：提升助人及自助的实践能力。

二、拓展任务及实施过程

第3章
拓展实践说明

1. 以宿舍为单位，宿舍成员共同参与，拍摄心理情景剧。
2. 以“室友们的高光时刻”为题，完成创作。
3. 要求每个人都有任务、角色或台词。
4. 拍摄场景限于学校内。
5. 完成视频剪辑，进行展示。

三、拓展小结

通过心理情景剧的创作，同学们可以增进了解、改善人际关系、加深对生活的理解和认识，从而促进个人成长和心理健康。

学生总结此次实践活动的感悟。

1. 我对同学有新的了解：

____

2. 我对同学间的合作有新的认识：

____

3. 我对自己有新的认知：

____

□学习反馈单

一、自我评估反馈表

学习反馈项目	自评	改进措施
课前准备情况	优 良 中 差	
课上学习专注度	优 良 中 差	
与教师互动情况	优 良 中 差	
对内容的理解程度	优 良 中 差	
完成学习任务的品质	优 良 中 差	
知识与实践的结合运用情况	优 良 中 差	
课后反思情况	优 良 中 差	

二、问题反馈

1. 通过自我觉察，你是否产生了与课程内容相关的困惑，请具体说一说。

2. 通过学习，结合身边的人或事，你有哪些感悟？

3. 通过学习，你对自己当下的情境有哪些新的认知？

4. 通过学习，你对自身有哪些具体规划？

5. 如果有机会，你希望深入学习和探讨与本次课程相关的内容吗？

学习者签字： 日期： 年 月 日

指导教师签字： 日期： 年 月 日

第4章 提高学习心理素养

学习目标

1. 了解大学阶段学习的特点。
2. 正确处理学习中可能遇到的心理问题,合理调节学习动机。
3. 增强学习动力,掌握学习方法,提高学习心理素养。

本章导读

梦想从学习开始,事业靠本领成就。人的潜力是无限的,但只有不断学习、不断实践才能被充分发掘出来。2024 年 1 月,首艘国产大型邮轮圆满完成商业首航,这背后是青年设计团队的默默付出。团队成员拿到资料就分组学习,再通过交流汇报的方式进行总结。从零经验摸着石头过河,到学习、吸收再创造,青年团队见证了一张张图纸变成一艘巨轮。青年只有在学习中增长知识、锤炼品格,在工作中增长才干、练就本领,才能不辱时代使命,不负人民期望。

大学是人生接受系统教育的一个重要阶段。在此期间,大学生会经历很多事情,认识很多人,丰富和提升自己的认知,其中最主要的是学习。但是面对大学阶段的学习,有很多同学存在困惑:大学的学习方法和高中一样吗?找不到学习兴趣怎么办?不喜欢专业课怎么办?让我们共同走进本章来寻找答案吧。

心理案例 4-1

如何掌控自己的大学学习生活?

小 D 上了大学,每天上课忙忙碌碌,但是又觉得自己很“空”,好像学了很多,又好像没有记住什么。长期这样下去,期末怎么应对呢?如果大学一直这样下去,当需要展现技能的时候,自己恐怕没有信心……

同步思考

1. 你能体会这种感受吗?
2. 你会给小 D 什么建议呢?

4.1　学习与心理

一、大学学习概述

(一) 认识大学学习

学习有广义和狭义之分。从狭义的角度讲,每天的听课、做作业、看书都是学习。从广义的角度讲,学习是一种非常复杂的心理过程,是由经验引起的行为或思维比较持久的变化。现代学习观认为,学习不仅是指对知识、技能的学习,还包括对态度、情感、社会规范等内容的学习。只有进行广泛而深入的学习,学生才能既拥有丰富的科学知识,又有良好的人文素养,才能获得个人的成长和进步,实现自我价值。

对于大学生来说,初入大学时像是一只雏鸟,有的人善于寻找食物,有的人还要等人来喂,甚至有的人即使喂他,他也拒绝进食。以致到大学毕业时,有的人能展翅高飞,而有的人仍处于嗷嗷待哺阶段,等到了毕业季,蓦然回首才发现自己什么也没学到。

观念是先导。大学阶段的学习与步入社会紧密相连。如果希望自己为就业、为未来做好各项知识储备和能力储备,那么就应该珍惜自己的大学时光,以学习为根本,不要一味地放任自己,虚度宝贵的大学光阴。

只有通过学习,才可以获得前人积累的知识经验,开阔视野,掌握科学的知识和技能,使各项思维能力得到训练和开发,使自己具有认识世界、改造世界的能力。每个人必然要为自己负责,如果抓住了大学这段人生的黄金时光,为自己储备知识、提高能力、磨砺意志、锻造品性、完善人格、积累人脉,那么未来定会有所成就。

(二) 大学生学习的新方式

大学学习和中学学习存在显著区别,因此,大学新生在学习方面首先要做的事情就是积极探索新的学习方式,把握大学学习的节奏。

第一,主动了解信息。大学生应该查阅所学专业的培养方案,熟悉本专业的课程设置,对核心课程的基本情况做初步了解,这有助于自己建立本专业的课程结构和框架;如有必要,还可以将本校本专业的课程体系与其他高校相同专业的课程体系进行对比,寻找其共同点,并思考各个高校在该专业上的优势和特色;在学习每门课程时,应该主动了解课程性质、学习目标、知识结构、理论原理和应用领域等,学会站在高处理解该课程的意义。

第二，主动请教经验。大学生可以积极向任课老师和学长、学姐请教学习专业知识的经验，还要学会如何提问和如何理解前辈的回答。这首先要求大学生对自己的情况进行反思和总结，找到问题所在，然后以恰当的方式提出自己的疑惑。另外，对于任课老师和学长、学姐提供的答案，很多大学生未必能完全理解，或者答案未必适合每一个人，这时候就需要根据自己的实际情况灵活处理。

第三，主动安排时间。大学阶段的时间相对来说较充裕，学生自主性比较强。大学生要学会合理安排自己的时间，不能放任自己，形成惰性。要自律，结合自己的情况制订计划，协调好课堂时间和课后时间，通过课前预习、课堂听讲和记录、课后复习的方式把整个学习串联起来。

第四，主动探索自己。大学学习的个性化程度比高中阶段更高，这不仅体现在课堂上，也表现在课后。大学生应该逐步探索和总结自己的学习风格和方式，汲取众家之长，用自我提升的心态，适应各种学习情境。例如，有的学生喜欢面对面教学，有的学生喜欢网络在线教学，有的学生喜欢实践教学，有的学生喜欢听别人讲课，有的学生喜欢自己看书。除此之外，我们可以充分利用图书馆的书籍和在线资源，探索适合自己的学习节奏、学习模式和学习策略。

课堂互动 4-1

我的学习方式

请结合你的大学学习生活，回顾自己的学习方式：

(1)你都运用了哪些学习方式？

(2)你运用的学习方式效果如何？

(3)别人的学习方式都有哪些呢？给你哪些启发？

二、心理活动对学习的影响

人的心理活动对学习有着重要影响。心理活动涉及认知、情感、意志等方面。在认知方面，注意力、记忆能力、思考能力影响学习的效果；在情感方面，兴趣、情绪、动机影响学习状态；在意志方面，人们的决策、决心和行动力影响其选择、坚持和执行。

下面以学业情绪和学习动机为例,阐释人的心理活动对学习的影响。

(一)学业情绪

学业情绪是指教学或学习过程中与学生学业活动相关的各种情绪体验,包括在课堂学习活动中和完成作业过程中以及考试期间等学习情境中的情绪体验。

积极的学业情绪可以促进学生在课堂上积极参与,从而提高学习效率;还可以激发、维持和提高学生的学习动机,促进学生思维方式的灵活性和创造性发展。而消极的学业情绪不仅会降低学习效率,而且会阻碍学生学习成绩的提升和身心发展。

影响学业情绪的因素包括:对学习的认知、学习压力、个人情绪、家庭环境(家庭氛围、家庭教育方式、家庭关系)、学习方法、同学关系、学习氛围、学习内容等。

心理实验 4-1

教育心理学家们曾在一所中学进行实验。他们从每个年级的一个班中随机选择了 20% 的学生，向任课老师说，根据对学生进行的心理发展测验的结果，这些学生在未来的一年中学习会有显著进步，并称这些学生为特殊学生。8 个月后他们发现被指名的学生学习成绩果然有明显进步，教师给予他们的品行评定也比以前好。 事实上，心理学家给出的名单是随机的，与测验无关。而这些学生的进步完全出于教师接受了心理学家的预言，产生了“这些学生会进步”的期待，而这一期待控制了教师的知觉、态度等一系列的心理活动和行为，于是教师对学生的情感更加真诚、深厚，对学生采取的教育方式也有所不同。教师的态度和行为被学生感知，影响了他们学习的动机和自我概念，行为也跟着向好的方面变化，其学习成绩和表现更好。教师的期待得到证实，更强化了教师的期待，于是形成了一个良性的循环。

(二)学习动机

学习动机是直接推动学生学习的动力。为什么而学习,喜欢学习什么,以及学习的努力程度、积极性、主动性等,都与学习动机有关。

1. 学习动机的分类

学习动机可以分为内部动机和外部动机两种。内部动机是指驱动学生学习的动力是学习活动本身,内部动机强的学生不仅对学习感兴趣,也有努力学习的需要,很享受学习的过程。外部动机则是指驱动学生学习的一些外部因素,如获得奖学金、评上优秀学生干部、获得推免保研资格等。这些外部因素无疑也会在一定程度上推动学生努力学习,但是,当个体无法控制这些外部因素或者努力没有达到预期结果时,个体可能会有很多不满,甚至牢骚满腹。例如,一位学生为了获得奖学金而学习，但是一旦评奖的标准有所改变，他并没有获得奖学金，那么他就很可能会有诸多不满，也可能会降低自己的努力程度。可见，如果在内部动机的驱动下行动，我们就是自己的主人；如果驱使我们的是外部动机，我们可能被外部因素左右。

2. 学习动机对学习效果的影响

学习动机对学习效果有着直接的影响，较高的学习动机不仅会激发和维持学习行为，还会增强学习效果。心理学研究表明，学习动机的水平不同，学习效果也不相同。学习成绩好的同学往往学习动机水平较高，他们既有近期目标，又有远期目标，两种目标相结合，使学习更有动力，获得优异的成绩更容易。而优异的成绩又进一步强化他们原来的学习动机，使他们更加积极进取地学习。相反，学习成绩较差的同学往往学习动机水平较低，只有近期目标，或者只有空泛、缺乏可执行性的远期目标，成绩不理想往往又会进一步使他们丧失学习的兴趣和信心，使原有的学习动机水平降低，以致出现厌学、自暴自弃等现象。

那么，是不是学习动机水平越高，学习效果越理想呢？

学习动机与学习效果并不是简单的直线关系。心理学研究发现，学习动机与学习效果之间呈倒U形关系，同时两者的关系还取决于学习的难易程度。

知识拓展 4-1

耶克斯-多德森定律

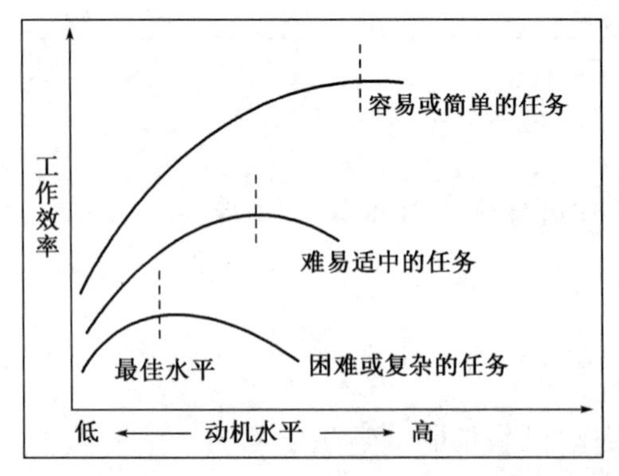

耶克斯-多德森定律指出，动机的最佳水平因任务的性质不同而不同：在比较简单的任务中，工作效率随动机的提高而上升；而随着任务难度的增加，动机的最佳水平有逐渐下降的趋势；对于中等难度的任务，中等水平的动机会产生最好的学习效果。

中等水平的动机最有利于任务的完成，也就是说，动机水平处于中等时，工作效率最高，一旦超过了这个水平，对行为反而会产生一定的阻碍作用。如学习的动机太强，急于求成，会产生焦虑和紧张的情绪，干扰记忆和思维活动的顺利进行，使

学习效率降低。

有些大学生非常重视自己的学业，他们一直坚信“付出努力就会成功”，整日像陀螺一样忙碌，争分夺秒学习。这类学生的学习动机过高，学习强度过大，几乎把所有的心思和时间都花在了学习上。他们不允许自己浪费时间从事其他与学习无关的活动，外部学习动机和内部学习动机都非常强烈，看重分数和名次，害怕失败，总想得到别人的认可和赞扬，总担心自己学业失败而被人看不起。这些学生一旦考试失败，往往会过分自责。这些学生因为学习动机过高，经常超负荷学习，其身心健康可能会受到影响。这更容易导致出现注意力不集中、记忆力下降以及思维迟钝等问题，时间长了还容易出现头痛、头晕、胃肠功能紊乱、失眠等问题。因此，过高的学习动机不利于学习和成长。

相反，对学习放任自流，学习动机太低，也会带来一系列问题。有些学生对学习科学知识没有兴趣，整天懒于学习，没有自律性，缺乏求知欲和进取心，经常把主要精力放在网络游戏等与学习无关的活动上。对待考试，这些学生往往临时抱佛脚。这类学习动机太低的学生，挥霍青春，最终会为自己的行为付出代价。

4.2　学习心理问题及其调适方法

心理案例 4-2

小 D 的室友怎么了？

小 D 对自己室友最近一段时间的状态感到困惑：学习提不起兴趣，活动不愿意参加，作业也是能拖就拖。 小 D 问他什么情况，室友说自己就是什么都懒得做。

同步思考

请你分析一下小 D 室友的状态。

一、学习倦怠

（一）学习倦怠的含义

学习倦怠，也称学习疲劳，指学生对学校学业课程持厌烦等负面态度的一种现象，并且伴有以下行为表现：对所学课业和学校活动失去兴趣或热忱消失，呈现一种成就感消失、缺乏动力的消极状态；对同学、朋友态度冷漠和疏远，产生一种身心俱疲的心理状态;学习错误增多,学习效率下降,注意力集中困难等。

学习倦怠经过适当的休息可以恢复正常,对身心健康不会造成太大影响。但如果长期处于疲劳状态,强行让大脑有关部位持续保持兴奋,就会导致大脑兴奋和抑制过程的失调,严重的会引起神经衰弱。

(二)学习倦怠产生的原因

学习倦怠产生的原因多种多样,不仅与学习的性质相关,还与人的学习动机、学习态度、学习兴趣、学习压力等个人特点以及环境条件有关。

学习倦怠体现的心理疲劳一般不像生理疲劳那样迅速产生。一个人有了强烈的学习动机和积极的学习态度,就能够较长时间地持续学习而不感到十分疲劳,但是,集中精力持续学习的时间过长,就会产生疲劳,使学习效率和学习质量受到影响。

一些学生在进入大学之前不了解所学的专业,在进入大学后,由于认知的影响,感觉所学的专业与自己当初设想的相差甚远,或者感觉所学专业缺乏现实意义,而表现出烦躁情绪,对专业的兴趣和求知欲随之减弱。学习积极性受到影响,在学习过程中就容易产生学习倦怠。有一些学生受周围环境影响,沉迷网络,也会导致学习倦怠的产生,如不加以调整,将会对身心健康产生极大的负面影响。

(三)学习倦怠的表现——学习拖延

拖延是指对待事情或任务时,不迅速处理,延长时间。例如,将今天的事推到明天。拖延可能使目标任务在最后期限内无法完成,或者目标任务在最后期限才刚刚启动。学习拖延就是学生没有在规定的时间完成相应的学习任务。

现实中学习拖延有不同的情况,有的拖延是学生明知自己应该完成任务,但没有按时完成;有的拖延是因为懒惰、逃避等,不想按时完成任务;还有的拖延是由于学生对某个或者某种学习任务持有偏见甚至厌恶之情,因此心理上本能地对此项任务产生排斥,于是产生拖延的现象。据统计,这种拖延在大学生中出现的频率较高,往往是由于学习任务不能引起学生兴趣,或者任务量太大以至于学生直接选择拖延应付。也有的拖延属于缺乏自律的学习拖延,由于学生没有较强的自律意识以及自律能力,不能对自己的时间进行合理的安排,不能合理约束自己,不能抵制电子产品等不良诱惑,因此产生了学习拖延。

知识拓展 4-2

常见的学习拖延

1. 没动力、不想学

在大学生中，常见的第一个学习困扰就是没动力、不想学。这些学生往往沉迷于网络游戏，或者忙于社团活动。没动力的学生往往对自己所学的专业不满意，没有明确的目标，对现状感到失望；不想学的学生往往对自己的就业前景感觉迷茫，觉得学习没用，希望能够在社团活动中展示自己的能力，于是整天忙于组织和参加各种活动。

2. 无毅力、学不成

虽然大学的学习相对高中要轻松一些，但是在学习过程中，每个人或多或少都会遇到一些困难与挫折。有些学生由于缺乏毅力，面对困难的时候就会退缩，也不会主动寻求帮助或者努力战胜困难。还有一些学生在中学时是在家长和老师的帮助与指导下学习的，没有养成良好的学习习惯，自我监督和管理能力差，上了大学缺乏监督也可能会放任自流，过起“当一天和尚撞一天钟”的生活。

3. 不得法、不会学

虽然大学与高中的学习没有天壤之别，但也有很多不同之处。如果大学生不了解大学的学习特点，不能转变高中时期“题海战术”的学习方式，不会合理安排自己的学习时间，就会在学习中遇到很多困难，学习效果也会事倍功半。

(四)学习倦怠的调适方法

1. 开阔视野，激发学习兴趣

学习兴趣是主动学习和探索的动力源泉。分析自己在学习中收获了什么，是否能够在未来的生活和工作中灵活运用所学知识解决问题，是否具有专业的视角和思维方式。适时对自己的学习结果进行总结和评价可以对自己的学习有准确的把握，增强对专业的热爱和兴趣。这样可以开阔视野，跳出知识本身，鼓励自己多参与实践，培养学习的热情，在更广阔的世界中，了解知识的积累价值，自然激发学习兴趣。

2. 营造良好的学习氛围

与学习积极的人在一起，选择适宜的学习环境，尽量不在有干扰的地方学习，避免影响注意力，导致心烦意乱，焦躁不安；不在过暗或过亮的地方学习，避免头晕目眩，出现视觉疲劳。

3. 与老师、同学建立良好的关系

多与老师、同学交流，尊敬老师，与同学互助协作，增进学习过程中的相互了解，接受积极影响。

4. 制订合理的学习目标和计划

学习倦怠常常是因为学生对学习目标的设定模糊或过高，导致他们无法有效地管理学习时间。因此，应制订合理的学习目标和计划，并通过定期的反馈和检查对其进行调整和改进。

5. 养成良好的学习习惯，科学用脑，劳逸结合

科学研究揭示了大脑两个半球的不同功能，如果长时间地运用一侧大脑，则相对容易疲劳，因此在学习过程中，要养成良好的学习习惯，科学用脑，劳逸结合，适当地呼吸新鲜空气、休息片刻，使身心得到放松和调节，从而消除疲劳，提高学习效率。

6. 遵循人体生物节律，保证睡眠

人的生物机能在上午7—10时逐渐上升；10时左右精力充沛，处于最佳状态；之后趋于下降；17时再度上升；21时达到高峰；23时以后又急剧下降。当然，每个人的最佳学习时间的分配又存在着差异：有的人上午无精打采，晚上精力十足；有的人白天精神好，晚上效果差。因此，在学习过程中应遵循人体生物节律，把握“黄金时间”。同时，每天尽量保证充足的睡眠，这样可以提高效率，做到事半功倍。

7. 学会应对压力

学业压力是导致学生学习倦怠的一个主要因素。可以通过运动、放松技巧和时间管理减轻压力。

8. 合理分配学习任务和考试压力

学习任务和考试压力过重会给学生带来沉重的负担，增加学习倦怠的风险。因此要合理分配学习任务和考试压力，避免给自己过重的负担，要确保足够的休息和放松时间。

二、考试焦虑

心理案例 4-3

苦恼的小 D

小 D 每天按照自己的学习计划学习，看着日子一天天过去，他开始担心考试了，这是大学的第一次考试。小 D 反思了一下，对自己的学习效果不太满意。平时老师认为他是个认真学习的学生，他真怕考得不好，影响老师对自己的看法，而且一想到成绩也会影响综合评定，小 D 更紧张了。

同步思考

1. 你认为小 D 的紧张是什么原因造成的？
2. 你会给小 D 什么样的建议呢？

在大学里，成绩的评定往往不是仅依据最后的期末考试成绩，而是会综合学生平时的表现、完成作业的质量、学习的态度等方面。虽然是多角度评价，但是考试焦虑依然是困扰部分大学生的问题。

轻度的考试焦虑反应有肌肉紧张、心跳加速、血压升高、出汗、手足发冷、内心苦恼、无助感、担忧、胆怯、自感否定等。重度的考试焦虑反应有坐立不安、头痛、头昏、无法集中注意力、思维阻滞等，以至于产生逃避考试的行为。

（一）产生考试焦虑的原因

有的同学学习基础较差，上大学后没有掌握合适的学习方法，学习比较吃力，考试前担心考试失败，以致产生焦虑情绪。

有的同学学习习惯还没有改变，过于看重考试成绩，经常担心成绩不好会影响自己评奖学金、就业等，产生了过大的思想压力，心理超负荷，产生过度紧张情绪。

有的同学，平时散漫，没有规划，没有目标，受沉迷于网络等其他因素的影响，随波逐流，期末为了考试拼命复习功课，以致睡眠不足，过度疲劳，大脑休息不足，身心需要的能量得不到及时补充，也会陷入考试焦虑。

有的同学由于个性原因，一直以来都对考试心存恐惧，无法放松投入复习，又没有好的调适方法，一直苦恼。

(二)防止和克服考试焦虑的方法

1. 端正对考试的认识,正确对待考试

考试只是检验所学知识的一种手段,要正确对待考试的结果。一般情况下,考试反映了平时学习的状况,是认识自己学习水平的好时机。因此,要认真对待,尽力发挥自己的水平,但是,又不要把考试分数看得过重,因为它不是衡量学习水平的唯一标准。就算考试失败了,也不要灰心丧气,要从失败中吸取教训。

2. 掌握学习方法,树立自信心

“工欲善其事,必先利其器。”进入大学后,要尽早掌握合适的学习方法,这样,学习效率就会得到提升。同时,缓解考试焦虑也需要树立学习的自信心,要充分相信一分耕耘一分收获,只要自己每一堂课都认真听讲了,作业都认真完成了,就不必过分担心考试。

3. 充分休息,保证营养

在考试之前很多同学喜欢“开夜车”,甚至通宵复习。这不仅不利于知识的长期掌握,也不利于身心健康。同时,这种做法也容易导致考试焦虑。考试前要保证充足的睡眠时间,这样才能在考场上发挥出应有的水平。也要注意调整生活作息,做一些喜爱的运动,使自己身心放松。考试前也要多吃一些新鲜果蔬以及富含蛋白质的食物,保证营养物质的充分摄入,以使大脑能够更好地工作。

4. 掌握考试技巧,从容应考

如果在考场上出现了考试焦虑,可以使用一些简单的放松技巧,如腹式深呼吸或者攥紧拳头再松开等。也可以在考试过程中使用一些答题技巧,如按照题目难易分配答题时间,论述题分段、分点作答,等等。审题要认真,切忌还没有读明白题目要求就匆忙下笔。

5. 寻求专业的心理帮助

当自身无法摆脱考试焦虑的影响时,可以寻求专业的心理帮助,向专业的老师请教,学习适当的心理调适方法。

4.3　激发学习动力

大学的学习最鲜明的特点是自主性明显提高。合理的学习方法有助于激发学生的学习动力,使其更好地把握大学学习。

一、设定合理的学习目标

相对于学习动力而言,学习目标是离我们的实际行动更近的心理因素。学习动机的强弱在很大程度上与个人设定的学习目标有关,小目标成就大事业,目标太大或者目标不清晰都会影响学习的动力,所以,我们需要设定合理的学习目标。

心理案例 4-4

"一厘米先生"

有一位运动员，他曾 35 次刷新撑竿跳世界纪录。他一次又一次地创造世界纪录，而且几乎每次都只是将成绩提高 1 厘米，因此他被称为"一厘米先生"。当他成功地越过 6 米时，他感慨地说，如果自己当初就把训练目标定为 6 米，没准会被这个目标吓倒，甚至连本来能跳过的高度也跳不过去了。

设定目标的原则:

(1)目标要具体。

例如,把今天的学习目标定为"复习第一章的内容""背诵 50 个单词"。这种具体的目标具有较强的可操作性,更容易实现。

(2)目标要可以测量。

目标设定得越明确,就越容易测量,如"背诵 50 个单词"的目标就是可以测量的。

(3)目标要具有可达性。

每个人的学习能力和学习动机水平不同,要结合自身实际情况设定可以实现的目标。通常情况下,具有一定挑战性的中等难度的目标是比较合适的。

(4)目标要有期限。

设定目标时要设定完成期限,这样我们才能激励自己在有限的时间内尽快完成已经设定好的目标。

(5)近期目标要与远期目标相结合。

在学习中，学习者不仅要设定长期的目标，对自己的未来发展有较为清晰的认识，同时也要有短期的具体目标，使自己能够脚踏实地地完成每天的学习任务。如果只有长期目标，没有具体的行动方案，个体最终会觉得自己的目标遥不可及，从而丧失学习的动力。

目标的设定是一个持续的过程，目标也不是永恒不变的，而是可以随时结合实际改变的。如果目标已经实现或者偏离了现实生活，就要对目标进行修订。一些同学担心自己设定的目标如果无法实现，反而会给自己带来更大的挫败感。其实大可不必担心，因为你会发现，当你设定目标后，即使没有完全实现目标，你也离目标更近了一步，你比没有目标时更加努力，这就是设定目标的作用。

二、学会时间管理

时间管理反映一个人对待时间的态度和价值观念，是指人们通过一定的技巧和方法，将自己的日常学习和工作任务按照优先次序进行排列，确定时间表，并最终加以执行的过程。良好的时间管理能带来较高的工作绩效和个体主观满意度，有助于维护个体的自尊，提高自我效能感。

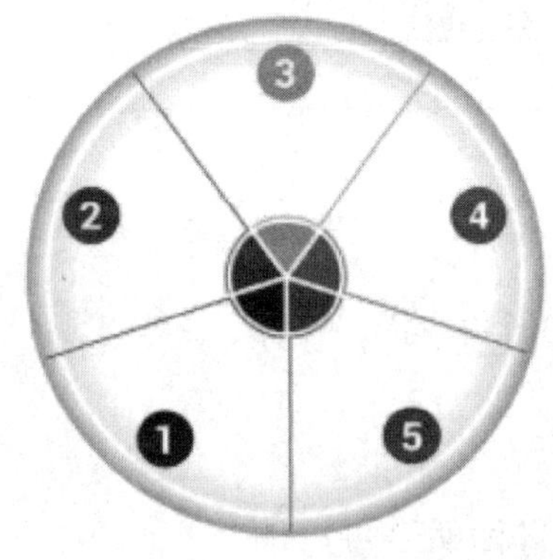

课堂互动 4-2

绘制自己的“时间馅饼”图

回忆此前某一天的 24 小时中你的每项活动及其占据的时间，并将它们详细地画在左侧的大圆中。然后分析哪些活动是有建设性意义的，哪些是需要调整优化的。

进入大学之后，大学生的时间相对宽松和自由。懂得管理时间，可以充实自我；高效利用时间，有助于目标的实现。时间管理具体方法如下：

(1)对任务进行分类以决定每项任务的具体完成时间。

相较于“重要且紧急”和“不重要不紧急”两类任务的处理和时间安排，常见的时间管理误区是将“紧急”等同于“优先”。也就是说，人们常见的失误是把“紧急不重要”的任务放在“重要不紧急”的任务前面处理。其实，生活中很多看似很紧急的事情，稍后进行处理也无关大局；然而“重要不紧急”的任务被一拖再拖的话，最终会变成“重要且紧急”的任务。换句话说,如果“重要不紧急”的任务总是被忽略,那么结果将是我们总是被“紧急”的任务推着走,很多重要任务都没有充分的时间去完成,只能仓促而为,且不论学习和工作中的主观感受如何,完成结果可想而知。要改变自己每天都像“救火队员”一样的学习和工作状态,就要调整好自己的时间安排,记住要事第一的原则,学会对自己要完成的任务进行分类。确定了自己最重要的事情,不管它是否紧迫,都需要主动处理。只有这样,才能游刃有余地安排自己的学习和生活。

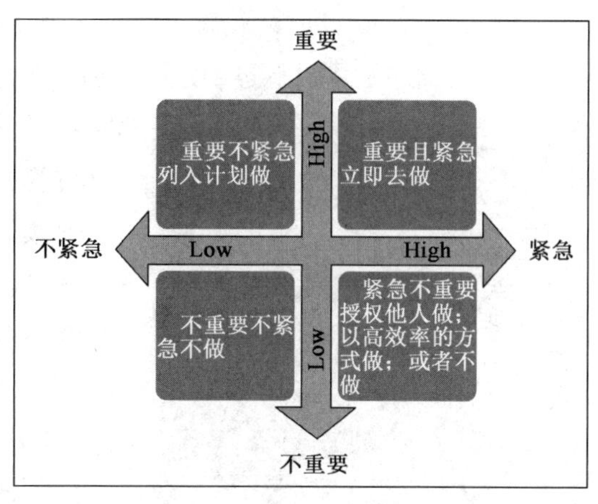

心理故事4-1

放好生命中的“大石头”

在课堂上,教授拿出一个广口瓶,将一堆鸽子蛋大小的石头一块一块地放进去,直到装不下为止,然后问大家:“瓶子装满了吗?”大家回答:“满了。”教授又拿出一小桶黄豆大小的小石子,一边往瓶子里面装,一边摇晃瓶子,小石子都从大石头的缝隙中掉下去了。教授又问:“瓶子装满了吗?”这次大家提高了警惕,有的人说:“瓶子可能没有满吧?”教授这时又拿出一小桶细沙子,又是边倒边摇晃瓶子,细沙全流进大石头和小石子之间的缝隙中去了。教授又问:“瓶子满了吗?”这次大家齐声回答:“没有满。”教授笑着说:“很好。”说着又拿出一小瓶水倒进瓶子里,直到水从瓶口溢出为止。教授又问大家:“这个实验说明了什么?”多数人回答:“说明不管你的计划安排得多么满,只要再努力一把就可以多塞些东西。”教授说:“你们的回答不是完全没有道理,但不是我要说明的。这个实验告诉我们,如果不先把大石头放进瓶子里,瓶子的空间被其他小东西占满以后,就算你再努力,也放不进大石头了!不管什么时候,请记住,一定要先放‘大石头’,就是一定要先做好最重要的工作。”

同步思考

在大学里,有些同学每天都很忙碌,大家要想一想,对你来说,忙碌的事情都是同样重要的吗?你生命中的“大石头”是什么呢?

---

(2)运用番茄工作法。

番茄工作法比较简单易行,具体操作方式为:选择一个待完成的任务,将番茄时间设为25分钟,专注工作,中途不允许做任何与该任务无关的事,直到番茄时钟响起,然后在纸上画一个×,短暂休息一下(5分钟左右),每隔4个番茄时间多休息一会儿。这种方法已经被制作成手机应用软件,方便用户下载使用。不过,使用番茄工作法时,需要注意以下几个问题:第一,每个番茄时

间(25 分钟)都不可分割,不存在 0.5 个或者 1.5 个番茄时间;第二,在一个番茄时间内如果做了与任务无关的事情,则该番茄时间作废;第三,不要在非工作时间内使用番茄工作法;第四,不要拿自己的番茄数据与他人的比较;第五,番茄的数量不能决定任务的最终成败;第六,制作一份适合自己的作息表。番茄工作法可以减轻时间压力,使人的注意力集中,并且减少中断。

(3)使用心态调整法。

做事情的态度也会影响时间安排。心理学研究发现,人们对待不喜欢的工作会有两种态度,一种态度是"这件事情必须完成,但它实在讨厌,所以我能拖延就尽量拖延";另一种态度是"这不是一件令人愉快的工作,但是必须尽快完成,所以我得马上动手,好让自己能早些摆脱它"。两种态度使人们做事情的效率大有不同。如果大学生能够转变想法,面对不那么喜欢的学习任务也马上动手去做,就会大大提高学习效率。同时在做的过程中可能会渐渐发现学习的乐趣。所以,面对自己不喜欢做的事情,有一个正确的态度是非常重要的。

(4)其他常见的时间管理方法。

如任务排序法和截止时间法等,前者是将手头的任务按照重要性进行优先级排序,然后依次执行;后者是给自己强行安排一个独立的时间段来工作,以此提高工作效率。类似的方法还有很多。

三、了解遗忘规律,有效记忆

(一)遗忘规律

人的大脑对信息的储存可分为短时记忆与长时记忆两个阶段。在短时记忆阶段,信息的储存是不牢固的。例如,考试前只采用临阵磨枪的策略,可能成绩也不会太差,但这只是权宜之计,这种方法并不能使所学的专业知识进入长时记忆系统,等到将来工作中要用到这些知识时,个体就会发现大脑一片空白,什么也记不起来。同样,对刚刚看过的一个电话号码,人们很快就会忘记,只有反复使用这个号码才能将它转入长时记忆系统。所以,当学习了新知识后,如果不及时复习,这些记住的东西很容易被遗忘。

心理学家通过实验研究找到了遗忘的规律,发现遗忘的过程有先快后慢的特点。根据研究,对刚刚记忆完毕的学习材料,被试 20 分钟以后只能回忆起 58.2%,1 小时之后只能回忆起 44.2%,八九个小时后只能回忆起 35.8%,1 天后能回忆起33.7%,2

天后能回忆起 27.8%，6 天后能回忆起 25.4%，1 个月后能回忆起 21.1%。因此，学习完新知识后就应及时复习，以使这些知识进入长时记忆系统。右图为不同学习材料的遗忘规律曲线。

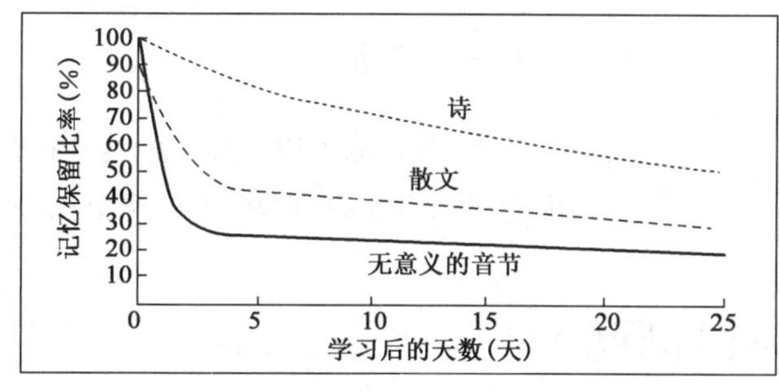

(二)有效的记忆策略

学有法才能实现勤有功，采用有效的记忆策略可以有效提高学习者的记忆效果。最为常见的记忆策略就是反复背诵。除此之外，还有一些策略也非常有效。

1. 多种感官协同运用

心理学研究发现，人们在进行识记时一般可以记住自己阅读的 10%，自己听到的 20%，自己看到的 30%，自己看到和听到的 50%，交谈时自己所说的 70%。这说明如果在识记过程中能够有多种感觉器官协同参与，记忆的效果会更好。因此，面对一项学习任务时，对需要记忆的材料既听又看、既读又练有利于增强所记材料之间的联系，有利于保留和回忆识记内容。

知识拓展 4-3

宋朝教育家朱熹认为，读书有三到，谓心到、眼到、口到。心不在此，则眼不看子（仔）细，心眼既不专一，却只漫浪诵读，决不能记，记亦不能久也。三到之中，心到最急。

---

2. 加量识记效果最佳

背诵能够减缓记忆的消退过程。但是，如果刚刚能够完全背诵材料就停止识记，那么识记的内容很快就会被遗忘。相反，如果这时还能继续学习一段时间，就会有意想不到的效果。“熟读唐诗三百首，不会作诗也会吟”就说明了这个道理。心理学研究得出结论，150% 的学习程度是最佳的学习程度，即当记忆一份材料时，如果记 6 遍刚好可以背诵了，那么再多记 3 遍，则记忆效果最佳，记忆会更持久。

3. 阅读与尝试回忆相结合

先阅读一遍要识记的内容，然后尝试回忆一次，再阅读一遍，然后再尝试回忆一次，这样有助于提高记忆的效果。同时，要把握好阅读与尝试回忆的时间比。心理学研究发现，对于有意义的学习材料，阅读与尝试回忆的最佳时间比为 2:3。也就是说，用于尝试回忆的时间比用于阅读的时间略多一些效果更佳。

4. 其他记忆方法

学无定法，除了以上介绍的这些记忆策略之外，通过思维导图、绘画、口诀等方法帮助记忆，效果也非常好，不妨都尝试一下，找到适合自己的方法。

知识拓展 4-4

渗透学习法

诺贝尔物理学奖获得者杨振宁在读大学时发现自己的英文不够好，看英文小说会遇到很多生词，只能一页一页查字典。这样查了几十次以后，他觉得读小说实在索然无趣，就不想看下去了。后来，为了克服这种困难，他在别人的建议下硬着头皮在不查字典的情况下看了《金银岛》。看了一周以后，他对这本小说有了些模糊的印象，但不太理解大意。后来他又囫囵吞枣地看了《傲慢与偏见》，看完之后，觉得自己的英文水平有了一些提高。杨振宁把这种方法叫作渗透学习法，它会使知识在不知不觉、似懂非懂中积累与丰富起来。杨振宁认为:既然知识是相互渗透的，那么掌握知识的方法也应该与此相适应。当我们专心学习一门课程或潜心钻研一个课题时，如果有意识地把智慧的触角伸向邻近的知识领域，必然别有一番意境。在那些熟悉的知识链条中的某一环，很有可能得到意想不到的新发现。

由此可见，无论与自己所学专业相关还是不相关的书籍，如果时间和精力允许，不妨拿来读一读，不同领域的专家讲座也可以多去听一听。暂时看不懂、听不懂也没关系，或许你会从中受到很多启发。

思考

1. 你使用过的学习方法有哪些？ 你认为哪一种方法对你的帮助最大？你是如何知道这种方法的？
2. 通过本章的学习，你对自己的未来学习有什么规划？在众多方法中，你愿意尝试哪一种？为什么？

□心理素质拓展实践

拓展任务：寻找独特的“它”

一、拓展目标

1. 素质提升目标：挖掘内在心理力量。
2. 能力提升目标：从心理学视角看待自己以及身边的人和事。
3. 实践能力目标：提升助人及自助的实践能力。

二、拓展任务及实施过程

1. 准备阶段：分组参与活动，给小组成员每人发1个橘子（或栗子、核桃等）。

2. 认识阶段：小组成员花10分钟认真观察自己的橘子，尽量调动一切感觉通道，如视觉、听觉、嗅觉、触觉等，先用眼睛观察，然后闭上眼睛，感觉橘子的特征。

3. 识别阶段：10分钟后，将所有的橘子混在一起，看看每个人睁开眼睛是否能找到自己的橘子。然后再次将成员的橘子进行混合，每个人闭上眼睛去找自己的橘子。

4. 分享阶段：找到的同学分享一下自己的橘子的特点，是怎样找到的，找到后的感觉如何。找不到的同学分析可能的原因。

三、拓展小结

通过实践活动，同学们可以加深对自己的了解，体会自己认真分析、学习、觉察而取得收获的感受。同时，了解看似相同的人或事物，都具有独特性，需要我们投入足够的努力去识别。

学生分享此次实践活动的感悟。

1. 我对同学有新的了解：

____

2. 我对自己的做事态度有新的认识：

____

3. 我对自己有新的认知：

____

□学习反馈单

一、自我评估反馈表

学习反馈项目	自评	改进措施
课前准备情况	优　良　中　差	
课上学习专注度	优　良　中　差	
与教师互动情况	优　良　中　差	
对内容的理解程度	优　良　中　差	
完成学习任务的品质	优　良　中　差	
知识与实践的结合运用情况	优　良　中　差	
课后反思情况	优　良　中　差	

二、问题反馈

1. 通过自我觉察，你是否产生了与课程内容相关的困惑，请具体说一说。

2. 通过学习，结合身边的人或事，你有哪些感悟？

3. 通过学习，你对自己当下的情境有哪些新的认知？

4. 通过学习，你对自身有哪些具体规划？

5. 如果有机会，你希望深入学习和探讨与本次课程相关的内容吗？

学习者签字：　　　　　　　　　　　　日期：　　年　月　日

指导教师签字：　　　　　　　　　　　日期：　　年　月　日

第5章

优化情绪调适策略

学习目标

1. 学会识别不同情绪。
2. 掌握科学调适情绪的方法。
3. 培养理性、平和、积极、乐观、向上的健康心态。

本章导读

“欲修其身者，先正其心”，理性平和、奋发进取、开放包容的心态一直是社会主流，彰显着中国日益走近世界舞台中央的大国情怀、大国心态和大国形象。在新时代，大学生需学会洞察情绪、引导情绪，塑造理性平和的社会心态，营造团结奋斗的社会风尚。

人非草木，孰能无情？你意识到了吗？生活中的情绪既像空气，又像调味瓶，时刻伴随我们，可以让我们的生活丰富多彩，让我们拥有丰富的体验，感受生活中的酸甜苦辣咸。生活中的我们时而心情舒畅，时而郁郁寡欢，时而暴跳如雷，时而欣喜若狂……可见，情绪是极其普遍、复杂而又重要的心理现象，如同人的心理状态晴雨表，时刻反映我们的心理状态，而我们既可以是情绪的被动感受者，也可以是情绪的主动创造者。

心理案例 5-1

“笑容”去哪了？

生活中的小 E 总是高兴不起来，她觉得没有什么值得高兴的事。每天按部就班的生活没有什么新意，她心里想“没有什么不好的事就不错了，哪里还奢求开心”。就这样，快乐似乎离她越来越远。有时候看着别人的快乐，小 E 有一点羡慕，但她觉得快乐与自己无缘，没有办法，或许快乐就是不眷顾自己吧。

同步思考

1. 你认为小 E 的想法对吗？
2. 如果小 E 找你帮忙，你会给她什么建议？

5.1　认识情绪

一、情绪的内涵

情绪是指伴随着人的认知过程和意识过程产生的对外界事物的态度,能反映客观事物和主体需求的关系。简单地说,情绪是以个体的愿望和需要为中介的一种心理活动。人们感受到哪种情绪在很大程度上取决于我们如何用认知解释特定情境对我们个人的意义。

心理故事 5-1

荒岛上的鞋子推销员

两个鞋子推销员到一个荒岛上，发现荒岛上的人都不穿鞋。一个推销员感到非常失望，因为他认为这个岛上的人都不愿穿鞋，要成功推销是没有希望的；另一个推销员则感到非常兴奋，因为他认为这个岛上的人还没有鞋子穿，成功推销的希望极大。

同步思考

1. 为什么两个人的想法会有如此的差别?
2. 两个人接下来会发生哪些变化?

情绪有以下具体的成分。

(一)生理唤醒

生理唤醒是指随着情绪的发生,人们会产生的一系列的生理变化,主要表现为呼吸系统、循环系统、消化系统等方面的内在躯体变化。如当感受到紧张时,有的人可能会出现手心出汗、心跳加快、肌肉紧绷、血液循环加快、尿频等生理反应。

(二)主观体验

主观体验指的是人们对不同情绪的自我感受。每种情绪都有不同的主观体验 ,如高兴时心情愉悦,哀伤时心情沉重。人的主观体验和表情反应存在着相应的关系,如愉悦体验必然伴随着欢快的面部表情或者手舞足蹈的姿态表情。

（三）认知反应

人的情绪的发展与丰富是与人的经验、认知等紧密相关的。认知反应是指个体对引发情绪的事件或刺激做出的解释与判断。一个人对事件的评价会极大地影响其感受。例如“一朝被蛇咬，十年怕井绳”，指的就是一个人被蛇咬的记忆让他对蛇产生了很深的恐惧感，以致在多年以后，当他再看到与蛇相似的井绳的时候，就马上启动了害怕的情绪。

（四）外部行为表现

外部行为表现是当人们产生情绪时会有的外部表情的变化，外部表情具体包括面部表情、姿态表情和言语表情。

课堂互动 5-1

情绪表演

请同学们以小组为单位，成员间相互表演不同的情绪体验，仔细观察并详细记录表演者在不同情绪中的面部表情和肢体姿态，分别记录下来，填写表 5-1，进行汇报。

情绪记录表　　表 5-1

情绪	面部表情	肢体姿态
兴奋		
生气		
悲痛		
忧郁		
恐惧		
厌恶		
惊讶		

面部表情是指五官的状态，如眼神温柔、横眉冷对、咬牙切齿、面红耳赤等，人们通过面部表情表达情绪。

姿态表情是指起到表达情绪作用的全身动作。如发怒时全身发抖，高兴时手舞足蹈，悲哀时动作缓慢、步履沉重，骄傲时趾高气扬，以及恐惧时呆若木鸡等。

言语表情是指通过说话时的声音、语调、节奏等体现情绪。如悲哀时语调低沉、节奏缓慢，高兴时语调高昂、节奏加快，表现关爱时言语温柔，愤怒时言语生硬等。察言观色指的就是通过他人的话语和脸色了解他人的情绪感受。

情绪的这些成分是相互影响、具有共生作用的，共同构成了复合的情绪模式。我们接触危险的信息的时候，会产生“它非常危险”的认知态度，于是，情绪唤醒了人们的心跳和血液循环等方面的生理反应，随后人们就产生了害怕和恐惧的主观体验，就会选择逃避等行为。因此，认知评价是影响情绪的最为主要的因素。

心理故事 5-2

国王的烦恼

古代有一位国王，他梦见山倒了，水枯了，花也谢了，便叫王后给他解梦。王后说：“大势不好。山倒了指江山要倒；水枯了指民众离心，君是舟，民是水，水枯了，舟也不能行了；花谢了指好景不长了。”国王惊出一身冷汗，从此患病，且病势越来越重。

一位大臣参见国王，国王在病榻上说出了他的心事。哪知大臣一听，说道：“太好了，山倒了指从此天下太平；水枯了指真龙现身，国王是真龙天子；花谢了，花谢了见果子呀！”国王全身轻松，很快便痊愈了。

故事中的国王，当听到王后的悲观解释的时候十分担心，但是当他听到大臣积极的见解之后又变得心情愉快了。这个故事揭示了一个道理：同样的一件事情，由于认知和思维方式不同，人们就有不同的情绪感受。人们在改变思维时，也是在改变自己的情绪。可以说，悲观的解释产生消极的情绪，乐观的解释产生积极的情绪。所以，在很大程度上，我们对事物的认知态度决定了我们的情绪感受。

二、情绪认识的误区

情绪是我们内心世界的呈现,时常处于一种波动状态。所以很多人不能清晰地辨识情绪,对情绪的认识存在以下几种误区。

(一)负性情绪是不好的

"不要哭,别难过,要坚强",生活中我们常常听到这样安抚情绪的话,它表明了很多人对待情绪的看法是认为"哭不好",人们不希望有负性情绪,希望自己能够拥有阳光、向上的心态。

其实,情绪是我们身体的信号灯,可以提醒和推动我们去反省自身或了解他人的处境和状态,以便适应环境,更好地生存和发展。尤其当人们遇到对自己有重大影响的事件时,出现难过、伤心、愤怒等情绪,这都是正常的。正确的态度应该是接纳自己的情绪、真实地面对情绪,这时身边的人也会知道你正处于困难之中,需要他人的帮助。

但情绪对人的影响有正向和负向之分。日常生活中,人在开心愉悦的时候做事的效率就高,在愤怒的时候容易出现破坏性的行为,不同情绪带来的影响差别极大。其实,情绪的影响是正向还是负向的,最终取决于人对情绪的识别和认知。

(二)要压抑情绪

压抑是一种心理防御机制,它通过把危险或痛苦的想法和感觉排除在感知系统外,帮助人们控制在某些情境中产生的内疚感或焦虑感。尽管压抑会暂时帮助我们应对困难,但是与此同时,压抑也将这种压迫感封闭。这种以压抑隐藏自己的情绪而维护个人形象,或是顺从权威、保持人际关系稳定的做法,或许会换来一时的安定,但是长此以往,则有可能造成身心问题。长期压抑自己的情绪,不仅容易患上偏头痛、胃溃疡、癌症等疾病,而且可能导致各种精神疾病的发生。

对情绪表达的抑制还表现出性别的差异:对于男性而言,通过哭泣等表达悲伤等情绪,有时会被认为软弱、无能;对于女性而言,尤为明显的情绪抑制表现在不提倡女性表达愤怒的情绪上,表达愤怒有时会被认为无教养、素质低。实际上,这种限制情绪表达的做法极其不利于我们的成长。合理的做法是,认真地感知、识别情绪,并选择恰当的方式表达情绪;同时,选择做你能控制的事。例如,你正在为一门即将到来的考试而犯愁,那么,与其耗费精力担心会不及格而责怪自己，不如抓紧时间复习功课，阻止糟糕的情况发生，调换思维方式，变被动为主动。

（三）情绪不重要

生活中，有些人常有意忽视情绪的存在，他们认为情绪是不重要的。这些人可能过度强调主观意志，过度以理性的外表掩盖内在的情绪体验。从短时间来看，也许可以迫使自己把注意力放到学习上，但实际上，此时的情绪被压抑，未来会通过身体的变化展现。这时候建议应该让自己放松下来，不要惧怕面对情绪，要感受情绪背后的需求，平静下来，学习效率自然也会有更大的提高。

课堂互动 5-2

心情九宫格

请你在表 5-2 的每个表格中以绘画的方式表达一下你最近九天的心情（不局限于每天一种心情）。

心情九宫格　　表 5-2

三、情绪的功能

情绪是人的重要心理活动，在我们生活的方方面面发挥着重要的作用，影响着我们的行为及发展。

（一）适应功能

表现情绪是机体适应生存和发展的一种重要方式。例如，人在遇到危险时的紧张呼救，就是求生的一种方式。婴儿出生时，还不具备独立的生存能力和言语交际能力，这时主要依赖情绪传递饥、渴等信息。成人正是通过婴儿的情绪反应，及时为他们提供各种照料。在成人的生活中,情绪与人的适应行为有关,如愤怒时产生的攻击行为、害怕时产生的躲避行为等,这些行为能帮助成人更好地适应周围的环境。情绪直接反映人的生存状况,是人的心理活动的晴雨表,如愉快表示处境良好,痛苦表示面临困难等。

(二)激励功能

情绪能够激发和引导行为,促进或阻止人们采取行动。从激励功能的动力性特征看,情绪可以分为积极增力的情绪和消极减力的情绪。快乐、热爱、自信等积极增力的情绪会提高人们的活动能力,而恐惧、痛苦、自卑等消极减力的情绪则会降低人们活动的积极性。有时我们会努力去做某件事,只因为这件事能够给我们带来快乐与喜悦。

情绪对于大学生的学业和人际关系有举足轻重的影响。当自己的情绪乐观时,学习的效率倍增;当自己的情绪低迷、忧郁或是烦躁不安时,学习往往是一团糟。一个人能力再强,如果没有一个好的心态,那么,他的能力也无法发挥。同时,不同的情绪状态会直接影响我们的人际关系状况。积极健康的情绪有助于人际交往;相反,焦虑、抑郁、冷漠或者处在应激状态都会影响我们的社会行为,从而损害人际关系。

(三)认知功能

情绪会影响人们的认知能力,具体包括学习能力、记忆力、判断能力和创造力等。人们在愉快情绪中的学习会更有效率,会产生更富有创造性的想法。反之,在过度紧张或极度焦虑的情绪中,人们则不能正常地发挥学习能力,过度紧张的情绪抑制了记忆力和判断力,这是情绪对认知的消极影响。

(四)社会功能

在社会环境中,每个人都愿意和那些幽默、开朗的人做朋友,可见积极情绪是人际关系中的拉力,是人际交往中的情感黏合剂,会促进人与人之间的交往,很好地拉近人际关系;而消极情绪会妨碍人与人之间的交往,破坏人与人之间的情感,容易导致人与人之间的矛盾和摩擦。

(五)传染功能

情绪传染是指情绪可以在人与人之间传递和感染的现象。简单地说,当一个人表现出某种情绪时,它十分容易影响周围的人,使这些人表现出相同或类似的情绪。据实验研究,让一个笑容满面的人和一个愁眉紧锁的人同处一室,不到半个小时，这个笑容满面的人就变得愁眉苦脸。因为，当你身边是一个浑身都是负能量的人时，你接收到的都是负面信息，那么哪怕你自己再积极向上，你的情绪也会不断被消耗。

知识拓展 5-1

网络环境中的情绪传染

无论是在现实生活中，还是在网络环境中，情绪都具有传染性。研究者在 6 个月的时间里调研了 7 万条微博消息，将网络情绪分为愤怒、愉悦、悲伤和厌恶 4 种。研究发现，愉悦的情绪会更多地在阅读和转发信息的群体中引发愉悦的情感，表达悲伤和厌恶的信息并不会使人产生相应的情绪，而愤怒是最有可能在社交媒体中传播并导致连锁反应的情绪，并且一个表达愤怒的帖子可能会引发一连串的负面情绪。与现实传播不同，网络传播具有瞬时性等特性。因此，人们对着计算机屏幕时会更加自然地发泄愤怒情绪。 虽然在网络上发泄愤怒情绪可以缓解个人情绪，但是这种方式对他人的破坏性影响却是不可小视的。我们应该向更好的方向转变，多分享愉快与开心的内容，而不是传播悲伤、厌恶和愤怒的内容。

四、情绪与身心健康

生活的丰富多彩常以情绪活动作为背景，情绪犹如一把双刃剑。积极的情绪状态可以使整个机体的免疫系统和体内化学物质处于平衡状态，从而增强对疾病的抵抗力。因为，积极情绪能够提高人的脑力和体力劳动效率，使人的机体各部分处于高水平的协调一致，从而保持旺盛的生命力，去从事自己喜爱的事业，积极主动地去劳动，去创造，去发挥自己的聪明才智，对生活和前途充满信心和希望。很多长寿的人的特点是性情开朗、情绪乐观、热爱生活、家庭关系亲密且感情融洽。积极的情绪可以增强抵抗疾病的能力，患有身体疾病的人通过自我调节，可以发挥良好的情绪作用，也可以增加机体自愈的可能。

消极的情绪状态可使人的心理活动失去平衡，并能使机体产生一系列的生理变化，引发身心障碍，从而导致身体健康问题。例如，心脑血管系统对情绪反应极为敏感。当人的情绪抑郁时，心率减慢，血流速度减缓；当人的情绪紧张时，呼吸急促，心跳加快，血压升高，交感神经处于兴奋状态，肾上腺素分泌增加，易发生心脑血管疾病。对冠心病患者来说，可能造成心肌梗死，或突然死亡。消化系统的功能活动，也易受情绪的影响。人在焦虑、愤怒时，胃液分泌量增加，胃的酸度和胃蛋白酶量增高，胃黏膜充血，容易形成溃疡。人在悲痛、恐惧时，胃黏膜变白，胃液分泌量减少，胃酸度下降，常导致消化不良。癌症也与负性情绪紧密相关，医学研究表明，有严重的精神创伤、尖锐的心理矛盾、长期的情绪压抑和持续不安全感的人，容易罹患癌症。此外，呼吸系统、神经系统、内分泌系统、泌尿系统以及免疫系统的功能，均与情绪活动有关，不良情绪可引起这些系统的功能紊乱，导致疾病的发生。所以，面对复杂的现实生活，我们要调整好自己的情绪，以保持身心健康。

心理故事 5-3

一位化学家在年轻时由于工作紧张，出现了神经失调、身体虚弱等情况，久治无效。后来，一位名医给他做了详细检查，没有开药方，只留下一句话："一个小丑进城，胜过一打医生。"化学家回去以后仔细琢磨，觉得名医的话有道理。从此以后，他经常抽时间去看滑稽表演、马戏和喜剧等，并在紧张的研究工作之余到野外和海边度假，调剂生活，以保持心境愉快。久而久之他的身体状况好转，活到了 76 岁，为科学事业作出了很大贡献。

课堂互动 5-3

在你的身边，情绪与身心健康相互影响的案例有哪些？请分享一下吧！

5.2 了解大学生的情绪

一、情绪的基本状态

按照发生的速度、强度和持续时间长短的不同，可将情绪的基本状态分为心境、激情和应激三种。

（一）心境

心境是指一种微弱、平静、持续时间较长的情绪状态，具有弥散性的特点，通常也叫作心情，如愉快、舒畅或烦闷、抑郁不快。

心境对人的学习、工作、生活、健康有很大的影响。而人的世界观、理想、信念则决定着心境的基本倾向，对心境起着重要的调节作用。

（二）激情

激情是一种强烈的、爆发式的、为时短促的情绪状态，这种情绪状态通常是由对个人有重大意义的事件引起的。激情往往表现为明显的外部行为表现和生理变化，如盛怒时怒目而视、双拳紧握，同时伴随着血压升高、呼吸加快。

激情状态下人往往会出现“意识狭窄”现象，即认识活动的范围缩小，理智分析能力受到抑制，自我控制能力减弱，甚至出现一些鲁莽的行为。

（三）应激

应激是指人对某种意外的环境刺激产生的适应性反应。例如，人们在遇到某种意外危险或面临某种突发事件时，必须凭借自己的智慧和经验，动员自己的全部力量，迅速选择，采取有效行动，此时人的身心处于高度紧张状态，即为应激状态。例如，列车在飞速行驶过程中，突然收到信号提示前方铁轨发现障碍物，此时列车司机需要迅速决策，就会处于一种应激状态。

应激状态的产生与人面临的情境及人对自己能力的评估有关。当情境对一个人提出了要求，而他意识到自己无力应付当前情境的要求时，就会体验到紧张情绪而处于应激状态。

人在应激状态下，机体会产生一系列生理性反应，如肌肉紧张，还有血压、心率、呼吸以及腺体活动出现明显的变化等。这些变化有助于人适应急剧变化的环境刺激，维护机体功能的完整性。

课堂互动 5-4

回顾心理案例 5-1 中小 E 的感受，思考以下问题：

1. 你可以判定小 E 属于哪种情绪状态吗？
2. 现在你有办法帮助小 E 吗？

二、大学生的情绪特点

（一）多样性

大学生情感体验丰富，并随着自身发展、环境变化及自我意识的迅速发展表现为情绪情感越来越深刻、敏感、细腻、复杂。例如，时而兴高采烈、踌躇满志，时而悲观沮丧、斗志全失，时而心静如水、无欲无求，时而热血沸腾、心高气盛。

（二）冲动性

大学生正值精力、体力旺盛的时期，血气方刚、激情四射，情绪反应快而强烈，易受暗示或者环境氛围的影响。对一些问题的认识不够深刻,辨别是非的能力比较有限。有时会因一点小事振奋不已、豪情万丈,有时也会因为一个微小的社会刺激而怒发冲冠、言行过激。

心理案例 5-2

都是情绪惹的祸

小 E 所在的班级最近发生了一次激烈的争吵。原来在大家自习的时候，后排的两个同学窃窃私语，而且发出刺耳的笑声。一位同学因为笑声打断了自己的思考，所以生气地说："要笑，到外面笑去。"结果，那两位同学笑得声音更大了，还故意大声说："就是笑你呢！"激烈的争吵随之而来。这造成了非常不好的影响，争吵双方都受到了处罚。

同步思考

1. 看到这个案例，你的情绪是怎样的？
2. 如果让你来评判，你会站在什么样的角度？

(三)相对稳定性

大学生处于由未成年人向成年人转变的阶段,与高中阶段相比,其情绪日趋稳定,但仍会有大起大落、波动不安的时候。有时大学生的情绪状态甚至在积极和消极之间快速摆动。

(四)掩饰性

随着年龄的增长,大学生的自我控制和调节情绪的能力逐步提高,情绪表现有时也会显示出掩饰性和压抑性的特点。大学生会根据不同的情境表现不同的情感,也会有外在表现和内在体验不一致的情况。

三、大学生常见的情绪问题

课堂互动 5-5

评估一下你最近一周的每一类情绪状态，然后按百分比在下图中"切"出一个"情绪蛋糕"。你可以给蛋糕上色，用不同的颜色代表自己不同的心情。

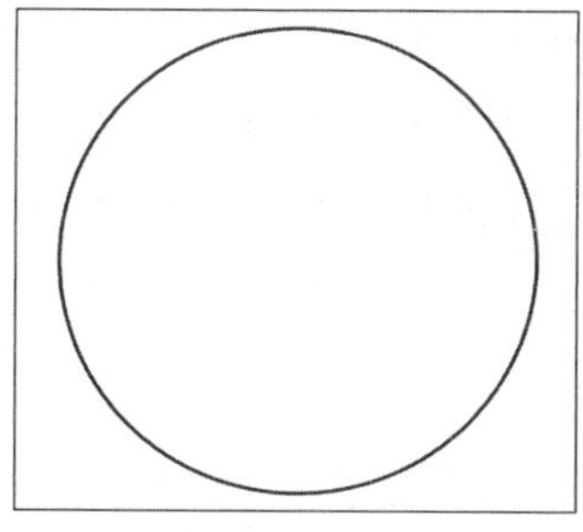

(一) 愤怒

愤怒是当客观事物与人的主观愿望相违背,或愿望无法实现时,人们内心产生的一种激烈的情绪反应。愤怒可能导致人体心跳加快、心律失常、高血压等躯体性反应,同时还会使人的自制力减弱甚至丧失、思维受阻、行为冲动,甚至做出一些事后后悔不迭的蠢事或造成不可挽回的损失。大学生精力充沛、血气方刚,有的大学生因一句不顺耳的话、一件不顺心的事,就暴跳如雷,或出口伤人,或拔拳相向,后果不堪设想。减少愤怒的一个办法是提升自己的认知水平,学习情绪调控方法。

(二) 嫉妒

嫉妒是因他人在某些方面胜过自己,人们担心社会尊重需要受到现实的或潜在的威胁,而产生的不快甚至是痛苦的情绪体验。它是一种错综复杂的、不愉快的情绪体验,包含恐惧、悲哀、失望、敌意、憎恨、羡慕、羞耻等。嫉妒在很大程度上受特定的情境和当事人性格的影响。一般来说,容易嫉妒的人往往焦虑水平高、对生活满意度低、对生活控制力弱,并且对环境中的威胁和刺激极其敏感。嫉妒也有积极的一面,有的人能够利用嫉妒体察自己的内在缺失,从而改善自我。

(三) 焦虑

焦虑是大学生常见的情绪状态,是个人主观上预料将会有某种不良后果产生的不安感,是兼有紧张、害怕、担忧、恐惧的混合情绪体验,也包括自尊心受到潜在威胁时产生担忧的反应倾向。当大学生在学习、工作、生活各方面遭遇挫折或需要付出巨大努力才能完成某件事时,便会产生这种体验。焦虑对大学生的影响是复杂的,它既可以成为大学生成才的内驱力,起促进作用,又可能变成阻碍。大学生常见的焦虑有适应焦虑、自我形象焦虑、情感焦虑与学习焦虑等。适应焦虑即由于对大学的环境、学习方式和人际关系等不能很快适应而产生的焦虑;自我形象焦虑是由于认知的有限性,担心自己外表没有吸引力而产生的焦虑;情感焦虑多数是由对情感建立缺乏自信或恋爱受挫等引发的自我否定,认为自己不具备爱人与被爱的能力,因而过度担心,引起的焦虑。

(四)抑郁

在遇到学习成绩落后、失恋、生活受挫、家庭出现意外事件等应激情境时,有些大学生会在心理上出现无力承受由此带来的压力的情绪反应,即抑郁状态。他们对一些负性事件有不科学或不正确认识,并对自我价值做出不合理评价,因而常常在内心责备自己,认为他人消极地看待自己,对未来感到悲观。

抑郁状态不等同于抑郁症。抑郁状态是由一些不愉快的事情引起的,持续时间相对较短的正常的生理现象,通过主动调整,如转移注意力,与人沟通和交流、释放情绪、进行心理疏导后会得到明显改善,它属于一种情绪,会发生在不同人群身上,能够通过自我转化和调节改善。抑郁症则是因为受到应激事件刺激,心理的焦虑状态干扰正常的人际关系、学业、工作,有可能会因为某些不愉快的事情出现扭曲的想法,它属于一种疾病。根据病情的不同程度,通过积极就医、遵医嘱服用抗抑郁药物治疗以及专业的心理疏导,抑郁症会得到明显改善,直至康复。

知识拓展 5-2

饮食与情绪

糖类:使人心境平和、心情舒畅。糖类能增加大脑血液中复合胺的含量，而该物质被认为是一种人体自然产生的镇静剂。

谷氨酸:食物中的谷氨酸能使人产生愉悦的感觉(吃全麦面包和一些高淀粉食物有助于谷氨酸的吸收)。

维生素 C:可以缓解紧张、易怒、抑郁的不良情绪。

巧克力:具有镇定作用，因此受到不良情绪困扰时不妨吃些巧克力。

蛋白质:蛋白质(虾蟹类、鱼类、鸡肉、瘦牛肉等)使人保持警觉和精力充沛。

茶:能使人精神振奋。

镁:紧张与缺乏镁密切相关。

铁:缺铁会使人感觉疲劳、心情抑郁(吃牛肉有助于铁的吸收)。

高咖啡因:会加重抑郁、烦躁、忧虑。

5.3　情绪的调适

一、探索并识别情绪

当发生某些事情时,我们经常很难即刻辨识自己的感受,感觉通常是各种情绪的混合体,而且情绪又时常处于一种波动状态,因此,探索并识别情绪对于情绪调适来说是必要的。

我们可以通过了解自己的情绪状态和触发因素以及了解情绪背后的需求展开情绪探索。通过观察自己在不同情绪下的身体反应、思维方式和行为表现,我们可以更好地认识自己,并在情绪波动时更敏锐地察觉自己的情绪状态;也可以学会从不同的角度考虑问题,了解问题出在哪里,调整心态,寻找解决办法。

知识拓展 5-3

和自己对话

A:你好！最近如何?

B:嗨，我感觉有点压抑，但是不太清楚为什么。

A:这是很正常的感受。我们都会经历各种各样的情绪，有时候我们可能无法明确地知道其中的原因。情绪是一种复杂的体验，并且受到许多因素的影响。让我们一起探索你的情绪，看看能否找到一些线索。

B:好的，我很期待。

1. 观察自己的身体感受

A:首先，我们从观察自己的身体感受开始。你是否能够感受到身体的某些变化?

B:是的，我感觉我的心跳加快，有些焦虑。

A:这是非常有帮助的线索。心跳加快和焦虑都可能与压力有关。你今天有什么特别的事情吗?

B:现在想想，我确实有一个重要的工作任务要完成，可能这就是导致我情绪低落的原因之一。

2. 回顾过去的经历

A:进一步地，我们可以回顾一下你过去的经历，看看是否有类似的情绪出现过。

B:嗯，这么一想，我之前也经历过类似的情绪，每当我面临一项重大任务时，我都会感到紧张和压抑。

A:这可能是一种常见的情绪反应，叫作“压力焦虑”。人们在面对挑战时常常会体验这种情绪。了解这一点可以帮助你更好地应对自己的情绪。

3. 探索情绪产生的原因

A:我们还可以进一步探索情绪产生的潜在原因。是不是有一些特定的想法或观念在你的脑海中?或者你有哪些需求未被满足?

B:我经常进行负面的自我评价，我觉得我可能完不成任务，因此感到焦虑和压抑。

A:负面的自我评价会极大地影响我们的情绪。尝试挑战这些想法，并把它们替换为更积极和现实的观点，这有助于改善你的情绪和提高你的自信心。

二、情绪调适的方法

（一）接纳情绪

情绪时刻伴随我们，是每个人正常的心理体验。它就像生活中的信号灯，当有危险发生时，它会提示我们采取一些措施进行自我保护。不过，信号灯也有失灵的时候，有时可能反应过于敏感，小小刺激便引起过度反应，有时则对危险视而不见。但无论是哪种情绪，都在向我们传达内在的需求信息。接纳情绪，会帮助我们更好地认识自己及自己的境况，做出更清晰的判断。

课堂互动 5-6

“掰手腕”

请同学们两两一组，进行“掰手腕”游戏。要求同学们在不伤害对方的情况下，用足力气进行对决。

同步思考

1. 当你用尽全力的时候，感受到对方的力量是怎样的？
2. 相互对抗的感觉让你想到了什么？

（二）学会表达情绪

情绪表达是人际交流中最普遍的一种方式，是指在不同情境中通过恰当的方式准确、适当地表达情绪，包括向自我表达、向他人表达和向客观环境表达。在纷繁复杂的社会中，适当地表达情绪，会让对方更加了解我们的想法，进而更好地沟通。

1. 向自我表达

向自我表达是指将情绪提到意识层面，使自身意识到情绪的性质、特点和产生原因等。

知识拓展 5-4

自我表达情绪练习

找一个寂静的地方，找一把舒适的座椅。

多做几次深呼吸，不去想任何事情，让情绪从心中自然浮出。

体会一下这是什么情绪，发生了什么让你有这样的情绪。

慢慢地说出自己的感受，不要阻止情绪的表达。

---

2. 向他人表达

向他人表达是情绪表达的主要方式，是将情绪向周围的人表达，让他人了解到我们的情绪。通常，表达的对象是引发我们情绪的人。对于容易冲动和情绪化的人来说，表达情绪前要控制自己保持冷静，然后再说出要讲的话；对于严格控制自己情绪的人来说，就需要多放松，多体察自己的情感，并且尝试轻松地表达它们。要具体表达他人的行为带给你的感受，而不是指责他人。

通常用“我”的信息表达感受更为有效。

例如，“我最近有点烦闷，白天上课没精神，是因为每天熄灯后你用电脑时点鼠标的声音让我睡不着，我希望你能帮助我一下，看看怎么调整用电脑的时间。”

3. 向客观环境表达

在空旷的操场上奔跑、在安静的房间里哭泣、把自己的心情写下来等都是在向客观环境表达情绪。这种表达对于那些不善与人交往的人来说非常有帮助。

知识拓展 5-5

“空椅子”练习

找一个合适的场所，在你面前放一把椅子，假设对面坐着的是你想要对其表达心事的人。也可以找一个能代表对方的物品，如一张照片、一个抱枕、一个玩偶、一朵花等。

尽量将心中所有想说的话都说出来，不要克制自己的情感，任情绪自由流动。

（三）保持积极情绪

积极情绪包含主观幸福感的常见因素，如高兴、舒适、温暖、喜悦、自豪、爱等。积极的情绪像阳光一样，照到哪里哪里亮，让人倍感温暖。同时，积极情绪有助于激发人的思维能力，有助于人们创造力和想象力的培养。

积极情绪是积极心理学研究的一个主要方面，它主张研究人们对待过去、现在和将来的积极体验。在对待过去方面，主要研究满足、满意等积极体验；在对待现在方面，主要研究幸福、快乐等积极体验；在对待将来方面，主要研究乐观和希望等积极体验。积极情绪能够提高人的瞬时知行能力，在生活中，我们要学会发现好的方面以及由衷地强调积极意义的影响，多与人沟通，多感悟自然环境的力量，找到自身优势,点燃自己的积极情绪,散发光芒。

知识拓展 5-6

情　商

情商亦称情绪商数，英文缩写为 EQ。它是衡量个体情绪调节能力和社会适应能力的一个指标。

情商通常涉及五类能力：

(1) 了解自己的情绪，能及时察觉自己的情绪，了解产生情绪的原因。

(2) 控制自己的情绪，掌握情绪调节的各种方法，善于摆脱消极情绪。

(3) 自我激励，懂得整理情绪，确定切实可行的目标，并朝着一定的目标努力，培养克服困难的信心和能力，善于自我鼓励、自我监督、自我教育。

(4) 善于了解他人情绪，理解他人的感觉，觉察他人的真正需要，具有同情心。

(5) 维系融洽的人际关系，能够理解并适应他人的情绪，包容、大度，积极处理人际交往中的问题，主动与人沟通。

课堂互动 5-7

"好事"练习

请大家拿出笔，在纸上写下今天发生的三件好事，以及它们发生的原因。这三件事情可以是生活中的小事，比如"已经连续几天阴天了，今天见到了阳光、蓝天、白云"。

在每件好事的下面都写清楚"它为什么会发生"，比如"天气好转""我很努力""我制订好了实现目标的计划"等。

刚开始写的时候可能会很困难，坚持下来就会体验到幸福的感受。接下来，可以每天晚上做这样的练习，你的焦虑会越来越少，体验的积极情绪越来越多。

(四) 认知调整策略——合理情绪疗法

合理情绪疗法认为,人的情绪反应不是由某一诱发性事件本身引起的,而是由经历了这一事件的人对该事件的解释和评价引起的。也就是说,人的情绪困扰大多来自不合理的认知,即非理性信念,它使人逃避现实、自怨自艾、不敢面对现实中的挑战。当人们长期坚持某些非理性的信念时,便会导致不良的情绪体验;当人们接受更加理性的信念时,其焦虑及其他不良情绪就会得到缓解。因此,合理情绪疗法是用理性思维的方式替代非理性思维的方式,最大限度地减少由非理性信念所带来的情绪困扰。

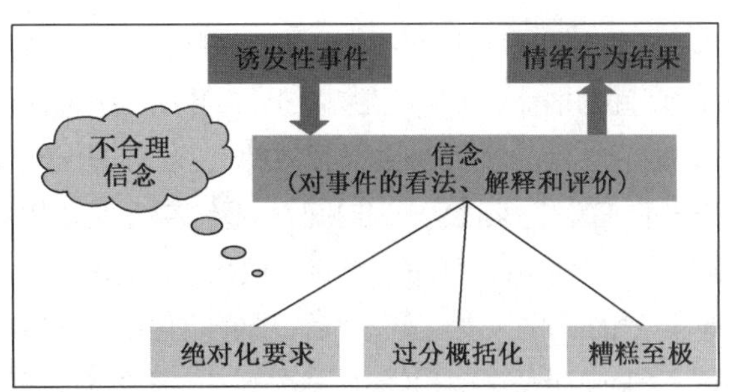

非理性的信念主要包括：

（1）绝对化要求：指从自己的主观愿望出发，认为某一事件必定会发生或不会发生，常用“必须”或“应该”的字眼。然而客观事物的发生往往不以个人的主观意志为转移，常出乎个人的意料。因此怀有这种看法或信念的人极易陷入情绪的困扰。例如，“我对她这么好，她必须也对我好”。

（2）过分概括化：对事件的评价以偏概全，一方面，常凭所做之事结果的好坏来评价自己的价值，常导致自暴自弃、自责、自罪，认为自己一无是处而产生焦虑、抑郁情绪。例如，“我班委竞选失败了，我是个没用的人”。另一方面，对别人进行非理性评价，别人稍有差错，就认为他很坏、一无是处，一味责备他人，并产生敌意和愤怒情绪。

（3）糟糕至极：认为事件的发生会导致非常可怕或灾难性的后果。这种非理性信念常使个体陷入羞愧、焦虑、抑郁、悲观、绝望、不安、极端痛苦的情绪体验而不能自拔。例如，“我竟然考试失败了，这辈子完了”。

可见，摆脱非理性信念，合理归因非常重要。当下的挫折、失败等境遇，不代表永远。人具有主观能动性，是生存系统中的核心，牵一发而动全身，所以，试着从第三者视角挖掘积极资源，帮助自己改变认知，拒绝心理内耗，用行动带动思维的改变，开拓新的世界。

（五）行为调整策略

1. 合理宣泄法

宣泄情绪是平衡身心的重要方法，如果消极情绪得不到适当的宣泄，一直积压在心里，就会影响身心健康。合理宣泄是指采用一定的合理的方式，把人们的情绪体验充分表达出来。如向可以给自己支持的人倾诉、在适合的情境中放声哭喊、击打非破坏性物件（如枕头、沙袋等）、进行适当强度的体育运动等，使情绪得到释放，减轻心理压力。除了以上方法外，大学生还可以通过写心情日记、唱歌、绘画、手工制作等方式宣泄自己的情绪，将压抑在内心的苦闷发泄出来。

知识拓展 5-7

不合理宣泄

一个小男孩，动不动就发脾气，令家里人很伤脑筋。一天，父亲给了他一大包钉子和一只铁锤，要求他每发一次脾气就用铁锤在家里后院的栅栏上钉一颗钉子。第一天，小男孩就在栅栏上钉了30多颗钉子。 但随着时间的推移，小男孩在栅栏上钉的钉子越来越少。他发现自己控制脾气要比往栅栏上钉钉子更容易些。一段时间之后，小男孩变得不爱发脾气了。于是父亲建议他："如果你能坚持一整天不发脾气，就从栅栏上拔下一颗钉子。"又过了一段时间，小男孩终于把栅栏上所有的钉子都拔掉了。这时候，父亲拉着儿子的手来到栅栏边，对他说："儿子，你做得很好。可是，你看那些钉子在栅栏上留下的小孔，栅栏再也不会是原来的样子了。当你向别人发过脾气之后，你的言语就像这些钉子一样，会在人们的心灵中留下瘢痕。你这样做就好比用刀子刺向别人的身体，然后再拔出来。无论你说多少次'对不起'，那些伤口都会永远存在。"

---

2. 注意转移法

注意转移法是通过主观努力把注意力从消极或不良的情绪状态中转移到其他事物上的一种自我调节方法。当不良情绪出现时，可以采取"忙起来"——转移注意力的方法寻找一个积极的刺激，加速不良情绪的消失，如走出去感受大自然、参加体育运动、听喜欢的音乐、参加感兴趣的活动等等，使自己身心愉悦，舒缓被压抑的心情，以求得心理平衡，使自己没有时间沉浸在因各种原因引起的不良情绪中。

3. 放松疗法

当人处于消极情绪状态的时候，身体肌肉往往是紧张的，从放松肌肉入手，可以起到很好的调整情绪的作用。

此外，冥想、深度呼吸、音乐放松、意向放松、自我放松、自我暗示都是容易操作而且非常有效的调适情绪的方法，可以试试看。

知识拓展5-8

拍打放松训练

拍打法，对缓解紧张情绪、缓解失眠尤其有效。

准备工作：选择一个舒服的姿势，长长地吸气，再慢慢地呼气。让你的膈肌做缓慢的升降，腹肌做有力的回收，尽量找到"前胸贴后背"的感觉。

具体操作：一手握空拳，首先拍打上身，用合适的力度拍打对侧肩膀、胳膊、后背，拍肩部多用一些时间，当感觉对侧已经放松下来，更替手拍打身体的另一侧。再拍打腹部、肋骨部位的肌肉，力度不必太大。然后，依次拍打下肢，膝盖侧面是重点拍打部位。接着，对尚有肌肉紧张感的部位再次重点拍打。通过这样的拍打，你会感到身体的肌肉非常放松、非常舒服。这时候你的心情也就随着肌肉的放松而放松了。

保持这种状态，很容易就可以睡着。

---

4. 色彩调节法

一个人所处的色彩环境不同，表现出来的心理和身体的感受也会不同。心理学家对此曾做过许多实验，发现在红色环境中，人的脉搏会加快，血压有所升高，情绪兴奋冲动；而处在蓝色环境中，人的脉搏会减缓，情绪也较镇静。有科学家发现，颜色能影响脑电波，脑电波对红色的反应是警觉，对蓝色的反应是放松。因此，我们可以运用色彩调节情绪。

红色：饱含力量、热情，给人活泼、生动的感觉，当一个人心情抑郁时，看到红色会改变心情状态；但不要过久，接触过多红色，会产生疲劳、焦虑和压抑的情绪。

橙色：温暖，像太阳光，激起活力，诱发食欲，利于恢复和保持健康。

绿色：大自然色，给人和平、年轻、新鲜的感觉，促进身体平衡，起到镇静作用，能舒缓人们疲劳的神经，对好动或身心受压抑者有益，对消极情绪有一定的克服作用。

蓝色：海洋色、天空色，冷静，给人一种安全感，具有很强的稳定性，能影响视觉、听觉和嗅觉，可减轻身体对疼痛的敏感。

黑色：神秘、严肃、含蓄、庄重。当情绪低落时，最好避开黑色或灯光昏暗的场合。

5. 芳香调节法

芳香调节是指运用某些从植物中提取的精油的芳香，调节心理状态和情绪。芳香能通过嗅觉神经，刺激人类大脑边缘系统的神经细胞，对舒缓神经紧张、心理压力很有效果。闻香解压就是这个原理。利用林木、花卉的香气以及幽静的环境调节身心状态，还可以缓解一些生理疾病，如肠胃不适、腹胀、腹泻、头痛或呼吸不顺、心律不齐等。同时，芳香调节法还可减轻生活中的不适症状，如睡眠品质不佳或入睡困难，没有食欲、暴饮暴食等。

（六）寻求专业的心理帮助

当一个人受情绪困扰的时间持续一个月以上，建议寻求专业的心理帮助——心理咨询。专业的心理咨询遵循保密、理解与支持的原则，帮助来访者建立完善的认知体系，恢复积极稳定的情绪。

思考

1. 你觉得自己是一个情绪比较稳定的人，还是情绪容易波动的人？当情绪发生波动的时候，你通常的表现是什么？你会用什么样的方法调整？效果如何？

2. 当你身边的人有情绪时，你的感受是怎样的？你是否也会被影响呢？你认为这时，自己需要做些什么？

□心理素质拓展实践

拓展任务:照“镜子”

一、拓展目标

1. 素质提升目标:挖掘内在心理力量。
2. 能力提升目标:从心理学视角看待自己以及身边的人和事。
3. 实践能力目标:提升助人及自助的实践能力。

二、拓展任务及实施过程

第5章
拓展实践说明

1. 准备阶段:学生两人一组。
2. 活动阶段:一位同学做出各种愉快的表情和动作,另一位同学作为“镜子”进行模仿,时间2分钟。结束后双方互换角色。
3. 分享阶段:

(1)看到“镜子”的表情,你有什么感受?

(2)你认为情绪可传染吗?

(3)在努力做各种愉快表情时,你的情绪有哪些变化?

三、拓展小结

通过实践活动,同学们可以增进对情绪的了解。心理学研究表明,当我们装作有某种情绪或模仿某种情绪时,我们往往真的能获得这种情绪。“以铜为镜,可以正衣冠;以古为镜,可以知兴替;以人为镜,可以明得失。”因此,每天早上起床后请对着镜子笑一笑,告诉自己“今天会有个好心情”。即使没有镜子,也可运用技巧:脸上展现很开心的笑容,挺起胸膛,深吸一口气,然后唱着歌,想象自己快乐的表情,向快乐出发。

学生分享此次实践活动的感悟。

____

____

____

____

____

□学习反馈单

一、自我评估反馈表

学习反馈项目	自评	改进措施
课前准备情况	优　良　中　差	
课上学习专注度	优　良　中　差	
与教师互动情况	优　良　中　差	
对内容的理解程度	优　良　中　差	
完成学习任务的品质	优　良　中　差	
知识与实践的结合运用情况	优　良　中　差	
课后反思情况	优　良　中　差	

二、问题反馈

1. 通过自我觉察,你是否产生了与课程内容相关的困惑,请具体说一说。

2. 通过学习,结合身边的人或事,你有哪些感悟?

3. 通过学习,你对自己当下的情境有哪些新的认知?

4. 通过学习,你对自身有哪些具体规划?

5. 如果有机会,你希望深入学习和探讨与本次课程相关的内容吗?

学习者签字:　　　　　　　　　　日期:　　年　月　日

指导教师签字:　　　　　　　　　日期:　　年　月　日

第6章 提升人际交往能力

学习目标

1. 认识良好的人际关系对身心发展的重要意义。
2. 学习人际交往的智慧。
3. 掌握人际沟通技巧,提升人际交往能力。

本章导读

《礼记·礼运》曰:"大道之行也,天下为公,选贤与能,讲信修睦。故人不独亲其亲,不独子其子。"早在两千多年以前,开放包容、和平发展等观念就灌注于中国传统文化当中。在人们的现实交往中,只有开放包容、互联互通,才能相互助力、互利共赢。

心理案例6-1

小G的苦恼

小G是个性格开朗的女孩，初入大学，很快就和同学、室友熟悉了，刚开始大家相处得很愉快，一起学习，一起参加活动。可是不知道从什么时候起，她感觉同学有些疏远她，小G有点茫然，到底发生什么了呢？她找到了心理老师，诉说了自己的困惑。在老师的引导下，小G恍然大悟，原来自己在与同学沟通时，很少顾及对方的感受。看来人际沟通还真是需要学习呀！

同步思考

1. 小G的经历对你有哪些启发？
2. 你也有人际沟通的困扰吗？

6.1 认识人际交往

人总是生活在一定的关系之中,建立高质量的人际关系对于每一个人来说都有着重要作用,是一个人活得快乐和获得成功的重要因素。而良好人际关系的建立源于人际交往,交往需要智慧,交往的频率越高,人际关系越密切。

一、人际交往的内涵

人际交往是指人与人之间通过相互认知、情感互动等方式进行接触,从而在心理和行为上相互影响的过程。它是通过动态相互作用建立的情感联系,可以反映出人与人之间的心理距离。

在路上与行人擦肩而过,或是在图书馆与别人坐在一张桌子旁学习,都不能被称为交往,因为无论是在行为上还是在心理上,彼此都没有发生相互影响。对我们的祖先而言,相互依赖、合作打猎,才能使族群生存。对我们而言,有一些能够提供精神支持、可相互信赖的朋友,就会感到被接纳和认可;与父母的关系和谐融洽,我们就会感到安全和被支持。这些动态的情感联系,反映了人们的心理距离,这才算是交往。

通过交往建立的人际关系也有差别。短期的人际关系往往只会影响人们具体、表面的行为,难以影响人们深层次的价值观和态度;长期交往的双方在社会角色和情感上相互依赖,使得双方的相互影响更为持久、深远。所以,人们是在交往过程中加深关系、相互影响的。

课堂互动 6-1

我的人际交往图

在下图中,列出与你交往的人的数量,感受你的人际关系现状。

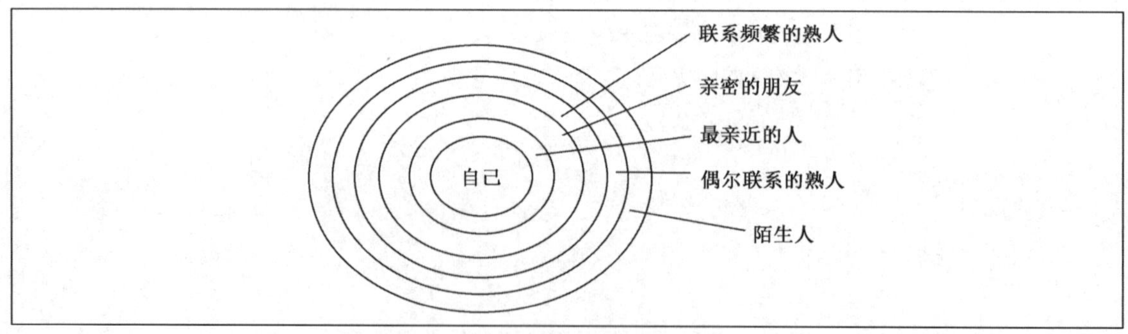

二、人际交往的必要性

荀子说"人之生不能无群"。心理学家研究人的基本需要,得出结论:归属与爱的需要是人类的基本需要,而这种需要的满足只有在人际交往中才能实现。我们本能需要归属于某一群体,当我们有所归属、感到被他人认可和接纳或被某种关系支持时,会更加健康和快乐。人们通常认为,烦恼时有人一起分担,快乐时有人一起分享,是人生之幸事。

(一)满足本能需要

通过对马斯洛需求层次理论的学习,我们可以了解到,归属与爱的需求是人类基本需求的第三层次,也就是说,当人们不再有温饱、安全之忧后,就会努力寻求社会交往需求的满足。如人们需要亲情、友情和爱情,需要得到他人的爱与关心,也需要能力去爱护他人,渴望与他人交流,期望能够被他人接受。可见,人际交往是人永恒的基本需求。若是不能被满足,人们会感到孤独、寂寞、痛苦,轻则会影响情绪,重则会失去生活的信心。

同时,在需求层次理论第四层尊重的需求中,尊重包括自我尊重和被他人尊重两部分。自我尊重是对自身力量、成就、胜任力、支配力等方面的信心;被他人尊重来自他人,如名誉地位,他人对你的认可、注意和欣赏等。通过交往提高我们的自尊水平,满足被尊重的需求,获得他人的欣赏和肯定,可以增强人对自身力量、能力的信心,否则人会变得自卑、脆弱,产生无力感。

心理实验 6-1

恒河猴实验

人际交往对人类的健康发展不仅具有深刻的心理学意义，而且具有生物学意义。动物学家曾做过一项关于恒河猴的研究，研究者将刚出生不久的小猴与猴妈妈分开，让它与一个用金属制成的"妈妈"和一个用绒布制成的"妈妈"一起生活。金属妈妈能为小猴提供食物，绒布妈妈不能提供食物。结果，在 165 天的实验过程中，小猴同金属妈妈和绒布妈妈待在一起的时间有显著差异。小猴在绒布妈妈身旁的时间每天达到 16 小时以上，并喜欢与其拥抱、亲吻，在其怀里睡觉。相反，小猴每天在金属妈妈身旁待的时间只有 1.5 小时，而这还包括吃奶的时间。可见，温暖和舒适能为机体提供安全感。

（二）提高社会化程度

判断一个人成熟的标志有三：一是生理成熟；二是心理成熟，尤其是自我意识的完善；三是社会化程度的提高。生活在社会中，每个人都必须经历社会化的过程。社会化指的是个体从自然人到社会人，从一无所知到能思考、具有一定行为能力并掌握一定社会生活准则的人的过程。如听、说、读、写都是在人际交往中学会的。同时，人的行为和思想的形成与发展、社会信息的获得都离不开人际交往，可见，人际交往促进了人的社会化。

对一个人社会化程度高低的衡量通常是看这个人能否认清自己在社会中扮演的角色及担负的社会责任。社会化程度高的人往往清楚自己担任的多重角色，并且知道在不同的社会情境下什么行为是恰当的、什么行为是不恰当的。与之相反，社会化程度低的人在任何情境下都会采取相同的行为。例如，在家里，一个人可能是全家的中心，而当离开家庭到大学后还以为其他人都应该以他为中心，处处要让着他，这就是社会化程度不高的一种表现。他没有认识到自己在大学里的角色不同于在家里的角色，也没有认识到自己与大学中的其他人是平等的个体。如果认识不到这些，对自己的行为不加以调整，那么人际关系就很容易会出现问题。

大学是我们逐渐走向成熟、独立、社会化的重要阶段。大学期间的社会化内容包括掌握作为一个社会成员应该具备的基本生活知识与技能、掌握与社会交往有关的行为规范和准则、确定自己的生活目标、明白自己的社会角色和责任等。社会化程度的提高往往依赖于人们的社会交往，与人接触，在交往中学习、发展与完善自我，以此让自己成为符合社会规范和需要的人。因此，在大学期间建立良好的人际关系可以提高个人的社会化程度，促进个人的心智成熟。

心理案例 6-2

成长中的小 G

自从上次向心理老师咨询之后，小 G 在和同学的交往中有了很大的改变。小 G 自述之前做什么事情都以自我为中心，很少考虑他人感受，在交往中的界限感也不清晰，经常凭借自己的心情做事，从来没有自我觉察过。现在的她，成熟、乐观、自信、平和，也赢得了老师和同学的认同及欣赏。大学的第一个假期，高中同学和家人都觉得小 G 有了极大的变化。小 G 说，这都是大学的人际交往锻炼了自己。

同步思考

1. 你怎样看待小 G 的变化?
2. 给自己的人际交往提些建议吧!

(三)完善自我认识

自我认识指人们在社交活动中通过对自己行为特征的观察和判断了解自己、评价自己。一般情况下,自我认识有三种方式:第一种方式是社会比较,也就是以人为镜,通过与同学、朋友等做比较来认识自我;第二种方式是通过他人对自己的评价认识自我;第三种方式是自我比较,也就是通过比较分析现实自我与理想自我,找到二者的差距,对现实自我提出要求,逐步实现理想自我。不难看到,在这三种认识自我的方式中有两种需要在人际交往中实现。可以说,大学生与他人交往是认识自我的一种常见途径。人际交往质量越高,我们对自我的认识也就越完善、全面,越能够避免"夜郎自大"和"自我贬低"的现象。

(四)建立社会支持系统

大学阶段是一个人心理需要最多、心理矛盾最激烈的时期之一。人际交往可以为我们提供心理和情感上的支持。良好的人际关系,他人的尊重、信任、关心与认可,真诚的友谊和爱情,都可以减少或消除我们的孤独感,满足我们的心理需求。在需要的时候有人陪伴、倾听、帮助和安慰可以给我们精神支持;尤其是在我们遇到挫折时,优质的人际关系能助力我们克服困难。同时,大学期间的人际交往还可以使我们获得大量有关成长、考研、兼职与就业等的信息,为我们的学习和发展提供方便。可见,大学生在良好的人际交往中可以建立社会支持系统,获得多种益处。

课堂互动 6-2

探索自己的交往状况

(1)在一段关系中，你是怎样看待自己的?
(2)你对自己与朋友的关系满意吗?如果不满意，什么是你最想改变的?
(3)你有多需要或依赖朋友?想象一下:如果朋友不在你的生活中，你的生活会发生哪些改变?

三、影响人际交往的因素

人究竟为什么喜欢别人或为别人所喜欢呢？是什么因素使一个人愿意与另一个人相处呢？这是在人际交往中我们经常探讨的话题。

（一）人际吸引

人际吸引是指人与人之间的相互接纳和喜欢。人与人之间产生吸引力的基本假设是：他人的出现对我们而言有奖赏意义，即我们感受到了人际奖赏。人际奖赏包括直接奖赏和间接奖赏。直接奖赏指他人提供给我们的所有显而易见的价值，包括赞赏、认可、鼓励、喜爱、物质利益等。间接奖赏指他人提供给我们的很多不易觉察的因素的影响，这些因素与人们亲切、俊美的长相或吸引人的个性有间接的关联。

社会心理学家在人际吸引领域的研究发现，人际吸引力主要包括个人吸引力和相互吸引力两大类别。其中，个人吸引力来自外貌、才能和人格品质；相互吸引力来自熟悉度、相似性、互补性等方面。

1. 个人吸引力

（1）外貌：容貌、体态、服饰、举止、风度等个人的外在因素在人际交往中的作用是很大的。尤其是在交往的初期，好的外貌容易给人良好的第一印象。外貌能产生光环效应，即人们倾向于认为外貌出众的人也具有其他的优秀品质，虽然实际上未必如此。

（2）才能：一般来说，人们比较喜欢聪明能干的人，特别是有某些特长的人，才能会增加个人吸引力。同时，能力或才华与外貌具有互补性。一个相貌一般的人，如果才华出众，或者具有某方面的特长，其能力因素就会产生人际吸引力，即使有相貌劣势也可以被他人忽略和接受。才能一般情况下会增加个人的吸引力，但如果这种才能对别人构成了社会比较的压力，让他人感受到自己的无能和失败，那么才能不会对吸引力有帮助。有研究表明，有才能的人如果犯一些“小错误”，会增加个人吸引力。

（3）人格品质：人格品质是影响吸引力的最稳定因素，也是产生个人吸引力最重要的因素之一。有学者研究了影响人际关系的人格品质，主要研究结果显示被喜爱程度高的 6 种人格品质是真诚、诚实、理解、忠诚、真实、可信，它们或多或少、直接或间接地同真诚有关；排在序列后面、被喜爱程度低的品质如不诚实、不老实等也都与真诚有关。真诚受人欢迎，不真诚则令人厌恶。

2. 相互吸引力

（1）熟悉度：交往双方熟悉或交往频率高能增加互相喜欢的程度。

(2)相似性:人们往往喜欢同与自己相似的人交往。这里所说的相似性不是指客观上的相似性,而是人们感知到的相似性。曾有一项关于人际关系的实验:研究者让互不相识的17名大学生住在同一间宿舍里,对他们的亲密化过程进行了近4个月的追踪研究。结果发现,在见面初期,空间距离近的大学生成为好伙伴;随着时间的推移,在信念、价值观、个人品质上相似的人逐渐成为好朋友。

(3)互补性:人们喜欢那些与自己个性和品质互补的人,可以相互满足需要。

(二)人际心理效应

社会心理学研究表明,在人际交往中,个人对交往对象的认知、印象、态度以及情感等,都会直接影响他们的人际关系。

1. 首因效应

首因效应,或称最先的印象、第一印象。在人际交往中,我们第一次与对方接触时,往往会根据对方的相貌及外显行为对其进行综合性与评价性的判断,这对接下来的交往活动有着非常大的影响,即由最初的印象影响后续的交往。

课堂互动6-3

哪种性格吸引你

以下为两种性格类型的人的特点，你对哪一种性格类型的人（性格特点从左至右依次减弱）印象更好？为什么？

性格A——聪明，勤奋，易冲动，爱批评，顽固，嫉妒心强。

性格B——嫉妒心强，顽固，爱批评，易冲动，勤奋，聪明。

由于首因效应的存在,第一印象在人际交往中扮演着重要角色,因此我们应该重视与人交往时留给他人的第一印象。在交友、求职等社交活动中,大学生可以利用首因效应,给他人留下良好的印象,为日后的交流打下良好的基础。同时,也要提醒自己,不要仅仅以第一印象评价一个人,而是需要多方面了解他。

2. 近因效应

近因效应,指在人际交往中,对方留下的最后的印象对个人认知产生的影响。最后留下的印象,往往是最深刻的印象,这也就是心理学上阐释的后摄作用。例如,对于多年不见的朋友,在自己的脑海中印象最深的其实就是临别时的情境;一个朋友总是让你生气,可是谈起生气的原因,大概只能说上最近的两三条,这也是一种近因效应的现象。

第一印象产生的首因效应,一般在交往初期,即双方还生疏的阶段特别重要。而在交往后期,双方已经十分熟悉的情况下,近因效应在人际关系中发挥了更大的作用。大学生在与他人交往时,既要注意平时给对方留下的印象,也要注意给对方留下的第一印象和最后印象。

3. 光环效应

光环效应是指个人在评价的时候,常喜欢从或好或坏的局部印象出发,扩散出全部好或全部坏的整体印象,就像月晕(或光环)一样,从一个中心点逐渐向外扩散,成为一个越来越大的圆圈,所以有时也称为晕轮效应或月晕效应。所谓"情人眼里出西施",说的就是这种光环效应。光环效应常使人"以偏概全""爱屋及乌"。"当局者迷,旁观者清",我们要倾听和接受他人的意见,综合进行分析;同时也可以利用光环效应的影响增强自身的吸引力。在与人交往时,大学生可以采用先入为主的策略,先让对方了解自己的优势,以获得对方积极的评价。

4. 自我暴露效应

一个人要想与别人成为知心朋友,就必须表露自己的真实感情和真实想法,坦率地剖白自己,陈述自己,向别人讲心里话,这就是"自我暴露"。在人际交往中,个人一定程度的自我暴露对双方交往产生的影响,就是"自我暴露效应"。当一个人向你表白内心深处的感受,你会感到对方的信任和渴望沟通情感的愿望,你和他的心理距离就会拉近。有时候,一个人对可以信任的人吐露内心的感受,会一下子赢得对方的心,赢得友谊。

每个人内心深处都有对情感的需要,如同对食物的需要,与生俱来。情感纽带下结成的关系往往要比暂时的利益关系更加牢固。那些和任何人都不做自我暴露的人,当然无法得到深厚的友谊。

通常一个人对陌生人、熟人和亲密朋友,在自我暴露的广度和深度上是明显不同的。了解别人在怎样的层次上暴露自己,可以很好地了解别人对自己的信任和接纳的程度,了解自己同别人关系的状况。当然,一个人对别人的信任和接纳程度如何,也可以通过自己没有顾虑地对别人暴露的层次了解。一个人自我暴露的层次越深,说明对对方的信任程度越深,与对方的关系也越好。

5. 互惠效应

互惠效应是指在人际交往中,个人总觉得应该尽量以相同的方式,回报别人为自己所做的一切。一位大学教授做了一个小实验:他给随机抽样挑选出来的一群素不相识的人送去了新年卡片。虽然他估计会有一些回音,但随后发生的事情还是大大出乎他的意料，那些素未谋面的人寄来了大量的节日贺卡，大部分给他回赠卡片的人根本就没有想打听一下这个陌生的教授是谁，而是收到卡片就自动回赠了一张。这个实验规模虽小，却巧妙地证明了人际交往中的互惠效应。

在生活中，我们正是不知不觉地按照互惠效应在行事。如果有人帮了我们一次忙，我们也会想着要帮他；如果有朋友送了我们一件生日礼物，我们也会主动记住他的生日，届时也给他买一件礼品。互惠效应是人们在社会交往中必须遵循的行为准则。正是由于互惠效应，人与人之间的交往才有取有予，有来有往，交往才能顺利地进行下去，人与人之间才能有融洽、和谐的关系。

除了以上心理效应，还存在投射效应、定势效应、刻板效应等人际效应。

（三）人际信任

人际信任是人们在人际互动过程中建立起来的，对交往对象的言辞、承诺以及书面或口头陈述的可靠程度的一种心理期望，是一个动态的过程，会随着时间而变化。早在《论语》等传统典籍中就有对人际信任的解释和记载，例如“民无信不立”“人而无信，不知其可也”。

建立信任不容易，但是破坏信任却比较容易，这主要与人们的认知判断状况有关。

课堂互动 6-4

回想世界的“温柔以待”

（1）你是否被世界“温柔以待”过？

（2）当时的人或事，是否给予你力量？

（3）回想这个过程，你的内心发生了哪些变化？

6.2 人际交往的发展、困惑与冲突

一、人际交往的发展阶段

心理案例 6-3

交新朋友那么难吗?

初入大学的很多学生经常感到孤独，思念高中时期的朋友，与高中朋友互诉衷肠，发出感慨，认为在大学中很难交到知心朋友。

同步思考

1. 你也有相同的感受吗?
2. 回想一下：你与高中阶段的好朋友最初是怎样交往的?

人际交往以情感为纽带,层层递进,推动了人际关系的发展,大致会经历四个阶段:定向吸引阶段、情感探索阶段、情感交流阶段和稳定交往阶段。

(一)定向吸引阶段

在人际交往中,人们对交往的对象具有很高的选择性。进入一个交往场合时,人们往往选择性地注意到某些人,而对另外一些人视而不见,或者只是礼貌性地打个招呼。对于注意到的对象,人们会进行初步的沟通,这就是定向吸引阶段。在定向吸引阶段,人们只有很表层的自我表露,例如谈谈自己的兴趣、专业,以及对最近发生的新闻事件的看法等。

在此阶段,人们会自觉或不自觉地从各个方面观察对方,根据观察到的信息决定是否与之继续发展。例如,初入大学时,很多学生都会关注身边的同学,以寻找自己的人际交往对象。

(二)情感探索阶段

如果在定向吸引阶段双方有好感,产生了继续交往的兴趣,那么就可能有进一步的自我表露,双方会有意识地努力寻找共同的兴趣或经历,通过表达自己的观点、态度和价值观,观察对方的反应来进行试探。在情感探索阶段,每一件事似乎都是愉快的、轻松的、非批评性的。这一阶段被称为人际关系的“蜜月期”。双方有一定程度的情感介入,但是还不会涉及私密的领域,双方的交往还会受到角色规范、社会礼仪等方面的制约，比较正式。如果双方出现冲突或矛盾而又不能解决，那么人际关系可能就会停留在此阶段。人们都是在相互熟悉、彼此了解的过程中选择朋友的。

（三）情感交流阶段

如果在情感探索阶段建立了基本的信任感，就可能发展到情感交流阶段，彼此有比较深的情感介入，会谈论一些相对私人性的问题，交往双方花更多时间在一起，喜欢相互陪伴，也开始相互信任、坦白，谈话中出现共同的期望和假设。这一阶段可以被形容为人际关系的"成长期"，双方彼此坦诚与分享才能增进情感，加深相互关系。同时，自我暴露也存在风险性，如果对象选择不当，很有可能让双方情感受到伤害，人际关系遭到破坏。当人们真诚相待，能够接纳、宽容和体谅他人时，双方关系才能在各种考验中得以升华。在情感交流阶段，双方的关系已经超越了正式规范的限制，彼此比较放松，比较自由，如果有不同意见也能够坦率相告，没有过多拘束。

（四）稳定交往阶段

情感交流如果能够在一段时间内顺利进行，双方就有可能进入更加密切的稳定交往阶段，成为亲密朋友，交往双方不仅能相互理解、包容，而且能更好地相互预测和解释对方的行为，可以达到知根知底的程度，这可谓人际关系的"成熟期"。最好的朋友通常处于这一阶段。可以分享各自的生活空间、情感等，自我表露更深、更广，相互关心也更多。一般来说，人际关系中能够达到这种境界的关系相当少，也就是人们常说的"人生难得一知己，千古知音最难觅"。

二、大学生产生人际交往困惑的原因

大学生青春洋溢、充满活力，他们往往有着强烈的交往愿望，希望能够与其他人一起分享自己的体验和感受，同时也非常希望自己能够获得长久的友谊。但是，由于多方面的原因，大学生在人际交往中往往存在一些困惑。

课堂互动 6-5

觉察自己的人际交往状况

(1) 满分十分的话，你会给自己的人际交往状况打多少分？

(2) 在人际交往方面，你内在的声音是什么？

（一）缺乏交往的勇气和信心

有些大学生虽然有强烈的与同学交往的愿望，希望自己能够有些知心朋友，但是个性、家庭背景、生活环境等多方面的差异，往往使得一些同学缺乏与人交往的勇气和信心。也有的同学碍于个人的认知，以“孤傲”掩盖内心渴望与人交往的情绪。这些同学总是担心自己不会被别人接纳，因此他们往往在人际交往中处于被动地位，不能主动与同学交流自己的想法、分享自己的快乐。甚至有一些同学对人际交往存在一定的恐惧心理和不同程度的交往焦虑。

（二）不愿与他人交往和相处

有些大学生受到成长环境的影响，自高自大、孤芳自赏，他们瞧不起别人，很少顾及他人的感受，也缺乏与别人合作的精神。他们通常以自我为中心，对周围的人和事漠不关心。还有的大学生由于自卑、害羞、多疑、敏感等，从小就不善言辞，总觉得与人交往是比较麻烦或困难的事情，对他人缺乏必要的信任与理解，总喜欢独来独往。

（三）缺乏交往的技巧和方法

人际交往是一门学问，也是一门艺术。很多大学生愿意与其他人交往，希望多一些朋友，但是由于缺乏必要的人际交往技巧和方法，所以往往事与愿违。在与他人交往的过程中，有的同学过于生硬、刻板、木讷；有的同学不注意沟通的技巧、方法和原则，显得过于热情；还有的同学不注意时间和场合乱开玩笑，对别人不够尊重，甚至过于自我暴露等。他们虽然有与人交往的美好愿望，但是往往无法收获长久的友谊。

（四）沉溺于网络交往，忽视现实交往

网络交往打破了时空限制，为大学生的人际交往提供了一种新的途径和体验。它扩大了大学生的交往范围，满足了他们多样化的交往需要。网络具有的匿名性、虚拟性等特点，使得一些大学生沉溺于网络交往，渐渐忽视现实交往。特别是当一些大学生在现实生活中受到挫折和打击的时候，他们往往不愿意寻求周围同学和朋友的帮助，而是通过网络获得帮助、关心，甚至通过网络发泄以寻求心理的慰藉和平衡。但面对网络，我们需要增强安全意识，在网络世界随意释放情绪必将造成不良影响，长此以往，人们在现实生活中的交往技能将逐渐退化，无法与现实融合，甚至形成现实交往障碍，内心空虚，体会不到真实的情绪感受。

知识拓展6-1

朋友的力量

(1)成就你的朋友。这类朋友也可称为导师型朋友，他们往往有丰富的经验，会不断地激励你，在家庭、人际交往、学习和工作等方面给你提供很好的指点。

(2)支持你的朋友。这类朋友会在你的人生道路上不断地支持你、鼓励你，他们理解你，对你充满信任，并且会在别人面前称赞你。

(3)志同道合的朋友。他们和你志趣相投，你和他们在一起非常有默契，你的心灵经常会被他们触动。

(4)牵线搭桥的朋友。这类朋友属于帮助型朋友，他们会给你牵线搭桥，让你认识其他朋友，在你的人生道路上不断帮你争取机会。

(5)为你打气的朋友。这类朋友能让你放松，当你烦恼的时候，第一个想到的就是这类朋友，他们是很好的倾听者。

(6)帮你开眼界的朋友。他们能让你接触新的观点和新的机会，能帮助你从不同的视角看待世界。

(7)给你引路的朋友。这类朋友是“灯”，能够指引你前进的方向，最能够给你合适的建议。

(8)陪伴你的朋友。这类朋友让你觉得满足，很多时候可能并不需要太多的言语，只要他们默默地陪伴着你，就能抚平你的伤痛。

三、人际交往中的冲突

世界上的每个人都是独一无二的，每个人有着不同的需要、目标、生活习惯、理想和价值观。正是这些不同使得人际冲突成为人际交往中不可避免的现象。

人际冲突指的是由人际交往双方的不同需要、认知差异、不同经历背景、价值观差异、不同生活习惯、个性差异、利益争夺等引起的，人与人之间的一种对立、紧张甚至敌对的不相容状态。它既可以是隐性冲突，表现为心理和情感上的对立；也可以演化为行为上的显性冲突，如对抗和攻击行为。

（一）人际冲突的特点

人际冲突是动态的、不断改变的。当交往双方的矛盾公开化时，不同的反应会让冲突要么被协商解决，要么走向恶化并最终导致冲突双方关系破裂。如果将问题泛化，一味责备对方，强制要求对方，甚至实施人身攻击或者威胁，那么可能让冲突升级、恶化。反之，冲突双方如果能够客观、公开地讨论引起冲突的行为，就事论事，那么是有希望在协商中解决冲突的。因此，人际冲突既可能促进双方的关系，也可能终止双方的友谊。如果能在了解冲突原因的基础上采用适当的解决策略化解冲突，就可以化干戈为玉帛。

可见,人际冲突对人际关系的影响有两面性,既可以是挑战,也可以是机遇。一方面,人际冲突的发生往往会给交往双方带来负面的影响和消极的情绪,当冲突升级为行为上的对抗和攻击时,还会给身心健康带来伤害,导致关系的破裂。另一方面,人际冲突也有其建设性的作用,正所谓"不打不相识"。冲突致使人际关系中隐藏的问题凸显、表达出来,从而促使双方意识到问题,并着手解决这些问题,在这个过程中双方会收获成长,也可以澄清、化解彼此的误解和不满,从而消除隔阂,增进理解,加深关系。

课堂互动 6-6

在人际冲突中,我们得到了什么

(1)你怎样看待人际冲突?

(2)你通常赞同怎样处理人际冲突?为什么?

(二)人际冲突的解决策略

大学生的自身发展尚不成熟,情绪不够稳定,又都拥有不同的文化背景和地域风俗,都有独特的生活经历、思维习惯、人生追求,有的人是"猫头鹰",有的人是"百灵鸟",尤其当意见相左时,比较容易发生人际冲突,他们通常借助冲突,宣泄自己内心的不快。其实,冲突发生时,没有必要追究哪一方是对的、哪一方是错的,双方只是在用不同的方式看问题。发生人际冲突时有以下几种常见的解决策略,但其中有好有坏。

1. 强制

强制就是只考虑自身利益,为达到目的而无视他人的利益,甚至不惜损害对方的利益。具体做法包括竞争、暴力和攻击。使用强制策略处理冲突时,当事人往往无法就事论事,更不会分析原因,而是将冲突变成"我就是要赢"的输赢之争。这种做法常导致关系破裂,敌意加深。

2. 回避

回避就是对于冲突试图不做处理,置身事外,既不满足自身利益也不满足对方的利益。回避策略的使用者被动、不果决,也不会主动与他人合作。发生冲突时最常见的反应方式是保持缄默、不发表任何意见。因此,他们不但不能达成自己的目标,也无法与他人维持和谐的人际关系。当然,回避有时还是有用的,尤其当双方情绪冲动时,这么做有"降温"的效果,可以让双方冷静下来,恢复理性思考;或者当冲突者觉得双方的关系不重要，冲突解决与否不重要时，就可采用此法。

3. 迁就

迁就指的是只考虑对方利益而牺牲自身利益或屈从于对方。迁就策略的使用者倾向于顺从、遵从他人的要求，满足对方需求，以免招致他人的责备或反对。我们在生活中会碰到一部分被称作“好好先生”的人，他们对他人似乎总是有求必应，自身却似乎从未麻烦过别人。久而久之大家有事就习惯找他们，但却很少考虑是否会给他们添麻烦，更不会想到他们是否也需要大家的关心和帮助。这样的“好好先生”可能具有讨好型人格，凡事都迁就他人，将他人的需要置于自己之上，而事后他们往往也会为自己不拒绝他人而感到后悔。这种讨好型人格往往是个体自身价值常年不被肯定的结果，个体也就形成了“只有我讨好他人才会受人欢迎”的认知。

那么，在人际交往中到底是应该注重自己还是应该注重别人呢？事实上，我们也知道这个问题的答案不是非此即彼。健康的人际关系是建立在价值平等的基础上的，轻视他人重视自己，或轻视自己重视他人，如此建立起来的关系都不是健康的关系。在不伤害他人与社会利益的前提下，个体有权遵从自己内心的想法，做出自己的选择。例如，在不会影响他人休息、学习和情绪的前提下，你当然可以取下耳机，将音乐公放。与此同时，也要认识到，一旦选择是你自己做出的，你就要对选择带来的结果负责。

4. 折中(妥协)

折中(妥协)是一种双方都有所让步，都只满足一部分利益的冲突解决策略。选择这一策略的个体，并不像强制型那样有达成自己的目标的强烈企图，同时也不会像迁就型一样完全放弃自己的目标以满足他人的要求。他们希望双方都牺牲某些权益而换来双方都不是最满意但能达成共识的结果，这是一种“小输小赢”的策略。

5. 合作

冲突者力求找到一个可以同时满足双方利益的解决方案。双方用开放、平等、客观的态度沟通，澄清彼此的分歧，共同思考如何解决问题。这样往往不仅能找到彼此都满意的解决问题的方法，还能使双方关系更进一步发展，是一种双赢的模式，能够形成双赢的局面。

在解决人际冲突的过程中，个人以不同的策略处理人际冲突，可能会对其中一两种策略有着自然的倾向。在心理学家看来，对人际冲突的应对方式实质是我们自我价值的展示。我们的自我价值越高，我们对人际冲突的应对方式也就越健康。

换言之,我们要想改善对人际冲突的应对方式,除了了解和学习一些应对策略外,还需要充分欣赏和接纳自己,实现表里一致和高自尊。

(三)人际冲突的处理原则

(1)态度诚恳而坦率,不隐瞒自己的观点或欺骗对方。当不同意对方的观点时,反对的是观点,而不是人,不要进行人身攻击。

(2)互相理解,开诚布公,求大同,存小异,退一步海阔天空。懂得尊重、理解和谦让,才会让自己置身于和谐的氛围,为精彩的大学生活添上浓重一笔。

(3)对自己的感受负责,不能因为自己的感受不好而指责别人。

(4)对于他人,避免道听途说,武断评价。

(5)冲突过后,学会宽容与谅解,这是一种释放和解脱,也是处理问题能力强的体现。

知识拓展6-2

探析宿舍关系

在大学里，宿舍关系是最基本的人际关系，也是最容易产生冲突的人际关系之一。宿舍关系质量会对大学生的学习、生活产生重要影响。有研究表明，大学生的宿舍关系质量与大学生的主观幸福感、学习态度和学习效能存在显著正相关。

宿舍关系问题大概可以分为两类：一是矛盾多，二是关系冷淡。宿舍关系是大学时期时空距离最近的人际关系，也是矛盾、纠纷比较集中的人际关系。来自五湖四海的室友朝夕相处，每个人的行为习惯、性格特征、文化背景都在宿舍这个狭小的空间中完全凸显出来，在这些方面存在较大差异的人就会不可避免地产生矛盾。由于网络的普及，很多同学沉溺于网络游戏、网络聊天等，很少与身边的人交流，这也在一定程度上导致了宿舍关系的淡漠。

处理好宿舍关系需要全体成员共同努力，这也是提升个人团体合作能力的机会。首先，通过开宿舍会议，公平地制定一些宿舍规则，如作息时间表、值日表以及其他日常事务管理规则等。制定规则时要把常常引发争论的问题摆出来，大家一起讨论，每个人都要参与规则的制定，这样大家才愿意遵守。其次，要多沟通交流。宿舍成员要积极参与宿舍的讨论和活动，了解别人的成长经历、生活背景，认识大家在性格和习惯上的差异。多一分了解，就少一分误会。最后，有问题要及时沟通解决。有的大学生和室友产生了冲突、矛盾，心里不愉快，嘴上不说，但在交往中却表现出回避、拒绝、厌恶的行为或情绪，把小矛盾扩大化，而对方可能还不知情，感到莫名其妙。应及时沟通，让对方知道你的感受，澄清事实，厘清问题，多一些包容和谅解，少一些误会和腹诽，不愉快也就烟消云散了。

6.3　人际交往的艺术

心理案例 6-4

哪种回应是能被接受的?

男生陪女朋友去商场买衣服，女朋友看中了一件粉色的外套，非常喜欢，于是问男生："这个外套怎么样？我好喜欢，买了吧。"男生觉得这件衣服不好看，自己也不喜欢这个颜色。下面是男生的回应，你觉得哪种回应是他女朋友能接受的？

(1)"真好看，你的眼光真好！买了吧。"

(2)"样式这么土的衣服你也喜欢，你什么眼光呀，受不了你了!"

(3)"质地一般，样式还行，短款显你的身材，但你的肤色偏暗，这个颜色不太好搭配。"

(4)"这里这么热，难受死了。"

(5)"我不喜欢这个颜色，不过既然是你买衣服，你喜欢就买吧。"

同步思考

对于以上五种回答，你有什么想法和感受？

一、人际沟通的模式

在沟通过程中,对同样的情境,每个人的反应可能不同,沟通方式也可能不同。家庭治疗师萨提亚认为人们在压力状态下,会产生五种类型的沟通模式。

(一)讨好型

讨好型的人忽略自己的内心感受,重视他人的想法,总是迎合他人,甚至委曲求全。讨好型的人缺乏自信,具有较低的自我价值感,认为"什么事情都是我的错",最大的特点就是不敢说"不",凡事均"同意"。行为表现为软弱、依赖性强,活得很累,不快乐,内心经常有的感受是悲伤、焦虑、压抑和愤怒。

讨好型人的优势资源是:体贴,对人友善,善解人意,人缘好。

(二)指责型

和讨好型相反,指责型的人眼中只有自己,总是忽略别人的感受,总是指责他人的错误,常说"都是你的错""你怎么搞的""你永远做不好任何事情"。但他们指责别人时也伤害了自己,自己的情绪也是消极的。要知道,他们暴力、愤怒、咆哮的背后,常有一颗孤单无助的心。没有人喜欢被人指责,所以指责型的人常常不受欢迎。

指责型人的优势资源是:果断,有主见,有能量,善于自我争取,有领导才能。

(三)超理智型

超理智型的人既忽略他人的感受,也忽略自己的感受,他们只重视情境的合理性,他们非常坚持原则,固执、客观且不谈感情,经常用“理性”保护自己,压抑自己的真实感情,实则内心很空虚。

超理智型人的优势资源是:聪明,理性,善于思考,有知识,有才智。

(四)打岔型

打岔型的人说话不切题,兜圈子,不直接回答问题或答非所问,漫无目的,抓不住重点,东拉西扯,全然不顾及他人、自己和情境。他们在团体中或许显得活泼、开朗,是“开心果”,但内心却焦虑、疏离,没有归属感,容易被误解。

打岔型人的优势资源是:灵活,有创意,幽默。

(五)表里一致型

表里一致型的人坦诚沟通,真实表达自己的内心想法,也很替对方着想,尊重自己,尊重他人,尊重情境,处理人际关系时既客观、公正,又有浓浓的人情味,对自我悦纳,充满信心,内心坦然。

表里一致型人的优势资源是:内心平和,有力量,有勇气和冒险精神。

心理案例 6-5

五种沟通模式与五种道歉方式

场景：我刚刚撞伤了你的手臂。

讨好型：请原谅我，我真是太笨了。

指责型：天啊，我怎么会碰到你的胳膊！下次你把胳膊收好，这样我就不会碰到了！

超理智型：我希望能向你道歉。我经过的时候无意中撞击了你的胳膊。你的手臂受了伤，那就去医院吧。

打岔型：咦，有人发怒了。

表里一致型：我撞伤了你，非常抱歉。你这里痛吗？

实际上,很多人在面对不同的情境、不同的场合、不同的人时,会采用不同的沟通方式。例如,一位妻子面对丈夫可能指责,而面对上司则经常表现出讨好。但如果能够把讨好型的"一味逢迎"转变为"真诚的善意",把指责型的"吹毛求疵"转变为"坦诚的批评",把超理智型的"没有人情味"转变为"动之以情,晓之以理",把打岔型的"随意岔开话题"转变为"灵活""幽默",那就会有更多积极的沟通了。

不管你常用的沟通模式是什么,你的家庭又给了你怎样的影响,重要的是,只有当你意识到存在哪些沟通模式时,你才会加深对自己的了解,才可能主动挖掘内在资源,不断增强内在自我的和谐,从而与别人更真诚地交往,发展更舒适的人际关系。

二、健康的人际关系

健康的人际关系中,每个人都有独立的自我认知,每个人都能开诚布公地说出自己的想法,让对方知道自己的期望。如,在与朋友沟通时,不要把话题集中在你不希望对方怎样,而是更多地告诉对方你希望他怎样。

健康的人际关系中每个人都假定快乐是自己的责任,而避免在不开心的时候指责对方。不期待对方给你快乐、满足,不断提升自己,自己对自己的快乐负责,自己去努力,提升自己的生活。

健康的人际关系中的两个人是平等的。双方都会避免产生对彼此的占有感,不会期待别人代替他们做那些他们有能力完成的事情。每个人都会努力创造自己的价值,不依赖对方证实自己的个人价值,每个人都可以在关系之中获得意义和营养,不会在对方的阴影里生活。他们通过努力让自己的生活变得丰富多彩,同时也给对方带来快乐。

三、有效进行人际沟通的原则

除了睡眠以外,人大约 70% 的时间都在交流、沟通。沟通的过程虽然只有听和说两个方面,但是远非看起来那么容易,因为很多因素会使信息的传达和理解发生偏差。信息本身固然重要,但比信息更加重要的是人们对信息的理解。认识这一点对在中华文化熏陶下的我们尤为重要,因为东方人的沟通方式常常是含蓄的,有些信息不会在交谈内容中明确传达,这样常常会导致误解,许多人际关系问题都源于此。

如何沟通才是有效的、有意义的呢?

我们要注意保持一个人在听,另一个人在说的情境,对方讲话时,不要随意打断;听者可以重复概括说话者所说的内容,以明确信息;沟通的语言明确而具体;听者在对听到的话做出回应之前，可稍作停顿进行思考；要站在别人的立场上想问题；每一个听者都应对说话者所说的做出反应，表示自己在听；每一方都能在不损害对方尊严的前提下诚实、直接地进行交流；每个人都用“我”进行陈述，避免被误解为指责对方；尊重双方之间的差异，不勉强对方接受某种观点；言语和非言语的信息要具有一致性。

四、提升人际交往能力的方法

在生活中，想要实现人际交往能力的提升，我们需要结合自身情况，不断地实践，小步前进，积累经验。

（一）改变认知，增强交往信心

任何交往都需要学习，人际交往能力的提升，不是一蹴而就的，它需要经历一个过程，这个过程是一个不断打破自己的人际舒适圈的过程。人际舒适圈，意思是所有人都活在一个无形的界限内，其中有自己熟悉的环境，可以只与认识的人相处，做自己想做的事。总而言之，在界限内的我们感到很舒服。反之，当走出舒适圈时我们就会感到不舒服，很自然地想要退回圈内。但人生就是不断突破自己的过程，只有走出舒适圈，改变认知，增强交往信心，才会突破自己的局限，收获成长，获得更大的舒适圈。

（二）端正交往态度，增强自己的人际魅力

1. 提升审美，注重仪表礼仪

在交往中，得体的着装、妆容和仪态，可以提升个人的自信，也表达了对对方的尊重。

2. 常读书，用知识丰富自己

知识的武装会让一个容貌平平的人光彩照人，通过读书积累知识可以修身养性，是培养气质的最佳方案，既可以增强一个人的个性魅力，也可以提升自我价值。

3. 温和谦逊，保持微笑

在人际交往中，微笑的魅力是无穷的，具有不可估量的价值，能很快使人感受到亲切、喜悦和善意，可以创造人际关系的奇迹，同时也改变着我们自己。面带微笑，表明对自己的能力有充分的信心，可以使人产生信任感。微笑还可以反映自己

内心坦荡,善良友好,待人真心实意而非虚情假意,使人在与其交往中自然放松,不知不觉地缩短心理距离。

在与人交往时,一要注意微笑是由心而发的,虚伪的笑是机械敷衍的,即常说的“皮笑肉不笑”,对方会感受得到,这样的笑反而惹人厌恶;二要注意如果你希望别人用高兴、愉快的神情对待你,你就应该先这样对待别人。

(三)积极倾听

做一个耐心的倾听者,鼓励别人谈论自己。倾听并不是被动地听别人说,而是用心去听,使别人感到自己受到尊重,感到被对方理解。积极倾听,不仅要听到,还要听懂,要真正听到对方表达的情绪和感受,这样才能够把握对方要表达的有意义的信息。

我们要特别注意倾听中的回应性语言和眼神交流。即要对对方的话有所反应,但不要打断别人的话,不要听一半,不要只把自己的意思投射到别人所说的话上。谈话中多询问对方的情况,而不是不管别人说什么,都把话题拉回到自己的事情上。

心理案例6-6

听的艺术

一档节目的主持人采访一名小朋友，问他长大后想要做什么。小朋友天真地回答：“我要做飞机的驾驶员!”主持人接着问：“如果有一天，你的飞机飞到太平洋上空时所有引擎都熄火了，你会怎么办？”小朋友想了想说：“我会先告诉坐在飞机上的人系好安全带，然后我背上我的降落伞跳出去。”当现场的观众笑得东倒西歪甚至开始议论时，小朋友急得两行热泪夺眶而出。主持人问他为什么要这么做。小朋友的答案透露出一个孩子真挚的想法：“我要去拿燃料，我还要回来!”现场很多观众表情凝固了。

试想，当我们听他人说话时，我们真的听懂对方的意思了吗？如果不懂，就请听对方说完，这就是“听的艺术”。 应注意两点，第一，听话不要只听一半;第二，不要把自己的意思投射到别人所说的话上。

(四)换位思考,提高共情能力

实现良好的人际交往,我们要做到依据沟通模式,了解对方行为背后的需求,理解和支持他人,要经常从对方的角度思考问题,即换位思考,特别是当我们的观点和态度与他人不一致的时候,站在对方的角度考虑问题就显得尤为重要。在心理学上,这就是提升个人的共情能力。共情能力是能够理解别人的想法、感受,并将这种理解和体会反馈给对方的能力。研究发现,共情能力强的人,人际关系质量更高,幸福感也更强,他们能够从分享他人的积极情感中获益,体验到亲密感和信任感。此外,我们也要懂得“己所不欲,勿施于人”,不能强人所难,不能让朋友一味地包容自己,要知道每个人都是不同的,尊重是相互的。

心理案例 6-7

一个小女孩养了一条漂亮的金鱼。有一天早上起来，发现小金鱼死了，小女孩非常伤心，一个人躲在一旁，好久没有说话。爸爸看到后，过来安慰她：“别哭了，不就是一条小金鱼吗，爸爸再给你买一条。”小女孩哭得更伤心了，说“我不要你再买一条，我就要原来的！”

爸爸很生气，也很无奈，这明摆着就是无理取闹嘛！冲着孩子嚷道：“你怎么这么不可理喻！”孩子哭得更伤心了。

同步思考

你知道小女孩需要什么吗？爸爸应该怎样说？

(五)运用语言艺术

1. 真诚对话,谈契合别人兴趣的话题

谈话是否能够起到增进感情、巩固关系的作用,就要看谈话过程是否令人愉快。如果想掌控谈话过程,让谈话有令人满意的氛围,就要抛开自己潜在的“自我中心”意识,探索对方的兴趣点。假设别人喜欢体育运动,你就可以多跟他聊聊运动项目、体育明星、体育比赛之类的话题。如何判断你提起的话题对方是否感兴趣呢?你可以注意他的非语言信息,尤其是听众体态部分。如果对方很感兴趣,其语调会升高,身体会前倾。当发现这些听众体态时,你就大可不必担心对方不喜欢你的话题。但是如果对方不感兴趣,直接的表达就是打呵欠、视线不再朝向你或者朝向你的时间急剧减少,这时要么转变话题,要么结束这次谈话。适当时候,也可以多提对方的名字,表示关注。记住对方的名字,交谈中多提对方的名字,可以让对方感到你是尊重他、重视他的,相应地他也会重视你。

2. 学会赞同和赞美

人际交往中的语言运用是一种双向表达,不只是把自己的想法表达清楚,还需要考虑怎样让对方对自己感兴趣,并根据对方的反馈调整自己的讲话内容和方式。适度的赞同和赞美可以给人知己感,满足人们被欣赏的心理需要。“良言一句三冬暖”,一句真诚的赞美会为他人提供极高的情绪价值。在人际交往中,我们要学会发掘对方的闪光点,让他感受到你对他的欣赏,这样他会更喜欢和你在一起,更愿意做使你满意的事情。

知识拓展 6-3

赞美的运用

寻找与对方贴切的赞美点，这会使赞美显得真诚，更容易让对方接受。而且赞美点越是具体，赞美的效果越好，切忌夸大其词、虚伪做作。

我们可以从以下三个方面寻找赞美点：

(1)外在层面：穿着打扮（如眼镜、鞋子等）、体型、外貌等。如“你最近健身很成功，体型更匀称了”“你的头发很柔顺”。

(2)内在层面：能力、经验、特长等。如“你的演讲能力很强，说话有条理、有逻辑”“你说话很有感染力，别人容易信任你”。

(3)与个人间接关联层面：对方的谈吐、养的宠物、让人愉快的具体行为等。如“感谢你分享的学习资料，对我提高英语写作水平很有帮助！你很善于助人！”“你的问候让我觉得很温暖”。

---

3. 一致性的沟通

一致性的沟通要碰触自己的心，了解自己真正的感受和渴望是什么。在沟通时，不贴标签，不指责别人，不逃避问题，不说道理，单纯直接地表达切身感受，在表达了感受后，你可以直接表达你的期望。我们经常认为“对方应该知道我怎么想”，但事实证明并非如此，所以，办法就是从表达自己开始，说出自己真正的感受和内心深处的期望。

例如，你得知朋友做了一件很危险的事情，等他回来后你劈头盖脸地就是一句“你干吗去了？你就是个自大自私的人，一点都听不进别人的劝告”。想象一下朋友对这样的话会做何反应，你们很可能因此闹得很不愉快。但是，作为关心他的好友，你真正的感受是什么呢？是担心、焦虑、伤心。那么，你可以运用一致性沟通的说话方式，将责问换成“你去做那件事，我很担心你，觉得难过，我期望你能够安全，期望你能够多考虑我的建议”。作为朋友，感受又会如何？

4. 学会拒绝

一个“不”字说起来容易，做起来难。生活中有一些人，对人亲切、和善，特别好说话，有求必应，但当需要拒绝别人的时候，不敢说“不”，怕得罪人，于是勉强答应，但又违背自己的心意。要知道，拒绝做一件事情并不等于拒绝这个人，只对事不对人，否定事件不等于否定人。拒绝不能用指责的方式，要态度温和而坚决，而不能生硬。既要尊重自己，也要尊重别人。

说“不”，实际上是在给我们自己树立一个人际边界，在人际交往中，并不是所有的事情都应该答应对方，做朋友不意味着要当“好好先生”、事事迁就对方，平等、相互尊重才是维持友谊长久的秘方，如果对方是值得交往的朋友，绝不会因为你的拒绝而远离你。

知识拓展6-4

拒绝的运用

拒绝是一门艺术。为了长远地、真诚有效地发展人际关系，在我们做不到的时候，我们要有果断说“不”的勇气，这样的拒绝不会使你失去朋友，反而会让朋友觉得你诚实、可靠。但是，在表达拒绝或否定的时候，一定要尊重对方，用语要适当、得体，让对方容易接受，应该注意以下问题：

(1)耐心倾听请求者说出要求。

(2)如果无法当场表达接纳或者拒绝，则要明白地告诉请求者自己需要时间考虑。

(3)拒绝时，温和而坚定。

(4)真诚地向请求者说明拒绝的理由。

(5)表明拒绝的是对方的要求，而不是对方本人。

(6)站在对方的角度，为对方提供其他可行途径。

---

5. 学会批评的艺术

人际交往中，有时候他人的观点可能是错误的，或者对方曾经做过错误的事情，这个时候你应该委婉地提出来。批评对方并不是要伤害对方的感情或者侮辱对方的人格，而完全是希望对方改正缺点，从而获得进步和提高。批评不要当着外人的面，可以私下沟通。先肯定，再用协商式的口吻讲述问题，不应用命令的语气，要避免人身攻击，要就事论事，不要“翻旧账”。推荐使用“三明治效应”：第一层是积极肯定对方的优点或过往做得好的地方，中间层是针对某件事的批评建议或不同观点，第三层是再次表达鼓励、信任、支持和帮助。

心理案例6-8

有位同学没有认真对待小组作业，你想使用“三明治效应”表达意见和建议。第一步，先夸奖和肯定：“你速度很快，非常及时地完成了小组任务。”第二步，表达建议和不同看法：“你列举了两个例子，略微有点单薄，如果再加一个理论阐述就更好了。”第三步，表达鼓励和帮助：“我有本书，里面写了几个理论观点，你可以挑一个自行阐发，你肯定能做好的。”

（六）注重非语言艺术

心理学家经过研究发现，在一个人给别人的整体印象中，视觉因素（含肢体语言）占 55%，声音占 38%，而语言仅占 7%。也就是说，在人际交往中，你的声音、肢体语言，要比你具体说什么话更能影响别人。由此可见，人与人之间的沟通是否成功不仅取决于语言的表达是否准确，更取决于彼此能否准确接收、回应非语言信息的意义。肢体语言或者说无声语言的影响力大于有声语言，而且更真实，更难以伪装。我们在日常生活中不仅要留心观察和总结别人的声音、面部表情和肢体语言等非语言信息的意义，还要了解自己的非语言信息的特点。在人际交往中如此“明察秋毫”，我们的沟通才会更顺畅、有效。非语言信息往往会透露真实的想法。如果你在交谈中一边说很有兴趣，一边不时看看手表或者出现走神的状况，对方会更相信你的肢体语言表达的意思，而不是你口中所传达的信息。

课堂互动 6-7

了解自己的沟通状况

（1）你对哪些情境中的沟通感到愉快？
（2）你对哪些情境中的沟通感到有心理压力？
（3）你最愿意与哪些对象保持沟通？
（4）你最不喜欢与哪些人沟通？
（5）能否经常与多数人保持愉快的沟通？
（6）你是否常误解别人，事后才发觉自己错了？
（7）你是否与朋友保持经常联系？
（8）你是否经常因懒惰而不给别人打电话？

6.4　人际交往中的亲密关系

知识拓展 6-5

反映青年爱情生活的诗歌《关雎》——“关关雎鸠，在河之洲。窈窕淑女，君子好逑”，唱出了渴望爱情的青年男女的心声。这一种爱恋，既有真实深厚的情感，又表达得含蓄而有分寸。

一、人际交往中对爱的需要

人有被爱的需要，亲密关系会为我们提供情感的安全与温暖。依恋理论认为，早期亲子关系的经验形成了人的“内部工作模式”，这种模式是人的一种对他人的预期,会在以后的其他关系,特别是成年以后的亲密关系和婚恋关系中起作用。所以说,成人恋爱关系与“婴儿-照看者”关系一样,也是一种依恋,童年的依恋模式影响着亲密关系中的依恋模式。所以,对于爱,我们有着自己的期待和渴望是正常的。尤其是进入大学的我们,似乎被爱情的神秘与浪漫吸引着。然而,由于缺乏丰富的社会阅历和人生经验,我们对爱情的认识难免存在局限性、盲目性。

心理学家曾将人们眼中的爱情区分为成熟之爱和童稚之爱,认为只有成熟之爱才是真正的爱。成熟之爱的含义是“因为我爱你,所以我需要你”,童稚之爱的含义是“因为我需要你,所以我爱你”,完全不同。当你正在追求某一个喜欢的人时,或者当你正在享受爱情的甜蜜时,请认真问自己两个问题:我为什么爱他?我是爱他本身,还是仅仅希望他满足我的某种需要?唯有真诚面对,真心付出,才能收获真爱。

二、爱的“天时”与“地利”

心理案例 6-9

到了大学没多久,小 G 和室友们就发现身边多了一些“成对”的伙伴,看了让人好生羡慕。室友们讨论着“要是大学不谈场恋爱,似乎很遗憾呀,怎么也得凑一对呀!”大家意见不一,激烈地讨论着。

同步思考

你对大学中的恋爱怎么看?

大学阶段正处于向往纯粹爱情的阶段,如何拥有这样的爱情?如何经营好爱情?以怎样的状态迎接属于自己的爱情?这些需要我们深入思考。

一方面,我们需要从交往的艺术中,学习相关的人际沟通方法,提升个人魅力;另一方面,面对爱情,我们需要提升自己爱的能力,以最好的状态,迎接无限的可能。

(一)为爱而储存爱——自爱

爱的能力是指和他人建立亲密关系的能力,爱的能力首先要看我们的内在储存了多少爱。如果一个人内在是干枯的,没有爱可以付出,那他就缺乏爱的能力,无法给予他人健康的爱。只有具备了爱的能力,从自爱开始,逐步体会到付出爱会给人带来快乐和幸福,才会拥有理想的爱情。

(二)运用吸引力法则

吸引力法则大意是:人的生活由其自身的思想吸引而来。人会吸引和自己同频的人，你是谁，很大概率上，就决定了你会遇见谁。所以，修炼自己，才能与优秀的人在顶峰相遇，遇见与你匹配的另一半。

（三）爱的表达与拒绝

面对爱的萌动，我们会犹豫、纠结和踌躇，这都是正常的反应。在这个时候，给自己些时间，可以让自己更理智地处理这种萌动。在表白之前，你需要问问自己的内心：我真正了解他/她的全部吗？我爱的是真正的他/她，还是内心幻想的王子/公主？我的爱是基于什么样的需要？如果你对这些问题都有清晰的答案，或许可以尝试表白。如果你并不真正了解他/她，你对他/她只是有朦胧的爱意，建议你多去接触和了解他/她，只有当你真正了解了一个人，你才能知道这个人是否适合你。

主动表白需要勇气，需要选用恰当的方式和语言。表白自然会有两种结局，我们需要明白，被拒绝不代表自己不好，只是还未遇到适合的、懂得欣赏自己的伴侣。

当别人抛来爱的“绣球”时，并不是所有的人都有勇气接受。有的人因为对自己有过低的评价，会觉得自己配不上对方；有的人则因为认为自己不值得被爱，而不敢接受爱情；还有的人因为怕失去而不敢接受爱情。其实，每一个人都值得拥有一份真爱，如果你也爱他/她，那就勇敢地接受吧！如果你觉得对方不适合，请善意地、明确地拒绝，并真诚感谢对方的欣赏。

三、爱情进行时

面对爱情，人们渴望一直“保鲜”，希望长相厮守，这就需要了解爱的发展阶段，学会处理爱情中遇到的问题，做好爱情的经营者。

（一）爱情发展的阶段

1. 浪漫期

浪漫期即热恋期，是一段令人兴奋的时光。陷入热恋中的人们觉得自己充满能量，具有极大的热情和活力，并且感觉整个世界都变得更加明亮。在这一阶段，人们有着明确的目标感，对生命充满热情，愿意去做不寻常的事，每一刻都觉得新鲜，憧憬一切美好的可能。浪漫期就犹如生命的香料，为生活添加了幸福的味道。但是，在浪漫期中人们对这段关系投入了许多希望和期待，往往只看到对方的优点和长处，常常会被幸福“冲昏头脑”，忽略对方的缺点和不足。

2. 权力争夺期

在浪漫期的两人会各自“包装”，不一定真正了解彼此，但随着时间的推移，彼此熟悉之后,就会逐渐看清彼此的本性。此时内心可能会说:“我要努力改变他/她,让他/她变成我想要的样子。”这表示关系进入了权力争夺期。此阶段中,人们通常试图改变对方,试图把伴侣推入设计好的角色,使对方符合自己心目中伴侣应有的形象。他们常常觉得自己的动机是为对方好。一般来说,权力争夺期始于温和的劝告,催促对方改变,但对方当然不会照单全收,于是便会出现矛盾和冲突。权力争夺期的冲突本身并不全是坏事,通过权力争夺,双方会看见以前没看见的部分,会因此得到许多学习的机会。争吵可能会造成破坏,但如果双方能够真诚沟通和分享,就能脱离权力争夺的牢笼,承认彼此的差异,放弃控制对方的企图,那么关系将会向和谐的方向发展,也可以更进一步认识自己和对方。当然,有些伴侣为了避免更多的争吵、分歧和失望,也会决定放弃,走出权力争夺,选择结束一段恋爱关系。

3. 整合期

伴侣在经历浪漫期的错觉和迷失,度过权力争夺期的风暴之后,常常发现两人的关系更加稳定了,对彼此的了解也达到了一定的程度,能以更包容的眼光看待彼此,能进行新的冒险,此时便会进入整合的阶段。在整合期,双方开始学习如何相处,他们不再试图控制、改变或责备对方,而开始怀着兴趣和好奇倾听对方。整合期的工作是让关系更深入,建议伴侣每天花一段时间分享自己的观点、想法、感受和经验,了解彼此的世界。整合期的伴侣可能意见不合,但不必争辩谁对谁错,而是接受彼此的差异,即使观点不同,仍要好好相处,这是逐渐接纳自我和他人的过程。

4. 承诺期

一旦伴侣在整合期达到某种程度的稳定,就会投入积极而有意义的对话。他们对自己和对方的了解都更深入,彼此的关系也越来越稳固。这时已不需要任何人做出改变,双方越来越了解和容易接纳彼此。这时双方就会迈入下一个阶段:承诺期。关系就像老房子,需要维护和照料,否则就会出问题。彼此承诺以积极分享、诚实、坦诚的态度处理任何状况,能使关系保持健康状态。就像花园需要除草、浇水、施肥,人与人之间的关系也需要持续不断地照料和维护。只要彼此有真诚的关怀和好奇,并愿分享自己,双方才能展现更真实的自己,使关系更加密切。

承诺意味着愿意献身于选定的活动或目标,承诺的双方能够一起经历暴风雨,持续成长、发展、深入。在承诺中运用意志,可以发展出强壮、成熟的自我,同时,关系也会随之成长。

5. 共同创造期

关系周期的最后阶段就是共同创造期。到达整合期和承诺期时,双方对自己和对方的力量、弱点、愿望的了解会不断深入。由于信任双方的承诺,双方能够投入真诚的合作，不论一起做什么，都会成为创造的过程。在共同创造期，伴侣充满了原创力和活力，努力达到和谐、一致，当他们一起投入一件事时，无论是跳双人舞，或是一起参加活动，他们的互动都是流畅的，不论遇到什么问题都会携手积极解决，这让周围的人羡慕、憧憬。

6. 周期的循环

双方在共同创造阶段有充足的自由，生命充满可能性，两人的力量强大到足以实现梦想和愿望。而且，彼此能欣然接受新的想法，并运用新奇的方式来处理问题。简言之，他们是开放的，准备好进入下个阶段，就是重返浪漫期。

由于先前各阶段的学习，他们已累积了许多经验，所以接下来的浪漫期不再是无知的。周期的循环是一种立体的螺旋式发展过程，充满了生命力和创造力。重新开启新浪漫期的人，会进入前所未知的领域，对未来充满期待。在这种扩大的视野中，双方能学到更多东西并能很快地进入新的整合期，不断增进对自己和对方的了解，然后来到新的承诺期与共同创造期。在循环的过程中，其关系也在不断地重生、更新。

知识拓展 6-6

爱情的社会学形态理论

社会学家将男女之间的爱情分成六种形态：情欲之爱、游戏之爱、友谊之爱、依附之爱、现实之爱及利他之爱。

(1) 情欲之爱：建立在理想化的外在美的基础上，是浪漫、激情的爱情。其特点是一见钟情，以貌取人，缺少心灵沟通，热烈而专一，靠激情维持。

(2) 游戏之爱：视爱情为一场让异性青睐的游戏，并不会将真实的情感投入。这种爱情常更换对象，且重视的是过程而非结果，不承担爱的责任，寻求刺激与新鲜感。

(3) 友谊之爱：指如青梅竹马般的感情，是一种细水长流型、稳定的爱。这种爱情以友谊为基础，能够协调一致解决分歧，是融洽、温馨和共同成长的爱情。

(4) 依附之爱：对于情感的需求非常大，易妒忌、猜疑，在恋爱中情绪不稳定。这种爱控制对方情感的欲望强烈，想要将两人牢牢地捆在爱情这条绳索上。

(5) 现实之爱：会考虑对方的现实条件，以期让自己的酬赏增加且减少付出的成本的爱情。这类爱情，理性高于情感，是受市场调节的现实主义。

(6) 利他之爱：带着一种牺牲、奉献的态度，追求爱情且不求对方回报。“自我牺牲”型爱情是无怨无悔、纯洁高尚的。

（二）爱情中的自我意识

对于爱情的理解，仁者见仁，智者见智。有人认为爱是奉献，有人认为爱是改变。需要清楚的是，在爱情中彼此都是独立的，依然要爱自己、做自己。真正的爱，一定是尊重彼此的，不是以自我为中心，不是强加控制，也不是委曲求全。同时，需要了解自己对爱的内在需求。在爱情中，我们寻找的不仅仅是一个伴侣，更是一个能够满足我们情感需求的镜像。这个镜像反映着我们的喜怒哀乐，回应着我们的期待和渴望。通过对方，我们得以更加清晰地认识自己，探寻自己的内在需求，理解自己，实现自我意识的延伸。

（三）爱情中的心理效应

1. 心理距离效应

心理距离效应也叫“刺猬效应”，它来源于一则寓言。在寒冷的冬天里，两只刺猬要相依取暖，一开始由于距离太近，各自的刺将对方刺得鲜血淋漓，后来它们调整了姿势，拉开了适当的距离，不但互相之间能够取暖，而且很好地保护了对方。它强调的是爱情中的心理距离效应。

2. 投射效应

以己度人，认为对方也应该有和我一样的感受、情绪和认知。在亲密关系的相处过程中，因为投射效应的影响，总是不自觉地想让对方去做自己喜欢做的事情，和对方讨论自己喜欢讨论的话题。但是，我们喜欢的事情、喜欢的话题，或许在对方看来，是索然无味的。长期要求对方喜欢自己喜欢的事或物，结果只有两种，一是让对方变成另一个自己，二是让对方因此反感，最终远离自己。爱情中，完全同化一个人的可能性是非常小的，也不公平，所以更多的可能是导致对方产生厌烦感。

3. 其他心理效应

在爱情中，我们还会受到其他一些心理效应的影响。如逆反效应 ，把应对困难的力量，理解为爱的力量。很多青春期的喜欢，在一些“不支持”的因素影响下，反而更加坚定。光环效应，在恋爱初期爱屋及乌，只看到对方好的地方。还有透明度效应，认为对方应该感受到自己的任何反应，如果猜不透自己的想法，就是不够爱。需要了解的是，我们表达出的信息和对方收到的信息都远远少于我们的期待。我们以为自己的情绪变化都是摆在脸上的，并且别人能看出来，其实多数情况下是不正确的。我们面部的表情不能完全表达出自己的情绪变化,在脸上呈现出的信息都是模糊的,别人可能无法准确分辨。

(四)运用爱的语言表达爱

每个人都是独立的个体,成长于不同的家庭环境,对爱的需要方式各不相同。付出爱,要以对方需要的方式去表达。

(1)肯定的言辞:指对另一半说一些赞扬、欣赏、鼓励、肯定、安慰的话语。有时候,给对方一些肯定的话语,往往会激发对方极大的潜力,尤其是对那些安全感弱、有自卑情绪的人来说,肯定的言辞让他们感觉到被人欣赏,有利于关系的维持和促进。

(2)有意义的时刻:其中心意思是"同在一起",不单单指接近,而是花些时间待在一起,给予对方全部的注意力,彼此倾听、彼此倾诉。找一段彼此空闲的时间,静下心来,将自己最真实的想法告诉对方,同时,也全神贯注地倾听对方的想法,实现高品质的陪伴。

(3)精心的礼物:这是最容易学习的爱的语言之一,礼物是一件能够提醒对方"我在意你"的东西,可以是简单的一张卡片,也可以是一朵鲜花。除了具体的礼物,当对方遇到困扰需要安慰时,及时地陪伴在他/她身边,给予理解和支持,就是最好的礼物。

(4)服务的行动:指做对方希望你做的事情。借着替他/她做事,使他/她开心,以此表示你对他/她的爱恋。这对发展彼此的亲密关系、化解冲突至关重要。

(5)身体的接触:人生来就有被人爱抚的需要,牵手、拥抱等身体接触是最有力的表达爱的方式。

(五)正确认识性与爱

1. 纠正性认知偏差

性是正常的心理需求,是人类存在和延续的基础,但性不是随便的、放纵的,滥性是不可取的,尤其是处于青春期的青少年,应当懂得自制,严肃对待性行为,审慎思考性行为可能给自己以及对方造成的后果,清楚自己要承担的责任,慎重地做出性行为的决定,为自己未来的幸福加分。需要注意的是,性不是证明爱的方式,性本身并不能创造美好的关系。期待以性提供或得到一个承诺是不可能的,那些为了寻求亲密和接纳而与别人发生性关系的行为是不可取的。时刻谨记,懂得珍惜自己的人,才会被别人珍视。

2. 维护性健康

如果选择发生性关系，需要了解相关的健康知识和安全措施，如果出现意外，需要了解如何应对以及可以求助的人或正规机构。同时，要认识和预防艾滋病，艾滋病主要的传播途径是性接触传播、血液传播以及母婴直接传播，其中性传播是最主要的。

知识拓展6-7

爱情账户

我们期待两个人之间的爱能永存，可以运用“爱情账户”进行比喻。两个人确定了恋爱关系就相当于每个人在对方心里设立了一个爱情账户。当我们在爱情中遇到问题，就说明在支出或消耗账户中的爱。如果只取不存，必将透支。我们需要思考如何在爱情账户中“存钱”。其中，一个很重要的原则就是要让对方感受到爱。

每一次让对方开心、让对方感受到爱都是在对方的爱情账户中“存钱”；每一次让对方痛苦，就是在从对方的爱情账户中“取钱”。所以，想拥有满意的爱，需要不断努力，用爱填满爱的账户。

同步思考

在你与恋人的相处中，你会有哪些“存钱”的行为和“取钱”的行为？

四、当爱已成往事

爱情的历程中总有些路是我们无法走通和到达的，这时候需要勇敢地选择放弃。爱，最重要的是对彼此的滋养。如果一段恋情经历各种冲突与努力依然无法走向整合，反而成为彼此的障碍，那么分手也是一种智慧的选择。

（一）分手后的痛苦与恢复

爱与被爱是一种能力，结束关系也是一种能力。结束一段恋爱关系时，要一个人接受自己曾经相信的、坚持的感情已经变化，曾经亲密的人要成为陌路，一定特别艰难。因此，分手的人都会经历痛苦。

在生理方面，分手初期，只要一想起曾经的恋人，大脑的几个关键部位就会兴奋起来，使他们难以放弃恋人。但是，不同的人面对失恋会有不同的反应，从痛苦中解脱的速度也有所不同，这既与儿时依恋有关系，也与每个人的气质类型有关，还取决于对自己的评价和看法。能够看到分手积极的一面是非常难能可贵的，结束一段不合适的关系，也意味着开启新的征程。

知识拓展 6-8

失恋的应对

(1)端正爱情观：失恋是正常现象。每个人都有追求他人和接受他人的权利，也有拒绝他人的权利。

(2)失恋不等于失败。看一看你在这段感情中是否做到了两点：第一，你更加了解自己的需求;第二，你学会了爱自己、爱别人。 如果你做到了这两点，你的恋爱就是成功的。

(3)升华情感。将精力投入学业、事业以及对生活的热爱中，以补偿失恋后的空虚与痛苦。文学巨匠歌德失恋后将内心的痛苦升华，写出世界名著《少年维特的烦恼》并轰动全世界。

(二)如何分手才不伤害对方

1. 分手最好当面提出

一些想要结束关系的人认为通过发短信、发邮件甚至是在社交网站上留言的方式提出分手与当面提出相比,会没有那么残忍。但这种远程发送的分手信息实际上会给对方留下心理创伤,因为当对方得不到任何解释的时候,就会花很多时间思考自己究竟做错了什么,这些苦思冥想可能造成心理伤害。

另外,面对面的交流方式具有安抚的功能。在面对面的交流中,对方可以体验到很多非言语暗示,让他们知道自己实际上还是值得被爱的,例如拍拍对方的肩,说“你仍然是一个很好的人”。

2. 提出分手要维护双方的尊严

做好准备,坦诚解释,哪怕是很短的一句话,告诉对方这段关系为什么不能继续下去。感谢彼此共同度过了美好时光,这样可以表达你对对方内在价值的肯定,从而维护对方的尊严。肯定对方的优点,真诚祝福对方。

3. 表达明确,界限清晰

对于被分手的人来说,加快情感创伤的愈合,最好的方式就是接受这段关系已经结束的事实。建议双方在短期内不要再进行任何接触,包括通信和打电话。不要为了缓冲分手对心理的打击,继续“以朋友的角度”关心对方,以免产生误解,阻碍彼此开始新的感情生活。

(三)重拾信心

结束一段长期的恋情,经历一个哀伤期是必然的。但我们要认识到,每个人都是独立的个体,分手后依然可以很好地生活。爱情并没有错误,分手对两个不合适的人来说,也是一种机会。爱的过程不是寻找最爱,而是寻找最合适的爱。相信适合你的人也在等你,充实自己,重拾信心,以更好的状态迎接未来。

思考

1. 在人与人的交往中，你比较注重什么？是人品、外貌、家庭、性格，还是其他方面？为什么？

2. 面对爱情，有的大学生既期待，又害怕。请分别给在爱情不同阶段（等待爱情、经历爱情、面对分手）的同学一些建议。

□心理素质拓展实践

拓展任务:心有千千结

一、拓展目标

1. 素质提升目标:挖掘内在心理力量。

2. 能力提升目标:从心理学视角看待自己以及身边的人和事。

3. 实践能力目标:提升助人及自助的实践能力。

二、拓展任务及实施过程

1. 准备阶段:将全班学生分成若干个小组,每组 10~12 人,让每组成员手拉手围站成一个大圆圈,记住自己左右手分别相握的人。

2. 活动阶段:

第一轮:在节奏感较强的背景音乐中,大家放开手,随意走动,音乐一停,脚步即停。平移找到原来左右手相握的人并将手分别握住。小组中所有参与者的手都彼此相握,形成了一个错综复杂的结。在节奏舒缓的背景音乐中,主持人要求大家在手不松开、保证安全的情况下,用智慧的方法,将交错的结解开,解结过程中,可以采用各种方法,如跨、钻、套、转等,但是不能放开手。最后还原成最初的大圆圈。

第二轮:两个小组的成员合并,围成一个大圈,按第一轮的操作重复进行一次。

第三轮:全班学生围成一个大大的圆圈。按第一轮的操作重复进行一次。

3. 分享阶段:全班交流,分享感受。

微课

第6章
拓展实践说明

三、拓展小结

通过活动,学生可以体验人际交流与合作的力量与快乐,感受个人与集体的关系,体验个人对团队的信任与责任。

学生分享此次实践活动的感悟。

____

____

____

____

□学习反馈单

一、自我评估反馈表

学习反馈项目	自评	改进措施
课前准备情况	优 良 中 差	
课上学习专注度	优 良 中 差	
与教师互动情况	优 良 中 差	
对内容的理解程度	优 良 中 差	
完成学习任务的品质	优 良 中 差	
知识与实践的结合运用情况	优 良 中 差	
课后反思情况	优 良 中 差	

二、问题反馈

1. 通过自我觉察,你是否产生了与课程内容相关的困惑,请具体说一说。

2. 通过学习,结合身边的人或事,你有哪些感悟?

3. 通过学习,你对自己当下的情境有哪些新的认知?

4. 通过学习,你对自身有哪些具体规划?

5. 如果有机会,你希望深入学习和探讨与本次课程相关的内容吗?

学习者签字: 日期: 年 月 日

指导教师签字: 日期: 年 月 日

第7章 掌握挫折与压力应对方法

学习目标

1. 能够理性面对挫折与压力。
2. 了解应对挫折和压力的基本方法。
3. 提升抗逆力与耐挫力,增进身心健康。

本章导读

苦难和挫折,有时会给人以挫败感,但也可以激发人的斗志和潜能。大自然中的河流轨迹,多是弯弯曲曲的。抵达大海之前需得经过千回百转的磨炼,大江大河如此,人的成长成才亦然。"有志者事竟成",让我们通过学习,正确地对待困难和挫折,让挫折和困难避免成为前进路上的"绊脚石",而成为迎来人生转折机遇的"垫脚石"。

人生没有一帆风顺,挫折在人的成长中不可避免,也必将带给人一些影响。面对突如其来的挫折,有的人一蹶不振,有的人却可以更加成熟有力。直面挫折,学习应对挫折的心态和方法,我们必将战胜挫折。

心理案例 7-1

小 I 的苦恼

小 I 是班里成绩最好的学生，平时他对自己要求严格，学习勤奋刻苦，要强好胜，对自己期望很高，具有远大的抱负，学习成绩专业排名第一，这使他感到非常自豪。假期的实践锻炼他积极报了名，可是因一次意外，自己有了腿伤，没有办法参加。而后，当他看到同班的几个学习成绩远不如他的同学经过假期实践锻炼，成长飞速，更受到关注和喜爱时，心里很不是滋味，强烈感到自己已落后于人，苦恼不已。

同步思考

1. 你能理解小 I 的感受吗?
2. 你会给小 I 什么建议?

7.1　了解挫折和应对挫折

心理案例 7-2

蝴蝶的蜕变

草地上有一个蛹，被一个小孩发现并带回了家。过了几天，蛹上出现了一道小裂缝，里面的蝴蝶挣扎了好长时间，但是它的身子似乎被卡住了，一直出不来。天真的小孩看到蛹中的蝴蝶痛苦挣扎的样子，十分不忍，于是就拿起小剪刀把蛹壳剪开，帮助蝴蝶脱蛹而出，结果蝴蝶死了。蝴蝶的死源于错过了成长的必要过程。蝴蝶必须在蛹中经过痛苦的挣扎，直到它的翅膀强壮了，才会破蛹而出，否则，它很快就会被环境吞噬。

一、挫折的含义

“不经历风雨,怎能见彩虹”,在生活中,挫折常指挫败、阻挠和障碍。在社会心理学和行为科学中,挫折指的是一种情绪状态,是人们在某种动机的推动下,为实现目标而采取的行动遭遇无法逾越的困难障碍时,产生的一种紧张、消极的情绪体验和情绪反应。

挫折包含三种成分:

(1)挫折情境:阻碍个人行为的情境,比如考试失利、贵重物品丢失、受到嘲讽等。

(2)挫折认知:个人对挫折情境的认知、态度和评价,如有的人认为失败乃成功之母,一次失败不代表什么;有的人却认为一次失败就说明自己是一个彻底失败的人,以后也不会成功。

(3)挫折反应:由个人在挫折情境下所产生的烦恼、困惑、焦虑、愤怒等负面情绪交织而成的心理感受,即挫折感。

在以上成分中,挫折认知是核心成分。挫折反应的性质及程度主要取决于个人对挫折情境的认知。一般来说,挫折情境越严重,挫折反应就越强烈;反之,挫折反应就越轻微。但是,只有当挫折情境被主体感知时,才会在个人心理上产生挫折反应。如果出现了挫折情境,而个人没有意识到,或者虽然意识到了但并不认为很严重,那么也不会产生挫折反应,或者只产生轻微的挫折反应。挫折的反应机制见下图。

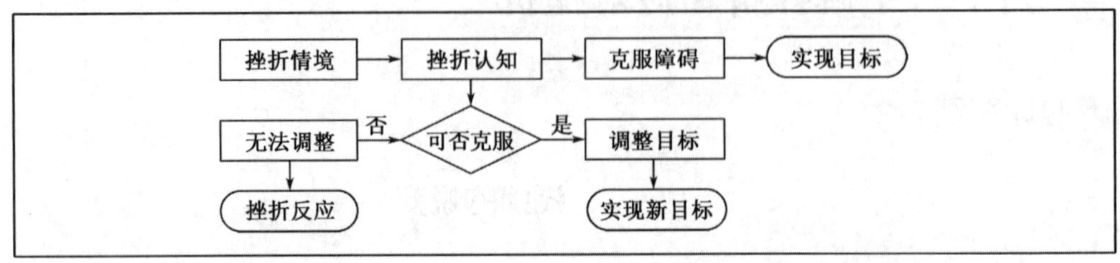

正确地认识挫折并不是一件容易的事情。当一个人处在旁观者的位置,看到别人的遭遇时,自己或许有时还能做出一些较为正确的分析,而当挫折降临到自己的头上时,要能做出正确而清醒的认识就很不容易了。在挫折情境中许多不理智的反应、不正确的行动,都与缺乏对挫折的正确认识有关。我们需要看到,挫折会给人以打击,带来损失和痛苦,但也能使人奋起、成熟,从中得到锻炼。挫折既有消极的一面,又有积极的一面。

二、应对挫折的心理防御机制

课堂互动 7-1

心理防御机制的自我觉察

一个人的成长过程中，或多或少会有遭遇挫折的经历。在你的成长经历中，遇到挫折时，你通常是如何应对的？在应对过程中，你学到了什么？

一个人在学习、工作、生活等方面遇到困难、遭受挫折或陷入困境时,往往会伴随着烦恼、痛苦的情绪体验。通常情况下,人们会不自觉地采取一些应对方式,使波动的情绪获得平复,以解除精神上的痛苦、烦恼和不安。这种有意或无意处理当前的困境和挫折,寻求摆脱心理压力、减轻精神痛苦、恢复正常情绪和心理平衡的自我调节及自我保护的应对方式,就是心理防御机制。

心理防御机制是一种本能的应对方式,可以使人暂时忘记痛苦和不安。但是一个人如果过多地采用消极的心理防御机制逃避现实,而不是用积极的应对方式解决矛盾,就会使自己陷入更深的困境,产生更多的痛苦和不安。人在紧急情况下会有以下心理防御机制。

(一)坚持

坚持指个人发现目标难以达到,要求自己做出加倍努力,并要求自己通过不断努力,使目标最终实现。例如,电影《阿甘正传》中的主人公智商不高,他面对挫折的方法是忽视它,坚持不懈地努力实现自己的目标,最终他赢得了人们的尊重,赢得了自己的事业,也获得了自己的幸福。正如有的学者所说:成功就在最后的坚持之中。

(二)投射性认同

投射性认同指个人在现实生活中无法获得成功时,将自己比拟为某一成功者,借以在心里减轻挫折产生的痛苦;或者迎合能满足自己需要的人,按照他们的希望支配自己的思想、行动,以此冲淡自己的挫折感,求得内心的满足。例如,大学生常以一些历史名人、科学家,或小说中的正面人物、老师甚至同学作为自己效仿的对象,建立自己心中的榜样,并进行积极的自我激励与自我暗示。

(三)补偿

补偿指当个人行为受挫时,或个人因某方面的不足而使目标无法实现时,往往以新的目标代替原有目标,以其他方面的成功补偿因失败而丧失的自尊与自信。这就是人们常说的"失之东隅,收之桑榆"。如某大学生评选班干部失败,没有机会表现自己的能力,于是便努力使自己的成绩名列前茅。又如,某大学生恋爱失败了,便积极参加文体活动,用活动中取得的成绩补偿失恋的痛苦。

(四)升华

升华指个人用一种比较崇高的具有创造性和建设性的目标作为替代,借以弥补因受挫而丧失的自尊与自信,减轻痛苦。升华是积极的行为反应,从古至今演绎出绵绵佳话,如屈原遭放逐而赋《离骚》,左丘失明而写《左传》,孙膑受刑而修《孙膑兵法》,司马迁受辱而著《史记》。如,某大学生失恋之后,发奋读书,最终取得了好成绩,获得了国家奖学金,他的行为就是将失恋的痛苦升华为进取的动力。

(五)合理化

合理化也称文饰,是用一种自我能接受的理由代替自己行为的真实动机,以避免精神上的痛苦。在日常生活中,人们经常用合理化减轻痛苦和不满。常见的合理化形式有两种:酸葡萄效应和甜柠檬效应。

1. 酸葡萄效应

当自己希望达到的目标没有实现时,个体就否认该目标的价值和意义,编造一些"理由"自我安慰,以消除紧张,减轻压力,使自己从不满、不安等消极心理状态中解脱,以此消除自己的痛苦。如,吃不到葡萄,为了安慰自己,便说葡萄是酸的。

2. 甜柠檬效应

在达不到事先预定的目标时,个体以抬高现实的价值和意义减轻内心的痛苦。如:吃不到葡萄的人说自己更喜欢吃香蕉;没考上理想大学的人反过来说“幸亏没上那个大学,否则压力肯定很大”;考研失利的人说“幸亏没考上,早工作,早挣钱,要真考上了还得穷三年”;等等。

(六)转移

转移也叫置换,指对某些对象的情感、欲望或态度,因不合社会规范而难以直接表现出来,所以转移到一个安全的、被社会接受的对象上,从而减轻个体心理上的不舒服感。转移有正面的,也有负面的。

(1)正面转移:如一个人在孩子去世之后,到孤儿院倾心照顾那些孤儿,把痛失自己孩子的悲伤转化成关爱其他孩子的爱心。

(2)负面转移:如一个学生上课时玩手机,被老师当着全班同学的面严厉批评,当时不舒服但又不能顶撞老师,下课后因为一件小事便对女朋友发火,而女朋友回到寝室拿起自己的布娃娃一顿狂打。

(七)幽默

幽默是积极的行为反应,表现出的睿智与从容,不是所有人都能达到的,必须有积极的生活态度。这种幽默不是拿别人开玩笑,而是自嘲。一个人要是会自嘲了,说明他的心理就成熟了,也说明他认识了自己,社会适应能力增强了。例如,一位歌手在演唱会上突然忘词,他笑着对观众说:“看来今天我是个忘词的歌手,希望大家给我点鼓励,让我找回状态。”

(八)压抑

压抑指把不愉快的经历和体验抑制到潜意识中,不去回忆,主动遗忘,以免产生焦虑、恐惧、愧疚的过程。有些遭遇极度悲伤或恐惧事件的人,会把那些痛苦的经历“遗忘”,无法回想当时的情境和发生的事件。被压抑的冲突、紧张或经验并没有真正消失,而是处于潜意识里,常常会以梦境、口误、笔误等形式表现出来。适度的压抑有利于情绪的调整,但长期的压抑会导致更强的挫折与心理不适。

(九)退化

退化又称回归、倒退,指当个人受到挫折时,往往表现与自己的年龄、身份很不相称的幼稚行为,或盲目地轻信他人、跟从他人等。表现这种行为的人往往对自己缺乏信心,看不到自己的力量,像孩子一样依赖他人,多指大人出现小孩状。如某大一学生刚入校,参加学生会干部竞选失败了,感到很委屈,无法理智看待和分析这件事,不吃饭,也不上课,整天蒙头大睡。如果经常采用倒退方式应对困难和挫折,就会妨碍个人的成长。

(十)逃避

逃避指遇到挫折后,不敢直接面对,而逃避到比较安全的环境中的行为。逃避有三种表现:一是逃到另一种现实中,如学习不好就玩游戏,沉溺其中;二是逃向幻想世界;三是逃向疾病。如某个学生因为英语水平较差,每次上课从不听讲,甚至拒绝上英语课,不参加考试,以此逃避失败。

(十一)冷漠

冷漠即个人表现出对于挫折情境漠不关心、无动于衷等情绪反应。如有些大学生的社会活动适应能力较差,总是处于被动状态,慢慢地,他们对大学生活、同学关系、社会活动持冷漠的反应,表现为死气沉沉、拒绝参与集体活动。

(十二)否认

否认是一种原始又比较简单的心理适应机制。其方法是借着扭曲个体在创伤情境中的想法、情感及感觉逃避心理上的痛苦,或通过“否定”不愉快的事件,装作它根本没有发生,获取心理上暂时的安慰。否认并不在于把已发生的痛苦的事情有目的地“忘却”,而是期望把它加以“否定”。一般情况下,在发生悲伤事件时人们会本能地用否认逃避巨大的痛苦。在一定时间里否认属于一种本能的心理活动;但如果长期以否定的心态回避问题、逃避现实,就会出现严重的心理问题,甚至产生幻想或妄想。

(十三)幻想

幻想即一个人在遇到问题或处于困境而又无法摆脱时,通过幻想满足自己的愿望,以减少焦虑和痛苦。例如,一个学习困难的学生,每天逃课、打游戏,面对十几门要重修的课程,想象着自己成绩很好,准备考研究生、读博士,将来要做一名大学老师。幻想可以使人暂时脱离不满意的现实而得到一种缓解和满足,但并不能解决现实的问题。当幻想成为个体的行为习惯时,会使人分不清真实和幻想的区别。过分沉迷于自己虚构的世界是不健康的,发展到极端就会患上妄想症。

（十四）反向形成

反向形成是指人们在潜意识中把某些不被允许的内心冲动、欲望转化为某种相反的行为，以减轻内心的自我焦虑。人有许多本能的冲动和欲望与社会规则不相符，不能随意表现和满足，只能把它们压抑到潜意识里，用相反的方式表现出来。但这些欲望并未改变和消除。“此地无银三百两”“以退为进”都是反向的表现。具体情境如青春期的男生，明明喜欢某位女生，却不敢表达，反而以欺负、攻击的方式对待她，可以这么说：他的外在行为表现方式和他内心的情感体验是截然相反的。

三、挫折的正确应对方法

（一）调整应对心态

1.发现挫折的意义

挫折不仅是一种挑战，也是一种机会，通过经历挫折，人们能够以不同的视角看待世界，从而增加生活的多样性和趣味性。从长远来看，挫折可以被视为人生中的一笔宝贵财富。

个人成长方面：挫折被视为人生旅途中的一个重要考验，它可以激发个人的潜能，促使人们变得更加坚强和勇敢。通过克服挫折，个体会获得成长的机会，从而变得更加成熟和自信。

经验积累方面：挫折能够帮助人们在面对困难时学习和积累经验。这些经验对于迎接未来的挑战是有益的，可以增强应对未来困难的技能和策略。

心理韧性方面：挫折能够培养人的心理韧性和适应能力。当个体能够成功地克服挫折时，他们的抗压能力和解决问题的能力通常会得到极大提升。

心理案例 7-3

如何应对分手

女孩刚刚与相恋两年的男友分手，这段时间她天天躲在宿舍里以泪洗面，失恋的痛苦让她根本没有心思上课、学习。直到有一天，和好友聊起了前男友，她才突然意识到其实对方并没有自己想象中的那么爱自己。比如：每次有不开心的事想向男友倾诉时，男友总是表现得不耐烦，根本不在意她的感受；男友经常对她各种挑剔。

这次恋爱虽然以失败而告终，但是女孩觉得自己也学到了很多，她开始懂得如何识别一个人是否真正爱自己，对方的行为表现要比言语表达更重要。同时，她也看到自己在这段恋爱关系中存在的问题：太依赖对方，为恋爱花费了太多的时间而影响了学业，等等。明白了这些，女孩如释重负，不再为这次失恋而烦恼，而将生活的重心转到学业和自我改善方面，身边的朋友、同学又看到了女孩脸上的灿烂笑容。

人生是一个漫长的过程，不可能一帆风顺。生活的挫败可以让人陷入沮丧，也可以成为人发奋的动力。而人生的精彩之处就在于，一念之间的转化可以扭转乾坤，塑造无数的可能。

---

2. 培养乐观品质

乐观,是一种积极的性格因素,是指无论在什么情况下都能保持良好的心态,也是指相信坏事情总会过去、太阳总会升起的心境。乐观对于促进健康、增加幸福感、提高学习能力和竞争力都具有积极的影响。因此,我们应该注重培养乐观的品质,积极面对生活中的困境和挑战,享受生活的美好,追求更好的自我。

心理案例 7-4

“时代楷模”杜富国

2018 年进行扫雷作业时，弹体发生爆炸，杜富国因此失去了双手和双眼。当时，杜富国才刚刚 27 岁，正是人生中最美好的青春芳华。治疗时，他总是对医护人员说：“我得加强锻炼，让自己好得快一点，这样就能早点回去扫雷了。”手术后不到一个月，他就让人扶他下床走路；术后一个半月，他就在病床上支起双肘做平板支撑。当得知眼球也将被摘除，不能再上雷场时，杜富国依然牵挂着扫雷。他说：“如果可以，我想学学播音，把扫雷故事讲给更多人听，让更多人了解和支持扫雷工作。”

2022 年 7 月，杜富国荣获“八一勋章”。之后，他回到部队和战友们并肩战斗，起床出早操、学习理论、训练体能……他与连队干部一起制订了细致的学习训练课表，他说：“回到部队，我就是一个普通兵，我将保持冲锋的姿态和乐观的心态，不负青春、不负韶华、不负时代！”关于青春，他说：“青春就是要有重新出发的勇气。一次不行，就再试一次。青春就是用来奋斗的，奋斗者的青春最可爱，奋斗的青春永不停息，青年加油！”

（二）选择积极的心理防御机制

在挫折的心理防御机制中,有积极的也有消极的。消极的心理防御只能起暂时平衡心理的作用,不能解决问题,有时会使人们在一种自我欺骗中与现实环境脱节,降低适应能力,形成一些恶习,埋下心理疾患的种子,影响其身心健康和全面发展。我们应该选择积极的心理防御机制,增强自己的耐挫力,以适应社会的发展。积极的心理防御是指正视挫折,承认挫折,正确分析挫折产生的主客观原因,总结经验教训,采取积极的行为方式,最后战胜挫折。积极的心理防御有助于人们化解困境,利于成长。

（三）采取积极的行为应对

一个人为了减轻压力所采取的特定行为模式就是应对方式。积极的行为应对方式包括情绪取向应对和问题取向应对。

1. 情绪取向应对

情绪取向应对是指在挫折情境下，人们尽量调整自己的情绪，试图改变自己的认知和应对问题的方式。例如，在专业课考试时，小明很紧张，看着卷子上的题目大脑一片空白。他在内心引导自己放松下来，在做了三次深呼吸放松训练后逐渐平静，开始顺利答题。

2. 问题取向应对

问题取向应对是指通过直接的外部行动或认知的改变直接应对挫折情境，进而解决问题的策略。例如，面对第二天的专业考试，小明感到很焦虑，觉得自己没有好好复习，于是抱着“临阵磨枪，不快也光”的侥幸态度，他抓紧时间复习。

课堂互动 7-2

我的挫折应对

根据自己实际情况，填写表 7-1，仔细分析自己的挫折应对情况。

挫折应对调查表 表 7-1

挫折情境	挫折认知	挫折感受	改变后的挫折认知	改变后的挫折感受

7.2 了解压力和应对压力

在飞速发展的时代，生活节奏飞快，人们的压力也随之增大，就大学生而言，学业压力、人际冲突压力、情绪压力、未来职业压力等都是常见的压力。面对压力，即使平时的我们很优秀、能干，但如果没有有效的压力应对策略，压力也会对我们的身心产生负面影响。因此，了解压力以及如何应对压力显得极其重要。

一、压力的含义

压力原是物理学上的概念，指施加在物体上的力量。1936 年压力的概念被引入医学和心理学，研究者阐述了人在压力下的生理反应及压力与疾病的关系。此后，压力被用来说明人们在面对工作、生活、人际关系等要求时，感受到的心理和精神上的紧张状态。简单地讲，压力是指当刺激事件打破了人们的原有平衡状态或超出人们的应对能力，即环境的要求和自身的应对能力不匹配时，人们不能以平常的方式应对问题，个体感受到的一种身心紧张状态。如学生们离开家乡来到大学，要适应新的学习模式、重新建立人际关系、学会时间管理、适应当地的风俗文化与天气饮食等，这些都有可能超出自己原有的能力范围，需要做出额外的努力重建平衡，这时个体就会感受到压力。

人在压力状态下，会出现一定的生理反应和心理反应，这些信号提示人们要关注自己的压力水平。近年来，一些心理学家开始关注慢性压力对人们的影响。在日常生活中，总有些负面事情长期存在，如长时间超强度工作、繁重的课业学习等。这些日常困扰有时会比突然发生的不幸事件对我们的情绪和健康产生的影响更大，因为机体持续的应激状态消耗了过多的能量，使得器官受到损害，从而可能引发疾病。同时，长时间处于慢性压力中，也会引发更多的负面情绪，使心情低落。

课堂互动 7-3

我的压力圈

请同学们结合自身实际，在右图中填写自己的压力状况。图中大圈代表大压力，小圈代表小压力。

同步思考

1. 请表明自己的压力有哪些。
2. 觉察压力给人的感觉是怎样的。
3. 分析产生压力感受的原因。

二、压力的表现

当个体感受到压力时，通常会在情绪、认知、行为和生理上有所体现。

1. 压力的情绪症状

压力过大或长期处于压力状态会使人出现焦虑、抑郁、愤怒、恐惧、悲伤、挫折感、内疚感和羞耻感等情绪感受。

2. 压力的认知症状

压力有时候会让人的注意力难以集中、记忆力变差、思路模糊不清、思维不合逻辑或意识混乱、健忘、听觉受到阻碍、噩梦缠身。压力的认知症状有时候会与情绪症状,尤其是惧怕、焦虑、抑郁和愤怒联系在一起。

3. 压力的行为症状

压力的行为症状比压力的情绪症状和认知症状更为明显,包括直接反应症状和间接反应症状。

(1)直接反应症状包括行为冲动、演讲时吞吞吐吐或结巴、对他人施以语言攻击、语速变快、易受惊吓、不能静坐、很难长时间从事某项活动。

(2)间接反应症状包括抽烟增多,对咖啡、茶、可乐、巧克力等摄入增加,喝酒增多,使用非法药品,等等。

4. 压力的生理症状

压力对神经系统、消化系统、内分泌系统都有比较大的影响,如颤抖或神经抽动、便秘、心跳加快、腹泻、背痛、心悸、食欲大增、疲倦、头晕眼花、全身紧张等。这些症状有时同时发生,有时单独发生。微小的生理症状不断积累常会导致严重的疾患。

三、压力的利与弊

对于不在乎的事情,人们是不会感到有压力的,正是因为在意,才会感到压力。压力就像一把双刃剑,一方面,有了压力会给我们带来很多负性体验,压力过大甚至会影响我们的正常生活并降低个人发展的速度。另一方面,一定程度的压力能够为我们带来动力并促进我们的发展,可以帮助我们开创更有意义的生活。

(一)压力的积极作用

适度的压力能够激励我们提高工作效率(见下图)。当压力水平处于适度值,体内会分泌相应的应激激素,使得我们的身体处于警觉和战斗的状态,此时压力可以成为动力的源泉,使个体感到精力充沛,能够帮助我们更好地集中注意力、调动各项身体机能应对挫折与困难，激励个体在较长的时间里完成高质量的工作，促使人们获得成长。从这个角度看，压力也是良性的应激。当你把压力视为一种挑战并且很好地处理时，它就能被转化为一种动力和激励。

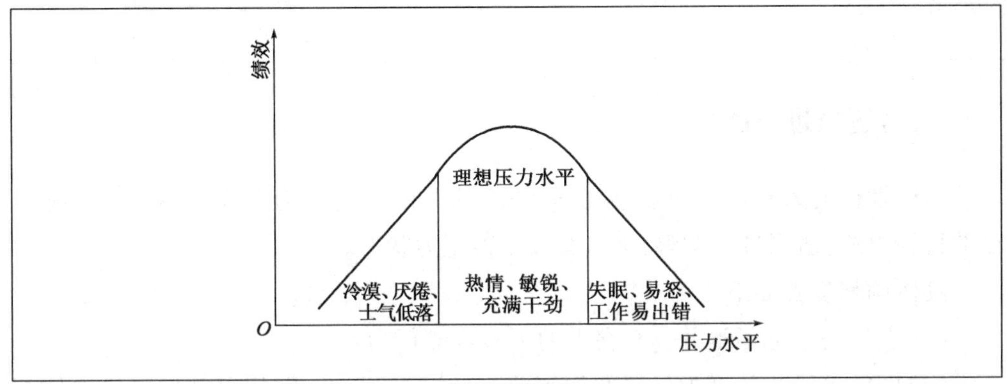

(二)压力的消极作用

当一个人面临的压力超出了他能承受的范围，这种过大的压力会给他带来极大的阻力，甚至会影响其身心健康，尤其是长期暴露在高压环境中，会对我们的身体及心理健康造成威胁。压力过大或者持续出现，可能导致人出现烦躁不安、精神倦怠、失眠多梦等神经症状；可能会让人产生一些负面的情绪，常见的包括抑郁、焦虑、紧张、恐惧等等；还可能引起多种躯体不适，比如腰背肌肉紧张、头痛、心慌气短、胸闷、消化不良、便秘、心悸、四肢乏力等。女性患者可能会出现内分泌失调、免疫力低下、甲状腺结节、乳腺结节等症状。

四、压力的应对策略

(一)认知重组策略

理性情绪行为疗法提出，应激情境本身很少作为压力而存在，压力来自人类的内部认知系统，与个人的"认知系统"及"价值系统"相关。如果适当修正自我的完美主义，大半的压力即可减轻。可见，认知是产生压力反应的直接动因，要减少压力对一个人的影响，改变认知是非常重要的。认知重组就是指人们在确认一些自动化想法的基础上，找出更具建设性的替代想法，以减缓应激事件或情境带给个体的压力。例如：当参加重要面试时，有人会将其视为决定自己命运的机会而压力倍增，从而影响发挥；有人则从建设性的角度出发，认为这是一次展示自我的机会，只要尽力就好，积累经验更重要，每一次会比上一次更有经验，结果在建设性认知的影响下成绩优异。

课堂互动 7-4

回忆成长过程中的一个压力事件，想一想：在你应对压力有困难时，你的脑海中自动出现了什么念头？换句话说，在面对压力时，你跟自己说哪些话会让你的压力更大？如果再来一次，你会运用什么样的建设性想法改变自己的认知？

(二)适当进行调整

不同性格的人对压力的敏感度不一样,从而产生的行为方式也不同。了解自己的行为模式,适当进行调整,可以有效改善压力状态。

具体调整步骤如下:

(1)选择一个你了解并一直在做的不喜欢的行为。

(2)问问自己是什么力量促使你想要改变这个行为。问问自己付出代价是否大于收获。

(3)考虑一下你的认知有什么变化,要求你的态度必须和行为变化一致。

(4)把你采纳的新行为具体化。最好不要用否定的思维方式(如,不要用“我不想……”),新行为应该以一个肯定的、积极的目标表达(如,“我想……”)。

(5)在尝试新的行为之后,问问自己是怎么做的。你的尝试成功吗?如果你的尝试成功,那么成功的原因是什么?如果没成功,可以采用什么方法实现你的目标?有规律地监控你在压力时期出现的思想、行为以及打破你内心平静的问题,不要立刻改变自己的目标行为,这一点非常重要。努力做到每次调整一个行为,小步前进。

(三)放松训练策略

1. 冥想

冥想是全球比较流行的压力管理技术之一,是一种会影响人体各种生理活动的精神运动。冥想的目的是实现对自己注意力的控制,由自己决定注意力的集中点,而不受不可预测的外界环境的无规则变化的影响。

知识拓展 7-1

冥想练习

在冥想训练的初期，找一个安静、舒适的环境进行练习。当你熟练以后，几乎在任何环境下你都可以进行冥想。找到安静的场所以后，为了防止睡着，选择一把舒服且靠背挺直的椅子。坐在椅子上，臀部紧抵椅背，双脚稍比双膝靠前，双手自然放在椅子的扶手上或者大腿间，尽量让肌肉放松，但不要太刻意。把注意力集中在呼吸上，闭上双眼，每次吸气时在心中默数“一”，呼气时默数“二”。不要刻意改变或者控制自己的呼吸，呼吸要有规律。最好每天练习两次，每次 20 分钟左右。 冥想完成以后，慢慢地睁开双眼，先盯着房间里的某一个物体看，然后再把视线转向其他物体。做几次深呼吸，伸展一下身体，然后再起身，舒展一下身体。

---

2. 瑜伽

瑜伽集哲学、科学和艺术于一身，是一种修身养性的运动方式，最终目标就是控制自己，驾驭身体感官，最终统一内心。感官的集中点就是心意，通过感官、身体与有意识的呼吸相配合实现对身体的控制。瑜伽特别强调身体姿势与调息或呼吸控制的整合。这些技巧不但对肌肉和骨骼的锻炼有益，还能强化神经系统、内分泌腺体和主要器官的功能，通过激发人体潜在能量促进身体健康。练习瑜伽可以达到不同程度的内心平静。

3. 音乐治疗

音乐治疗是一种非常流行的放松技术。目前存在两种音乐治疗的流派：第一种流派提倡通过歌唱和演奏达到音乐治疗的效果。这种基于治疗领域研究的观点，把音乐治疗定义为音乐治疗师通过系统地运用音乐改善来访者的情绪或生理状态。第二种流派寻求通过聆听音乐达到放松目的。从这个意义上讲，音乐治疗被定义为通过音符的变幻、旋律的跃动和愉快的器乐演奏，使来访者体验和调整生理唤醒状态和心境。

4. 日志写作

日志写作是指整理自己的思想，并把它们写在纸上。有效的日志写作只需要三个元素：一本仅用于日志写作的笔记本，一支喜欢的笔，一个安静的环境。一天中并没有最好的写日志的时间，不同的人可以选择不同的时间。尽管写日志的时间不同，但是写日志的频率还是需要固定的。在开始写的时候，为了能受益于这种习惯，最好用 15 ~20 分钟写一篇日志，一周写 3 篇。比较典型的情况是，人们在开始写的时候只是用几个段落描述白天发生的事情，而不是写对这些事情的感受。但是如果继续的话，日志可以写得更长一些，更多地加入自己的人格元素。

5. 横隔膜呼吸

找一个安静舒适的环境逐步练习，以减少外界干扰，保持注意力集中；采取舒适的姿势，或坐，或躺，闭上双眼。呼吸时以鼻腔缓慢、细长地吸气和呼气，不可出声或停息，然后加深正常呼吸的程度。为让姿势更舒服，解开紧束腰部和颈部的衣服。第一次练习时，最好把手放在胃部，感觉每次呼吸时腹部的起伏。最初，你会发现自己偶尔会走神。这种情况很普遍。如果你察觉到了杂念，摒除它们，重新把注意力放在呼吸上。建议让这些杂念随呼气排出体外。一旦熟练掌握，排队、听演讲等各种场合都可以随时练习。

（四）寻求社会支持

社会支持是人们应对压力的重要资源，可以提供社会支持的人包括家人、同学、朋友、老师等。在压力事件中，积极寻求朋友、家人的关心对于减轻压力、减少压力引起的不良反应有着非常好的效果。某些同学对求助的认识存在误区，认为求助是一种懦弱的表现，但实际上有困难时求助他人是智慧的做法，更展现了一个人的勇敢。心理学研究表明，拥有较多社会支持的人更不容易患与压力有关的疾病。朋友和亲属能够提供多方面的支持，能为我们提供信息、忠告、友谊，使我们忘却烦恼，甚至能为我们提供精神或物质上的资源，让我们感到被关心和爱护等。社会支持可分为以下几类：

（1）情感支持：给予照顾和关心，提供安慰、依靠、归属及爱护。

（2）尊重支持：给予重视、鼓励、理解。

（3）信息支持：提出意见、建议、反馈。

（4）经济支持：提供金钱、物质方面的帮助。

课堂互动 7-5

主动寻求社会支持

想想你觉得亲近的 10 个人，针对每个人，回答下面 4 个问题，用 1 ~ 5 分给每个人打分，1 分代表一点也没有，5 分代表相当高水平。

（1）当你有需要时，这个人帮助你的可能性有多大？

（2）当你感到消沉时，这个人能帮助你鼓起多少勇气？

（3）这个人使你感到被关心的次数多吗？

（4）你觉得对这个人的信任程度是多少？

把你列出的所有人的所有评分加在一起，总分在 120 ~ 150 分之间表明当你需要时，你能够得到相当好的社会支持。

（五）学会妥协

妥协是对压力的适应性反应，主要是通过修正对立的想法和行为做出调整。尤其是当一方的级别高于另一方，或是面对权威，或是双方陷入僵局时，妥协或许是应对压力的好办法。最常见的三种妥协类型是一致、协商和替代。

一致是指他人的直接影响使我们改变自己的行为。例如，当导师想对一个新的研究课题进行探索，而将你调入新的课题组，开始时，可能你会很厌烦，因为你已经对前面的课题做了不少工作，获得了一些数据，正准备进行分析，而现在一切要从头再来。不过，你还是接受了导师的安排，因为你相信导师的选择，新的课题可能会带来更大的专业突破。

协商是更加积极地应对压力的方式，在协商的过程中，双方都会做出让步。

心理案例 7-5

上下铺的相处

宿舍中，上下铺的两个同学闹得不可开交，因为上铺的喜欢玩网游，每晚熄灯后还会用笔记本电脑玩，玩到高兴时，还不时发出声音，导致下铺的睡不好。下铺的不想忍耐，就用脚踹上铺的床板，两人因此差点打起来。一个星期谁也没理谁，宿舍气氛很尴尬。事后，下铺的冷静后想，虽然上铺的熬夜玩游戏，但是在其他方面对自己还不错，于是他主动找上铺的，为那天自己过激的反应道歉，上铺的也认识到自己的错误，承诺以后熄灯后就睡觉，宿舍又恢复了以往的和谐。

替代是寻求其他可替代的目标，尤其当一致和协商都不能解决问题时，替代也是应对压力的一种办法。例如，一名女大学生，她希望毕业之后能继续读研深造，但是家庭的经济条件不允许，作为长女的她，还要帮父母一起抚养正在读高中的弟弟、妹妹，她分析了情况，认为毕业后直接读研不太现实。于是，她选择先工作几年，边工作边学习，待弟弟和妹妹也上了大学，她再读研。

（六）把压力转化成动力

1. 鼓励自己

心理学家发现，一个从来没有或者很少进行自我鼓励的人，成功的概率最多只有30%，而那些经常进行自我鼓励的人，成功的概率超过80%，几乎是前者的三倍。进行自我鼓励能帮助我们提高情绪状态，抵制本能产生的退缩、放弃等消极信念，使思维和行为产生积极的转变。尤其是面对失败、突如其来的困难和恐惧时，我们要对自己说："直面困难和恐惧，我的未来一定可以更好。"

鼓励自己的七个要点：(1)坚信每一个困境都蕴藏着一个机遇；(2)做自己最好的朋友，每天用一些积极的句子鼓励自己；(3)紧紧跟随自己的梦想，过早放弃梦想会削弱行动力；(4)记住坚持、忍耐、不屈的基本生活原则；(5)将成功具体化、进度可视化；(6)跌倒了爬起来；(7)宽容、原谅自己，因为自责只会抑制我们创造和前进的动力。

2. 增强自信

增强自信是应对压力的有效方法。因为自信能够影响一个人解决问题的能力,其作用甚至超过了知识。当感到不愉快时,自信可以帮助我们表达自己的感受、维护自己的权利,而不侵犯他人的权利。如当室友有意弄出声响影响其他人休息时,你可以礼貌地表达你的感受;当你的讲话被他人打断时,你可以说“请让我先说完”。当对方了解你的真实反应和内在感受时,通常会做出改变。因此,增强自信是一种理性的、建设性的压力应对方法,有助于缓解压力。

良好的自信建立在充分估计自我以及对情绪恰当感知的基础之上,即确信自己做的是正确的。同时,自信心的提升还来源于实践经验的成功,例如:经常与朋友交流,了解他们的情绪反应;学习如何对他人的行为进行恰当的回应;通过与人冲突的经历,积累化解矛盾的经验;通过精心策划与筹备,成功举办班级的新年晚会;等等。这些从压力应对中获得点滴经验的经历,都会从不同角度让当事人对自己的能力加以肯定,从而提高自信心。

3. 微笑面对,保持幽默感

幽默是一种有疗愈功能的力量,幽默能有效减轻生理上的疾病和压力。幽默不仅能抗击压力,而且能为挫折和愤怒提供发泄渠道,幽默允许我们在不对自己或别人造成伤害的情境下表达愤怒等情感。有心理学家对笑声和生理变化的关系进行研究,结果发现,笑能缓解体内的压力,增强心脏活动,降低血压,使呼吸活动加强,加快氧气交换速度,改变脑电波的波形和呼吸节奏,减轻疼痛感,减少与压力有关的激素量,提高免疫能力。

知识拓展 7-2

应对压力的小建议

(1)直接面对问题：这是直接缓解压力、解决问题的态度和做法，虽然做起来有些困难，而且你得面对自己内心的害怕、担心、软弱，但是，你必须坚定地想办法解决问题，不回避。

(2)准确而现实地评价压力情境，不要歪曲现实：有的人在面对压力的时候，习惯采取防御行为。尽管防御有可能在短时间内减轻压力的冲击，但是这种方式可能是对事实的否认和歪曲，从长时间来看，歪曲现实并不能产生真正有效的管理，反而可能会在以后提高压力的水平，使压力再次降临。

(3)学会识别和管理应对压力时潜在的、混乱的情绪情感反应：有时候人们会弄不清楚自己内在的情感反应到底是什么，感到很混乱、很矛盾。而且，除了表面能感受到的情绪、情感以外，往往还有一些更深层的、更难以体验到的感受，那是我们内心的需要，是我们真正想要的东西。所以弄清楚自己的潜在情感，有助于找到压力产生的真正原因，有助于更好地应对压力。

(4)面对压力时，学会在行为上自我控制：虽然面对压力会有各种各样复杂的情感涌上心头，但是，我们必须学会控制自己的行为。因为如果行为不当，就会导致难以挽回的结果，对解决问题不利。在压力下，无论你的感觉多么糟糕，你都要想办法舒缓情绪，避免做出过激的行为。

7.3　抗逆力

一、抗逆力概述

抗逆力，是人们处于困难、挫折等逆境时的心理协调能力和适应能力，即当个体遭遇挫折时，能积极自主地摆脱困境并使自己的心理和行为免于失常的能力。当遇到一些重大灾难时，大部分人会暂时出现一些心理创伤，出现如失眠、做噩梦、抑郁等不良反应。但是，创伤带来的不良反应会慢慢减少，一段时间之后，大部分人都能恢复正常的身心状态。这就好像一根弹簧被挤压变形之后，慢慢可以恢复原状。人的心理也是一样，在遇到变故或逆境后，具备良好抗逆力的人的心理状态会逐渐恢复，回到正常状态。所以，抗逆力也被学者称为“复原力”“心理弹性”“耐挫力”“挫折承受力”。

知识拓展 7-3

“抗逆”与生俱来

没有人有足够的情感和精力，既抗拒不可避免的事实，又创造一种新的生活。大部分人只能在这两者中间选择一样。

在森林中，大多数树木的生长趋势都是笔直向上的，而在新西兰，有一片树林中所有的树木都不是笔直生长的，而是树干和树枝都向同一方向弯曲，形成了神秘又奇幻的森林——斜树林。这是地理气候造成的，因为斜树林位于新西兰的最南端，最南端位置会直接面对南极强风，树木每年都对抗着南极又冷又强的风，经过长年对峙，这片树林受到强大的风力影响，没有办法笔直向上生长，不得不顺着同一方向倾斜生长，形成了非常奇特的森林景观。

生活中的我们又何尝不是这样呢?

抗逆力不是天才独有的特质，每个人天生就具有一定的抗逆力。抗逆力的核心因素是复原，即重新回到压力事件发生前具有的适应的、个体能够胜任的行为模式。在顺境中，抗逆力得不到激发，而是以一种潜伏的状态存在着；当危机和困难袭来时，个体的内外保护性因素会自然抵制危险性因素的伤害，此时抗逆力被激活，帮助个体面对危难、聚集力量、渡过难关。

抗逆力的培养对于成长中的大学生而言意义重大，有助于更好地应对挫折与压力，保持身心健康。当下，人们生存条件相对优越，很多被当作"温室花朵"培养的大学生遇到困难和挫折时缺乏抗逆力，很难及时排解自己的不良情绪，容易产生消极心理，导致自我认知偏差，否定自己，影响正常生活。

二、如何提高抗逆力

人们遭遇危机时都会有一些应激反应，如紧张、焦虑、恐惧、封闭。初期的这些反应都是正常的，绝大多数人都有能力通过个人与环境的积极互动，找到克服困难、战胜危机的资源与办法，保证自己依然积极生活、健康发展。河流是蜿蜒曲折的，这样才会源源不断、川流不息；人生的道路，正因为会经历各种挫折和困难，才会让我们看到的风景更加丰富和精彩。提高自己的抗逆力，才能更好地应对生活中的挑战，把经历变成收获。

抗逆力包含三个部分：乐观感、效能感和归属感。乐观感让我们对未来充满期盼；效能感让我们运用自身资源完成不同的任务，提升自信；归属感使我们处在被支持的关系中。

（一）建立乐观积极的心态、培养积极人格特质

积极的心态是提高抗逆力的首要条件。只有心态积极，才能更好地应对挫折和困难，更好地保持心理平衡。建立积极的心态需要我们学会正面思考，不要过度担心和悲观，要从积极的角度看待问题，并且要相信自己能够克服困难。同时，要建构积极人格特质，提升自我认同感、自我效能感，增强目标感和意义感，追寻生命的价值和意义。乐观是一种积极的性格因素，是一种即使身处再差的情况也会保持良好的心态，相信事情总会解决的心境。

（二）提升自我效能感

1. 学会正确认知，进行自我调节

一个人的认知影响其如何应对挫折及压力。倾向于外归因的人经常认为自己的行为结果是受外部力量如运气、机会、命运等控制的；倾向于内归因的人则习惯于认为自己的行为结果是受内部力量控制的，决定自己成功、失败的是自己的能

力、技能以及努力程度等。正确分析归因,有助于提高抗逆力。同时,要学会调适自己的情绪和情感,保持平静和冷静,不要让情绪左右自己的行为和决策。学习疏导情绪,及时找到合适的方式缓解自己的压力和烦躁情绪。

知识拓展 7-4

把握决定权

我们不能改变环境，但可以改变自己；不能改变事实，但可以改变态度；不能改变过去，但可以改变现在；不能控制他人，但可以掌控自己；不能预知明天，但可以把握今天；不能样样顺利，但可以事事尽心；不能改变天气，但可以改变心情；不能选择容貌，但可以展现笑容；不能决定生命的长度，但可以扩展生命的宽度。

---

2. 坚持锻炼身体,在运动中寻找快乐

身体的健康状况直接影响心理状态,因此,保持身体健康也是提高抗逆力的重要手段。经常锻炼身体不仅能促进人体血液循环,提高心肺功能,还可以提高免疫力和应激能力。同时,运动也可以释放身体内的压力,有助于缓解情绪。运动还能促使人体分泌内啡肽。内啡肽被科学家称为“快乐激素”,因为它能使人体产生愉快的感觉,帮助人们减轻压力,促进身体健康。慢跑、健身操、瑜伽都是很好的减压运动,感觉压力比较大的时候不妨试一下。

3. 不断学习和提升自己

学习和提升自己可以增强自己的自信和实力,可以让我们更有信心和勇气面对挑战和困难,增强对生活的控制感。也可以记录每天要做的事,按照事情的重要程度选择要优先处理的事情,分析自己想做的事情,详细列出自己的学习期望和需要,分析它们的现实性和确定性,通过学习新知识、培养新技能、参加社交活动等方式提升自己。

4. 维持良好的生活习惯

维持良好的生活习惯也可以提高我们的抗逆力,包括保持规律的生活作息、合理的饮食习惯、充足的睡眠和休息等等。良好的生活习惯可以让我们的身体和心理状况更加健康和稳定,从而更好地应对挑战和困难。应少吃油腻的食品,减少饮用含咖啡因的饮料,减少糖分的摄入,多吃新鲜水果和蔬菜,多吃绿色食品,以丰富的早餐作为一天的开始。

(三)建立归属感

1. 建立良好的人际关系

良好的人际关系对提高抗逆力也非常重要。通过良好的沟通模式,建立正向稳定的人际关系,这可以让我们在遇到困难时得到他人的帮助和支持。同时,良好的人际关系也可以让我们感到温暖和安心,从而更好地调整自己的情绪和心态。

2. 积极参与人际互动,获得支持系统的资源支持

家庭支持系统、社会支持系统和外在资源的建构不仅会使我们获得安全感和归属感,也会使我们获得应对挫折的其他资源,如信息资源、情感资源、物质资源等。家庭是个体抗逆力建构中重要的外在保护性因素。大学生虽然已经离开了自己的家庭,开始了大学校园生活,但是与家庭的联系依然存在。大学生要主动与父母沟通和互动,与亲人的良好互动会提升大学生的抗逆力。与友人的积极互动也可以满足归属感的需求。

3. 正视消极情境

当有些危险因素无法避免的时候,我们要正确分析情境,把不良因素当作磨炼毅力的机会。例如,对于家庭贫穷,我们可能暂时无法改变,但是,我们可以用建设性的方式参与家庭因素的改变,发挥积极作用,重构生活。可以通过勤工俭学减轻家庭经济负担,而且这样也可以提高个人实践能力,积累社会经验。

4. 远离消极群体

世界很大,自然什么类型的人都有。我们无法改变别人,但可以选择交什么样的朋友。一个人若想进步,成为更好的自己,就要选择和正能量的人在一起。远离消极群体,远离消耗自己的人,找到让自己平静并专注的事,保持对生活的热情,自我管理,开阔视野,开创未来。

心理实验 7-1

“球反弹实验”

用不同的力气抛不同类型的球,会发现不同的球反弹的高度是不一样的。我们的心理抗逆力也如同球一样,反弹强度主要受以下因素的影响:

(1)内在优势。在日常生活中,我们会发现乐观积极、对自己有信心、做事有恒心、对未来有计划的人更容易从逆境中恢复。

（2）外部支持因素。当遇到逆境时，我们拥有的外部资源和支持能够帮助我们，也会影响我们的心理抗逆力，比如父母和朋友的支持、老师的引导、好的学习榜样能增强我们的心理复原力，我们会觉得我们不是一个人在战斗。

（3）应对方法。与球相比，人还有一个独特的特点，就是人具有主观能动性，我们可以通过思考应对困境的方法，如制定目标、更换方法和学习技巧等提升自我效能感，进而增强心理复原力。遇到困境时，我们要相信办法永远比困难多。

同步思考

人生路上，阳光与风雨总会交叉出现。那现在我们回归到自己的生活，请大家回顾自己曾经遇到过或者现在正在遭受的困扰，并把它写下来。

请把纸条交给你的同桌，请同桌作为支持者，用心理复原力的三部曲帮助纸条的主人应对困难。写完之后请把纸条还给纸条的主人。

你收到纸条后，感受如何？

思考

1. 挫折和压力能够激发我们内在的抗逆力，请同学们结合自己的成长经历，深入觉察，写出自己的抗逆力由哪些品质组成。

2. 通过学习，如果让你给身边正经历挫折和压力的同学以支持，你觉得需要如何帮助对方？

□心理素质拓展实践

拓展任务：团体沙盘体验

一、拓展目标

1. 素质提升目标：挖掘内在心理力量。
2. 能力提升目标：从心理学视角看待自己以及身边的人和事。
3. 实践能力目标：提升助人及自助的实践能力。

二、拓展任务及实施过程

1. 准备阶段：以宿舍为单位，组成小组，准备好沙箱与沙具。

2. 活动阶段：同学们围坐在沙箱周围，用手感受沙子，分享感受；接下来，同学们选择自己的沙具在沙箱里进行摆放，摆放完成后，彼此分享看到摆放沙具后的感悟和觉察，每个同学分享自己的摆放原因和听完大家分享后的感受。

微课

第7章
拓展实践说明

三、拓展小结

通过活动，学生可体验从不同视角看待问题，在沙具的摆放和分享过程中，缓解压力，重新看待自己面临的各种境况。

学生分享此次实践活动的感悟。

1. 我感受到自己有变化：

____

2. 我对同学有新的了解：

____

3. 我打算通过以下方式面对自身的境况：

____

□学习反馈单

一、自我评估反馈表

学习反馈项目	自评	改进措施
课前准备情况	优　良　中　差	
课上学习专注度	优　良　中　差	
与教师互动情况	优　良　中　差	
对内容的理解程度	优　良　中　差	
完成学习任务的品质	优　良　中　差	
知识与实践的结合运用情况	优　良　中　差	
课后反思情况	优　良　中　差	

二、问题反馈

1. 通过自我觉察，你是否产生了与课程内容相关的困惑，请具体说一说。

2. 通过学习，结合身边的人或事，你有哪些感悟？

3. 通过学习，你对自己当下的情境有哪些新的认知？

4. 通过学习，你对自身有哪些具体规划？

5. 如果有机会，你希望深入学习和探讨与本次课程相关的内容吗？

学习者签字：　　　　　　　　　　　　　　日期：　　年　月　日

指导教师签字：　　　　　　　　　　　　　日期：　　年　月　日

第8章 感悟生命的力量

学习目标

1. 了解生命的发展历程。
2. 理解生命的意义。
3. 尊重生命、关爱生命,树立正确的人生态度。

本章导读

人固有一死,或重于泰山,或轻于鸿毛。“泰山”常用来比喻令人敬仰的人和重要的、有价值的事物。“鸿毛”则比喻微不足道的事物。意思是人本来就有一死,但有的人的死亡比泰山还重,有的却比鸿毛还轻。

生命是我们最为熟悉的字眼,它带给我们的是油然而生的种种情感:神圣、敬畏、感动、欣喜、美丽、创造、向往……生命让我们为之感慨,生命之旅是单程的。我们要如何做好自己生命的旅程的“攻略”才会让人生不虚此行,值得每个人深思。

课堂互动 8-1

“生命的意义”大讨论

请同学们思考:

一个人的生命的意义是什么?

如何让自己在明天生活得更好?

做哪些有意义的事情,能让生命绽放光芒?

将要离开这个世界的时候是否能够对自己说“我没有什么遗憾”?

能否做到为了自己而活,而不是为了别人而活?

活着是为了心中的期待吗?

活着是为了爱我们的人吗?

活着是为了追求梦想、为了证明自己吗?

活着是为了诠释生命的意义,还是为了将生命继续传递?

8.1 了解生命

一、生命的含义及形态

(一)生命的含义

广义的生命是指一切具有新陈代谢、繁殖、生长和环境适应能力的动植物和无机物。狭义的生命一般专指人的生命。在心理学中,生命指人的生命全过程,是由一次次的生命活动所组成的,一次次生命活动的质量决定了生命全过程的质量。

一个人的生命始于受精卵,终于生物学意义上的死亡。孕育的过程相当不易,如果说每一个生命本身就是一个奇迹,那我们都是奇迹。

(二)生命的形态

1. 生物性生命

生物性是自然界的广大生物都具有的基本属性,有生有死。生命的自然活动主要包括新陈代谢、生长、发育、遗传、感应、运动等。

2. 精神性生命

精神性生命也叫心理生命,精神指人特有的自我意识,人能够通过各种心理活动自觉地思考、调控、引导自己的生命活动,拥有超越生物性生命的精神世界。例如,人会在生命过程中不停地思考如何更好地生活,如何创造、超越,如何更好地认识世界、改造世界。

3. 社会价值性生命

人的生命存在是一种社会关系存在,社会关系决定了人的潜能和创造力的实现情况,决定了人的生命具有自由、尊严等内容,决定了人的生命的权利、义务和责任。

二、生命的发展阶段

人的生命是一个持续不断的发展过程,整个过程分为若干阶段,每个阶段有每个阶段的特征和发展任务，每个阶段都在前一个阶段的基础上发展起来，又为下一个阶段打下基础。心理学家把人的成长分为八个阶段，每个人在每个阶段都会遇到某种心理成长必须解决的问题。如果个体在每个阶段都能成功地解决遇到的社会化问题，那么就会在心理和行为上表现出积极的反应，相反就会表现出消极的反应，并为以后的发展留下隐患。成长的八个阶段见表 8-1。

成长阶段表　表 8-1

阶段	面对的冲突	重要事件	基本任务	顺利表现	不良后果
婴儿期（0～1 岁）	信任对不信任	喂食	获得对自我、他人、环境的信任感	建立信任与爱	对环境缺少安全感，害怕、不安
儿童期（2～3 岁）	自主对怀疑	穿衣、吃饭等	发展自主性，学习自我控制	实现自主性行为	缺乏信心、产生羞愧、怀疑能力
学龄初期（4～6 岁）	主动对被动	独立活动	游戏中建立主动性、竞争性	形成自主性、自信、责任感	退缩、压抑，出现被动型人格障碍
学龄期（7～12 岁）	勤奋对自卑	入学	获得勤奋感，发展能力	学习知识、发展能力，获得成就感	自卑、产生失败感、缺乏能力、丧失信心
青春期（13～17 岁）	认同对混乱	同伴交往	获得认同感，目标清晰	实现自我一致性，方向明确	没有信心，没有目标，角色混乱
成年早期（18～25 岁）	亲密对疏离	亲密关系	发展亲密关系，获得友谊	获得归属感、亲密感	被排斥，有孤独感、恐惧感
成年期（26～65 岁）	再生对停滞	婚姻与养育	关爱家庭，作出贡献	承担起家庭、社会责任	感到琐碎、停滞、痛苦
成熟期（66 岁及以上）	完善对绝望	反省与接受	自我调整，获得满足感	满足，安享晚年	感到虚度、后悔、绝望

婴儿在婴儿期需要得到周围人的关心与照顾，建立安全感和对世界的基本信任；儿童在儿童期开始有了独立自主的要求，主动探索周围世界，获得自主感；学龄初期的幼儿表现出主动探究行为，形成主动性，为将来成为一个有责任感、有创造力的人奠定基础；学龄期的儿童智力不断发展，接受学校教育，学习适应社会，掌握今后生活的必需技能，获得勤奋感，对未来独立生活和承担工作任务充满信心；青春期青少年的主要任务是建立同一感和自己在别人眼中的形象，避免角色混乱；成年早期的主要任务是获得亲密感，避免孤独感，与他人分享快乐与痛苦，进行思想、情感交流；成年期的主要任务是提升创造力，关怀家庭成员，关怀社会上的其他人，关心下一代的幸福，勇于创造，追求事业的成功；成熟期是自我调整与绝望的冲突阶段，处在成熟期的个体怀着充实的感情与世告别，以超然的态度对待生活和死亡。这八个阶段首尾相连，构成一个完整的生命周期。

三、生命的状态

生命最好的状态不是一成不变的。在不同的年龄、不同的阶段,生命的状态也会有所不同。但健康、平和、快乐是我们始终追求的目标。在积极的状态下,生命会变得更加充实、更加有意义。但生命不是用来演绎完美的,生命是用来体验的。或许,从前的大学生对生命的认识更多源于成长经历中某个阶段的局限认知,比较主观。所以,现在要学会以清醒的头脑体验生活,以平静的心态面对一切得失,以一颗平常心应对生活的万千变化与酸甜苦辣,这样经营的一生,就能视宠辱如花开花落般平常,视去留如云卷云舒般自然,内心淡定与从容,才会欣赏人生道路上美妙而又独特的风景。

知识拓展 8-1

北宋大文学家苏轼

北宋嘉祐二年（1057 年）殿试，苏轼清新洒脱的文风震惊了主考官欧阳修。嘉祐六年（1061 年）、治平二年（1065 年），年纪轻轻的苏轼两次制科考试均位列三等，成为北宋开国百年以来取得此成绩的第一人，以致他的文章被竞相传抄，甚至惊动了皇帝。苏轼历任杭州通判，密州、徐州、湖州知州，不幸的是后来被贬黄州任团练副使。在黄州期间，他没有钱，只能暂时住在寺庙里，可以说他的生活从天堂落到了地狱。但是谁也没有想到，就是在人生低谷的时候，他从苏轼活成了“苏东坡”，达到了其一生文学艺术的巅峰。苏轼有名的作品多出自黄州。

竹杖芒鞋轻胜马，谁怕？一蓑烟雨任平生。

一点浩然气，千里快哉风。

小舟从此逝，江海寄余生。

回首向来萧瑟处，归去，也无风雨也无晴。

究竟是苏轼成就了黄州，还是黄州成就了苏轼？

8.2 思考生命

课堂互动 8-2

(1)你有养植物的经历吗？

(2)过程中，你有哪些感受？

(3)买一粒种子，呵护它健康生长，体会一粒种子逐渐长大的生命历程。

一、生命能量探索

生命是能量体，生命能量充足，激发生命机体的生理功能就旺盛；生命能量不足，激发生命机体的生理功能就衰弱。这正是生命万物有“春生、夏长、秋收、冬藏”生长规律的根本原因。地球能量在受到太阳能（热能和光能）补充时，内部能量启动升发，外部能量增长变化，内外能量相互交合、相互作用，使地球上的万物生机勃发；当地球逐渐缺少太阳能补充时，内部能量开始沉降收敛，外部能量也消损稳定，内外能量彼此影响，使地球上的万物生机减弱。生命不仅依靠自身生理功能产生生理能量，而且可以吸收外部环境能量，如热能、光能、风能等，外部环境能量可以影响生命的生理能量状态。

生命能量变化是决定生命机体发展、壮大、衰败、消亡的直接因素：当机体生命能量活动调和有序、能量不断增长时，生命就表现为生长、壮大和延续；当机体生命能量活动调和有序，能量不断衰减时，生命就表现为自然衰亡；当机体生命能量活动失衡时，机体就会发生疾病，表现为生命能量的损耗和生命物质的流失，生命便处于病态衰亡状态。中医理论中调整阴阳平衡之说，本质上就是指通过各种手段调理人体内部与外界环境间的“能量出入平衡”，保证了这种“能量动态平衡”，人体就“气调血顺”，百病自去，就好比自然界的“风调雨顺”。“生命在于运动”就是因为运动能增加并维持生命能量的基本生理需要，调节人体生命能量的活动规律，使生命状态保持在稳定、健康的生理水平。

二、生命的接纳与感恩

每个生命都是唯一的，生命对于任何人来说都只有一次，不可逆转。回顾每个生命的发展历程，从孕育到诞生，都是神圣的、不易的。生命的孕育要经历一个艰难的过程。胎儿发育过程中，母体经历的任何一次创伤、病毒侵袭、过度劳累等都可能影响胎儿的发育，甚至造成胎儿残疾或危及胎儿生命。分娩过程对母亲和婴儿来说都是巨大的挑战。我们能够顺利地降生到这个世界上本身就是一个奇迹，更何况我们在成长过程中已经不断地战胜了每个遇到的危险和挑战，所以，我们需要接纳与感恩人生的每一个阶段。

我们从呱呱落地的婴儿，经过童年、少年、青年、中年，直至老年，每一个阶段的生命都有其独特的美和韵味，如婴儿的好奇、童年的天真、少年的遐想、青年的激情、中年的成熟、老年的智慧。如果你能欣赏生命的每个阶段带来的独特的感受,你就会发现生命是多么的丰富多彩。如果我们可以懂得人生每一个阶段通过自己的努力都能够变得精彩,我们的少年就会像春天的桃花一样绚烂,青年就会像夏天的荷花一样清香,中年就会像秋天的菊花一样坚韧,老年就会像冬天的梅花一样在寒冷中高洁绽放。

出现什么,就接受什么、欣赏什么,这是自我成长的终极意义。我们要努力接纳、欣赏这个世界的每一个真实的存在,接纳生命的独特性,接纳生命的不同阶段,不排斥、不批评,如其所是去欣赏、去祝福。

知识拓展 8-2

生 命 线

(1)从左至右画一道横线,长短皆可。给这条线加一个箭头,让它成为一条有方向的线(见下图)。

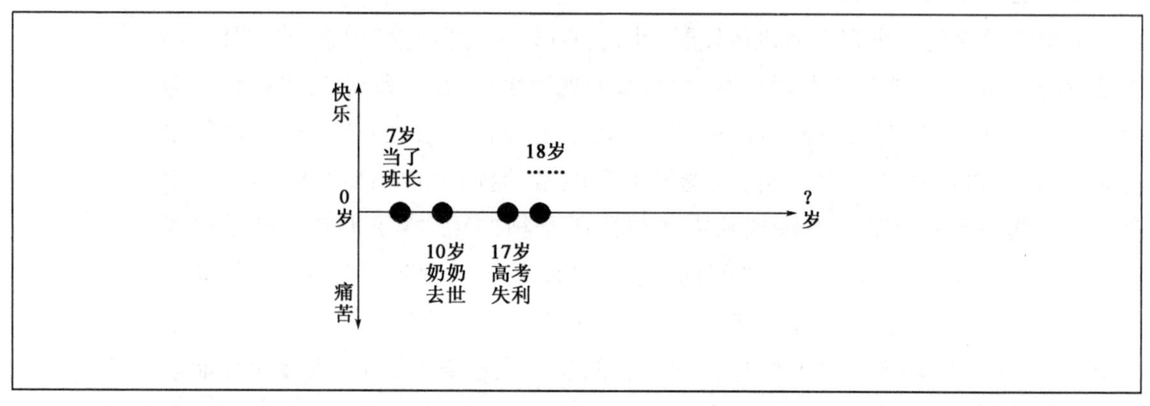

(2)在线条的左侧,写上数字“0”,在线条右侧箭头旁边,写上你为自己预计的寿命。如 78、100 等。此刻,在标线的最上方,写上“ × ×的生命线”。按照你为自己规定的生命长度,找到你目前所在的那个点,留下一个标记。

(3)你的标记的左边区域,即代表着过去的岁月,把对你有重大影响的事件用笔标出来。比如 7 岁你上学了,你就找到和 7 岁相对应的位置,写下“上学”,注意,如果你觉得这是件快乐的事,就用红笔写在生命线的上方。假如,10 岁时,你的某位亲人不幸离世了,对你造成了极大的创伤,你就在生命线 10 岁的位置下方,用蓝笔把这件事记录下来。依次操作,记录自己在今天之前的生命历程。

三、树立正确的生命价值观

课堂互动 8-3

生命的价值

(1)如果你的生命只剩下 7 天，你会做哪些和现在不同的事情？为什么？

(2)假设你走到了生命的尽头，你希望听到家人、朋友说些什么？

生命是珍贵的,又是独特的。生命具有宝贵性、唯一性、独特性、脆弱性,需要我们用心呵护和珍爱。过好当下的每一天,才会让自己的生命绽放出独特绚丽的色彩。珍爱生命、尊重生命,明确生命责任意识,树立正确的生命价值观,是我们必修的课题。

生命是无价的,每一个人的生命都不只属于自己,每个人都应该对自己和他人的生命负责。无论遇到多大的困难,都不要厌恶甚至放弃自己的生命。任何一个生命的逝去,对家庭、社会都是巨大的损失,珍爱自己和他人的生命是每个人的责任。生命的责任担当意识是一种价值观和行为准则,强调个体对自身生命和他人生命负责的意识和行动。这种意识不仅体现在对自己的生命健康负责,还体现在对他人的关爱和保护。这正是一个人生命价值的体现。生命的价值也体现在对社会的贡献上,每个人都从其生活的社会中获益,享受福利,同时也需要承担社会责任,为国家、民族、社会作出一定贡献,这是个人生命价值的最高体现。

让“世界因为我而有所不同”。每个人的生命都富有创造性,可以根据自身条件,主动创造,在满足自身需要的过程中主动地改造环境,使环境适合自身的需要并成为自己生命的组成部分,这样可以创造出更多的价值。纵观人类的历史长河,人类创造了无数的物质财富和精神宝藏,一代一代地传承下来,影响无数后人。人类的生命价值就体现在不断认识自我,开发个人潜能,追求自我发展和成长,为他人和社会创造出高于自己生命的价值的同时也让自己的生命之花绽放。

心理案例 8-1

“杂交水稻之父”袁隆平

袁隆平生于 1930 年 9 月，是我国研究与发展杂交水稻的开创者。20 世纪 60 年代初，他目睹了农民们粮食短缺的状况，于是决心改良水稻品种，探索科技兴农之路。

在当时，他提出杂交水稻育种设想是需要勇气的，袁隆平的精神是令我们敬佩和感动的。袁隆平不怕困难，决心改良品种。亲自实验，用自己的大脑和双手，开拓出一条新的科技之路。这条路从一开始就困难重重，但科技创新精神和报效祖国的精神一直激励着他坚持不懈地努力，他下定决心一定要和饥饿、灾荒作斗争，解决人民的温饱问题。袁隆平以他持之以恒、坚持不懈的意志和精神克服了重重困难，终于取得了成功。

袁隆平坚持不懈、刻苦钻研、知难而进的精神鼓舞着我们，生命的价值就在于突破自己，勇敢前行，为他人和社会作出贡献。

8.3 绽放生命

一、看到生命的力量

(一)生命力的含义

人的生命似海水奔涌,不遇着岛屿和暗礁,难以激起美丽的浪花。生命是顽强的,对于每个人来说,顽强的生命让我们呈现强大的生命力。生命力是对生命的敬仰,表达的是一种生命状态的力量,是活在当下的自己,是活出来的自己。生命力就是完全和自己在一起迸发出来的能量,和自己关系和谐,和环境关系和谐,和他人关系和谐,清楚地知道自己,不被环境影响和控制,即使为适应环境而做出一些改变也是有觉知的改变。

对于个体来讲,生命力源自内心,如果你的内心充满生命力,那么你就一定能展现出强大的生命力。它可能是一分信念,一种坚守,一句承诺。生命力是我们与生俱来的,可能被忽略,但一直都在。

(二)挖掘生命力,激发正能量

生活中部分人会感受不到生命力,或许因其生命力处于抑制状态,本质上是指没有和自我的内在连接。事实上,每个人都是一个小宇宙,只有当你内在的力量被激活的时候,你才会感受到自己强大的内驱力。世界知名的心理治疗师和家庭治疗师均认为做到“一致性”,便可以感受到生命力。做到“一致性”,指的是关注我们自身的感受,了解自己内心真正的渴望和期待,和自己的内心在一起。这是一种内在丰盛、和谐的状态。冥想、和大自然接触、感受艺术、和朋友分享生命力都可以帮助我们体会“一致性”,感受内在的生命力。挖掘生命力,激发正能量,懂得接纳生命、尊重生命、关爱生命、热爱生活,对生命抱有积极的态度可以帮助我们创造积极的心理环境,感悟生命的力量,创造生命的奇迹,成就精彩人生。

(三)生命力量的恢复——生命历程中的丧失与哀伤

如同一个硬币有两面,在我们孜孜不倦地体验生命的意义、行色匆匆只管往前走的同时，生命之河也在不断地从丧失与哀伤中淌过。丧失与哀伤，是生命的另一历程。虽然每个人都不希望失去重要的人、关系或者物，但丧失是每个人在生命历程中都必须面对的经历。丧失就是失去，主要指失去某人、某物或某种状态。童年的远离、青春的逝去、朋友的分道扬镳、恋人的分手、婚姻的破裂、居住地的变迁、被寄养而与父母分离、心爱玩具的丢失、疾病的出现、身体和财产意外的损伤、失学、失业等各种拥有之后的变故与失去，充满我们的生命。一个人面对丧失，尤其丧失重要的人，会产生强烈的痛苦和悲痛，会冲击已有的相关信念，对周围的人、环境失去安全感，对周围的基本信任被破坏，失去对现实世界的控制感和对自己生活的掌控感，甚至导致自我价值和自尊的下降。

哀伤是失去引起的情感上的结果，是个人处理、消化这些痛苦和悲痛的过程，所以，我们需要允许"当下的哀伤"并学会表达。生活中约定俗成的理念使得我们不敢在丧失之后进行排解，如被教育要勇敢、要坚强等，以至于在面对丧失带来的痛苦时，可能会选择默默承受。对于丧失，不去表达它似乎成为每个人生活中常见的一个误区，一个人如果长期不释放自己内心的伤痛，对其心理健康可能会产生消极的影响。

需要了解的是，合理地表达哀伤情绪是丧失处理中一个重要的部分。合理表达对丧失的哀伤，并最终承认丧失、接受丧失，是面对丧失正确的处理方法。表达的方式有很多种，比如可以向自我表达，可以通过写日记、为失去大哭一场的方式表达，也些可以通过向他人倾诉的方式表达，这都会为之后生命力量的恢复带来极大的帮助。

心理案例 8-2

重获生命的力量

小 K 是一名大二的学生，她的情绪经常不稳定，考试的失利会让她懊恼万分，和朋友关系的疏远会使她痛苦无比，和男友吵架更会使她接近崩溃。经过了解才发现，原来一切都源于高中时其父亲的突然离世。这件事发生以后，家人为了不影响她参加高考，匆忙地办了丧礼，就让她继续学习了，并要求她尽量控制自己的情绪，不要影响自己的未来。那些日子里，她埋头苦读，每当难受想哭的时候，就会努力忍住。高考结束了，顺利考上大学的她却不知道，这件事仍然在无形中影响着她，使得她害怕失去，变得敏感、情绪不稳定。咨询后她了解到，压抑不能解决问题。于是放假后，小 K 特意找了一天为自己的父亲扫墓。在墓碑前，她大哭了一场，并且把压在心头的对父亲的思念以及失去他的悲痛都诉说了出来。回去之后，她感受到了久违的轻松，对未来也充满了信心。

心理学家认为，哀伤是对失去过去(客体)的一种纪念方式。哀伤及其过程是涉及思想、情绪、行为和躯体感觉的整体过程，它对于重建心理平衡、恢复自我功能是非常重要的。如同身体创伤要承受创痛以及要有一个恢复的过程，心理

丧失也要有一个逐渐恢复的阶段，这也是为什么悼念仪式很重要。不要害怕和那些经历了丧失的人提他们丧失的经历，丧失的经历是我们每个人都要面对的。

哀伤处理需要完成的心理任务：

(1)确认和理解丧失的真实性。

(2)经历悲伤的痛苦。

(3)应对由丧失所带来的环境和社会性的改变。

(4)转移与丧失对象的心理联系。

(5)修复内部的和社会环境的自我。

在哀伤的过程中，改变是非常重要的特点，在失去一个所爱的人之后，世界就将改变，而判断这个改变是否发生就是要看其是否可以接受失去，是否可以建立新的关系或是将所爱的人内在化，使之成为自己主观意识的一部分。当然，许多人并不想忘记那些已经失去的人，与其让他们接受这个现实不如让他们怀念逝去的人，尤其对一些老年人来说。总之，哀伤处理的完成，会让当事人重新感受生命的力量。

知识拓展8-3

哀伤恢复的必经之路

(1)承认丧失：有一段时间你会感到麻木。事情已经发生，请尝试不回避。

(2)与痛苦同在：你很痛，承认它。丧失后感到痛苦是正常的反应。

(3)你并不孤单：丧失是生命的一部分，人人都会有这样的经历。

(4)你是美好的、有价值的人：虽然现在你感受到情感伤痛，但除此之外，你也拥有美好。

(5)你会好起来的：请相信你会痊愈。

(6)给自己时间疗伤：丧失越多，伤愈的时间越久。

(7)疗伤过程中有进有退：疗伤与成长并不是一个平稳向上的过程，而是充满了起伏。这或者是戏剧性的飞越，或者是令人沮丧的倒退。

(8)积极的体验会再来的：你的生活曾充满积极体验，它们会再次出现在生活中。

(9)好好照顾自己：充分休息，遵照时间表，规划好每一天，活动会让你感觉生活有序。

(10)尽量少做决定:你正在经历改变，不要另加重负。

(11)寻求慰藉：接受他人的帮助，主动寻找帮助。这是合乎情理和勇敢的。

(12)让自己被生命包围：养一盆新植物或一只宠物。

(13)运用你的信仰：请运用你的信仰，探索它，跟随它，并成长。

(14)周末和假日最难度过：安排你尤其喜欢的活动。

(15)轻生念头：可能出现，这是痛苦的表现。如果这种念头超出控制，请立即寻求帮助。

(16)现在哀悼：允许自己带着痛苦。推迟的哀伤，未来还是会来找你。哀伤总要被表达。

(17)对自己温柔一些：你已经遭受了令人感到无能为力的情感伤痛，请关爱自己。

(18)让自己完全伤愈：给自己时间。你尚为疗伤之人，不要太快地跳至新事物。

(19)纪念物：如果这些对你有所帮助，那么就用吧。但是，如果它们将你绑于已逝的过去，请放弃。在说“你好”之前必须先说“再见”。丧失会带来痛苦，但痛苦能让人成长。

(20)期待积极结果：痛苦可以接受。它告诉我们，我们在痛。但我们不欢迎长期的痛苦。

(21)你可以感到沮丧：哭是净化，是绝妙的释放。和这些感受一起待一会儿吧。

(22)你可以感到愤怒：面对爱的丧失，人人都会愤怒。明智地疏导，它便会在你的伤愈中远离。一个人的时候吼一吼、叫一叫，也可以通过跑步、击沙袋等释放情绪。

(23)营养：良好的饮食习惯有助于伤愈。

(24)你很脆弱：这时的你抵御力弱，请向那些令你信任的人寻求帮助。

(25)提防反弹：丧失是个空洞，要小心但不要急着填补它。

(26)提防那些成瘾行为：酒精、药物、食物、令你分心之物，这些都能让你暂时逃离痛苦，但永远不会帮助你疗伤。

(27)为哀伤设定时限：长时间悲痛欲绝并不能证明真爱，真爱是对生的支持。

(28)写日记：将你的想法和感受写在纸上是将它们释放的好方式。你也可以回顾，观察自己的伤愈程度。

(29)按你自己的节奏疗伤：永远不要拿自己的伤愈和他人比较，每个人都有自己的时钟。

(30)你将会成长：当努力度过伤痛，你将发现你最终能应对。痛苦终将减少，伤痛可以疗愈。你可能开始明白改变和分离原本就是生活自然的一部分。你因爱过他人而变为更好的人。

(31)开始放眼未来：尝试新的、让每天都充实的生活方式，日子可能变得有乐趣。

(32)赞美自己：你现在是更丰富、更深刻、更有智慧的人。

(33)敞开心扉：给自己机会结识新人，去新的地方，接受新的思想，开始新的体验。但不要忘记以过去为根基，不要抛掉那些曾经对你有价值的东西，一开始有小的改变就很好。

(34)开始奉献自己：“给予”能带给你最大的快乐，这是在疗伤。

(35)了解可能的故态复萌：总有一些事会再次引发哀伤，这很正常。

(36)单独不代表孤独：独处能带来创造力、宁静，甚至乐趣。你可以学着享受独处。

(37)享受你的自由：现在你能把握自己，全权为自己做选择。你甚至可以试着冒险。

(38)庆祝你已成功走过哀伤。

二、追求生命的意义

作为普通人，我们可以通过三种价值方式获得生命的意义：

第一种方式是创造的价值，即通过某种类型的活动以实现个人的价值，如经由个人工作、爱好、运动、服务、自我的付出或贡献、与他人建立的关系等发现生命的意义。

第二种方式是经验的价值，即经由体验某种事物或体验某个人发现生命的意义，如欣赏艺术作品、投入大自然的怀抱、与人交谈、体验爱的感觉等。

第三种方式是态度的价值，即当个人面对无法改变的命运（罪恶感、死亡或痛苦的逼迫）时决定采取的态度，此价值即苦难的意义，是人类存在的最高价值所在，如个人所持的生活信念或价值观、生命观等。

一个人也许无法选择环境与命运，但可以选择面对环境与命运的态度，保持人性的尊严，以高贵的姿态面对苦难。很多人可能会简单地认为，人生的意义当然是寻找幸福，然而具有讽刺意义的是，那些一味追求个人幸福的人，反而往往感到不幸福。人的独特之处，其实在于其对意义的追求。

心理案例 8-3

拾荒老人生命的意义

2014 年，媒体的镜头捕捉到了一位在杭州图书馆读书的拾荒老人的身影。他对书籍的爱护和尊重体现在他的每一个小细节上。他不仅会在读书前洗手，还会在读书时特意将袖口挽起来，用里面干净的衣服包住外衣，以免将书弄脏。然而，2015 年 12 月，老人因车祸永远离开了我们。通过他留下的遗物，人们发现老人叫韦思浩，长期以来他一直在默默地捐资助学。他的捐赠范围遍布全国各地，从浙江到黑龙江，从沿海城市到东北边疆。他用自己的化名进行了无数次的捐款。经调查，韦思浩并非普通的拾荒老人，他真实的身份是杭州市一所中学的一级教师。韦思浩的房间，用工地上的小灯管照明，只有一张用木板拼成的床。早在十几年前，他就已经安排好了身后事，亲手签署了遗体捐赠志愿表，愿意在自己离世后，将所有可用的器官捐给需要的人，为社会贡献自己最后的力量。为了纪念他的高尚人格和精神品质，杭州图书馆新馆立了韦思浩半身铜像。这个铜像不仅是韦思浩本人的代表，更是那些默默奉献的人们的象征。这个铜像的存在让更多人了解和记住韦思浩的事迹，同时也鼓励更多人继续他的精神，为需要帮助的人带去温暖。

三、活在当下

（一）接纳人生不同的阶段，有意识地做出更好的选择

今天我们经历的一切，无论是有意识的，还是无意识的，都是生命最高智慧做出的选择。所以，要谢谢它们曾经陪伴我们走过了许多年的时光，看到每一个阶段都收获着成长。一个拥有真正自由的人，了解自己生命里的每一个结果都是自己能做的最好的选择，这样的人，将不会怨天尤人，不会将责任推给环境和别人，会为

自己生命里的每一个结果负责。

(二)接纳真实的情绪

有痛苦、悲伤、欢笑、眼泪和爱的生命才是有深度、有力量、有智慧的生命。大部分的人只想追求喜悦,却不知这也是招致痛苦的原因。如果我们能够拥抱自己的喜怒哀乐,自然能体会真正的生命。事实上,人性的每一个部分,都是我们存在必需的。一个人的情绪是不能被评价的,因为我们的每一个情绪、每一个感受都是真实的,而往往正是这些感受珍藏着你人生的很多秘密。当我们能够体会自己情绪的时候,要给自己一个"情绪的安全岛"。这个安全岛可能是你的心理咨询师,可能是你比较信任的家人、朋友,也可能是你的日记本。要给自己创造一个空间,允许自己体验已有的情绪,接纳真实的情绪,不要否认它。

(三)聆听内在的声音

生命需要跟自己连接,这样,我们才知道自己想要什么,或者自己到底在做什么。若没有连接,则感觉空虚,仿佛生命没有意义。在简单的日常生活中,可以通过身体的感受与内在建立连接,具体可以通过情绪、音乐、绘画与自我连接。在过程中,我们可以聆听内在的声音,如:对这件事情身体感觉是否舒服呢?这件事在身体某一特定部位引发的感受是怎样的呢?

(四)体验大自然的神奇与壮美

大自然中时时刻刻存在着美丽与感动。日月流转,一天中,清晨,欣然迎接第一缕晨光;傍晚,静静注视天边似烈焰燃烧的晚霞;夜晚,月光在和你叙述,星星在向你眨眼。四季更迭,一年中,春天,微风拂柳,百花烂漫;夏天,绿草如茵,生机勃勃;秋天,枫叶醉美,硕果累累;冬天,大地安宁,雪花飞舞。因为神奇的大自然,因为广阔无垠的世界,只要我们怀着一颗鲜活的心灵去体验、去接纳、去欣赏,美,无处不在;美,四季常存。

当我们每次感叹遇见的美丽的事物时,当我们赞美鲜花时,是否想过,其实世界上的每一个生物都有灵性。每一分美丽的背后,都是生命的绽放。无论是正在开放的,还是已经凋零的,都是同等的生命,都应当得到尊重和爱护。当我们懂得敬畏身边的每一个生命、敬重每一分美丽时,爱就在我们心中开花,就能够在我们有限的生命里,让自己感到快乐并且满足。

(五)感受艺术的魅力

审美感受可以带给我们各种内心的喜悦,使我们感到充实,引起我们内心的感动和共鸣。现代人大多追求快感而忽略了美感对生活的重要性。在艺术欣赏中，人们会感动，会不自觉地欢笑、流泪，沉浸其中，陶醉其中，从而丰富内心。如果你对什么都无动于衷，生活得很贫乏而单调，那么可以想一想，是什么遮蔽了你本来发现美的眼睛呢？只要有勇气探索，定会找回本真。

心理实验 8-1

一个发人深省的实验

一个寒冷的上午，地铁站的走道里，一名男子用小提琴演奏了 6 首音乐作品，共演奏了 45 分钟左右。他前面的地上，放着一顶帽口朝上的帽子。显然，这是一位街头卖艺人。没有人知道，这位在地铁里“卖艺”的小提琴手，就是世界上最伟大的音乐家之一。他演奏的是世上最有艺术性的音乐作品，用的是一把价值不菲的小提琴。

在演奏的 45 分钟里，大约有 2000 人从这个地铁站经过。在演奏了大约 3 分钟时，一位显然有着音乐修养的中年男子放慢了脚步，甚至停了几秒钟听了一下，然后急匆匆地继续赶路了。大约 4 分钟时，他收到了他的第一份收入。一位女士把钱丢到帽子里，她没有停留，继续往前走。6 分钟时，一位小伙子倚靠在墙上倾听他演奏，然后看看手表，就又开始往前走。10 分钟时，一位小男孩停了下来，但他妈妈使劲拉扯着他匆匆忙忙地走开，小男孩又停下来，又看了一眼小提琴手，但他妈妈使劲地推他，小男孩只好继续往前走，但还是不停地回头看。其他几个小孩子也是这样，但他们的父母全都硬拉着自己的孩子快速离开。到了 45 分钟时，这场演奏总共只有 6 个人停下来听了一会儿，大约有 20 人给了钱就继续以平常的步伐离开。

要知道，两天前，男子在一家剧院演出，所有门票售罄，而要坐在剧院里聆听他演奏同样的那些乐曲，平均得花上千元。其实，这次的地铁演奏，是关于感知、品味和人的优先选择的社会实验的一部分。

实验结束后，主办方提出了几个问题：

(1) 在一个普通的环境下，在一个不适当的时间内，我们能够感知到美吗？

(2) 如果能够感知到的话，我们会停下来欣赏吗？

(3) 在匆匆而过的人生中，我们错过了多少珍贵的东西呢？

我们总是在不断地赶路，不断地前行，以至于没有留意沿途美丽的风景，以至于几乎忘却了年少时的梦想。我们像个陀螺一样旋转，最终得到的会是我们想要的吗？如果我们把工作和财富当成生活的全部，那我们就将错过太多太多。让我们放慢脚步，品味生活，活在当下，欣赏自己，体验生命，感悟人生。

思考

1. 从小到大，你做过的最成功的一件事是什么？最失败的一件事是什么？到现在为止，它们还在影响你吗？通过学习，你的看法有哪些改变？

2. 在我们的生命中，有太多我们没有关注到的美好，请重新回顾我们的成长经历，找到它们，并列举出来。

□心理素质拓展实践

拓展任务:假如我是一棵树

一、拓展目标

1. 素质提升目标:挖掘内在心理力量。
2. 能力提升目标:从心理学视角看待自己以及身边的人和事。
3. 实践能力目标:提升助人及自助的实践能力。

二、拓展任务及实施过程

1. 准备阶段:每个学生说出一种自己熟悉的自然界中的树,并将其归类;准备一张纸。
2. 活动阶段:按树的不同分类,进行分组。

每个学生画出自己心中的这棵树,并写出树的年龄、有哪些价值以及最想对这棵树说的话。小组内交流。交流结束后,小组间展示自己所画的树的生命价值。

3. 总结自己与树的对话,谈谈你有哪些感悟。

三、拓展小结

通过活动,让学生体会生命的历程所带来的感悟。

学生分享此次实践活动的感悟。

1. 我感受到自己有变化:

____

2. 我对生命有新的了解:

____

□学习反馈单

一、自我评估反馈表

学习反馈项目	自评	改进措施
课前准备情况	优 良 中 差	
课上学习专注度	优 良 中 差	
与教师互动情况	优 良 中 差	
对内容的理解程度	优 良 中 差	
完成学习任务的品质	优 良 中 差	
知识与实践的结合运用情况	优 良 中 差	
课后反思情况	优 良 中 差	

二、问题反馈

1. 通过自我觉察,你是否产生了与课程内容相关的困惑,请具体说一说。

2. 通过学习,结合身边的人或事,你有哪些感悟?

3. 通过学习,你对自己当下的情境有哪些新的认知?

4. 通过学习,你对自身有哪些具体规划?

5. 如果有机会,你希望深入学习和探讨与本次课程相关的内容吗?

学习者签字: 日期: 年 月 日

指导教师签字: 日期: 年 月 日

第9章 培养职业心理素质

学习目标

1. 增强职业意识。
2. 掌握实习、就业等初入职场时进行心理调适的方法。
3. 提升职业适应能力，为从学生角色到职业角色的转换做好心理准备。

本章导读

2020 年 7 月，习近平总书记在长春市一汽集团研发总院同刚毕业的大学生亲切交流时谈到，高校毕业生要转变择业就业观念，只要有志向就会有事业，只要有本事就会有舞台❶。当下培养大学生职业意识，改变大学生就业观念，使大学生做出合理的就业预期，是大学需要面对的重要课题。

大学是大学生从青春期逐渐过渡到成人期的重要成长阶段，大学生必将从学生转变为职场新人。初入社会的我们难免会经历许多迷茫，而摆脱迷茫最好的办法，就是积极做好初涉职场的心理准备。

心理案例 9-1

迷茫的小 Z

小 Z 的寝室最近有些变化，大家讨论的话题似乎“正经”起来。不知道从什么时候开始，室友们都有了关于未来的打算。大家纷纷讨论怎样增加自身的实践经验，因为听说在求职的时候，实践经验才是面试的亮点。小 Z 以前只想着努力学习，一想到实践、职场，就开始焦虑和紧张，不知如何是好。

同步思考

1. 你认为需要为实践、实习、求职、就业做哪些准备？
2. 关于职业心理，你有哪些了解？

---

❶ 习近平在吉林考察时强调：坚持新发展理念深入实施东北振兴战略　加快推动新时代吉林全面振兴全方位振兴[N]. 人民日报，2020-07-25(1).

9.1 职业心理准备

一、职业心理准备的必要性

大学生终将面对实习、择业与就业，那时，大学生的心理定会是复杂而多变的：一方面，会为自己即将走向社会，实现自己的人生价值而感到由衷的高兴；另一方面，也会在内心产生紧张、矛盾。因此，提前做好职业心理准备、调整好职业心态，积极参与竞争，勇敢地迎接挑战，是非常必要的。

准备是成功的关键，无论是找工作还是在工作中，一个精心准备的人比一个没有准备的人更有信心和决心。准备可以让我们更从容地面对挑战和不确定性，从而更有可能在面对困难时成功；准备可以帮我们权衡利弊，做出更好的决策。

知识拓展9-1

良好职业心态的表现

(1)选择适当的就业目标，一个人的就业目标应与本人具备的实力相当或接近。

(2)避免理想主义，及时调整就业期望值，不刻意追求最满意的结果。

(3)避免从众心理，一切从自身的特点、能力和社会需要出发，不与同学攀比。

(4)克服自卑、胆怯的心理，树立自信心，培养敢于竞争的勇气。

(5)不怕挫折。遇到挫折，不消极退缩，采取积极的态度，勇于向挫折挑战。

二、大学生职业心理存在的问题

(一)缺乏客观性

大学生或许都曾在心中描绘过今后生活的蓝图，或许对将来从事的职业也或多或少有过不同的理想和向往。他们都希望找到一份称心如意的职业，去实现自己的理想。可是，他们容易忽略的是，社会生活的现实往往与他们的主观愿望之间存在着一定的差距，大学生在面对社会时，存在着客观上不能全面认识自己的问题，同时也可能因为缺乏实践经验的积累，对自己的职业能力并不了解，处理问题时存在侥幸、回避或恐惧的心理。这是因为由相对单纯的校园迈入瞬息万变、竞争激烈的职场，他们还没有提前做好准备。甚至，有些大学生具有幼稚的冲动、盲目的激情、过分的自信等，自身又缺乏明确信念的导向，以致不能客观地把握自我定位，形成职业困惑。

（二）认知存在局限

大学生由于年龄和阅历的局限，对社会的了解不全面，没有实际的体验，存在着较多的想象成分，因此，在就业的思维认识过程中，对社会的就业形势、就业环境、就业政策等缺乏全面、正确的了解。有的大学生把社会想象得过于美好和单纯，对影响就业的因素知之甚少，因而个人的就业期望值往往偏高，脱离社会的实际需求；有的大学生对职业的认识存在着局限性和片面性，因此什么职业"热"就向往什么职业；有的大学生把少数不利于就业的社会因素看得太重，并且以点看面、以偏概全，进而认为社会太复杂，就业很困难，被认知的局限吓倒。

课堂互动 9-1

以小组的形式，讨论并填写大学生求职、就业的影响因素表（表 9-1）。

求职、就业影响因素表

表 9-1

积极因素	消极因素	应对办法

（三）自己的职业选择与父母的期望冲突

在面临职业选择的时候，有些大学生苦恼于与父母在职业选择上有沟通问题。父母愿意在此时给予更多的经验指导，他们可以理解，也愿意对父母的经验加以分析。但是，有些大学生对于父母与自己的职业期望存在冲突的问题，不能理性处理，拒绝沟通，错失了很多积累经验的机会。大学生可以从双方的价值观入手进行调解，想一想：父母为什么希望自己从事这样的职业？这背后体现了怎样的价值观？也许自己不能认同这些职业选择，但是认同这些价值观吗？是否可以在双方的职业选择上找到一些相似的价值观并借以沟通？在了解双方的冲突点后，大学生需要通过沟通向父母表达自己的观点并相互协商。

作为大学生，还需要注意的是，不要对结果抱有过高期望。沟通并非说服，它旨在表达彼此的观点，互相了解，求得彼此的理解与体谅。但是并不能全盘否定父母的想法，大学生可以努力争取父母的支持或默许。即便是沟通失败，大学生也应体谅父母的苦心，无论如何他们的出发点总是好的；再者，他们的观点与期望很难在短时间内改变,所以无论沟通的结果怎样,只要最终能够向父母表达自己的观点就是一种成功,沟通本身有助于拉近彼此的距离。

(四)初入职场时存在不适心态

当谈及职业选择的时候,很多大学生会存在不自信的心理,经常担心自己的表现不佳,容易被身边的人和事影响情绪。有的大学生对于职场人际关系的处理也存在恐惧的心理,甚至因此而感到焦虑。这些面临职业选择的不适心态,是大部分人都会经历的,大学生只要学习接纳和调整,经过一段时间,一定会找到适合自己的坚定的工作心态。结合自己的实际情况,坚定信心,做好努力的规划,必然会很快适应和成长起来。没有最好的工作,只有最适合自己的工作;没有一劳永逸的工作,只有不断接受挑战的工作。秉持这样的理念才会找到自己的就业之路,实现人生价值。

心理案例 9-2

小 Z 的实习生活

小 Z 来到了实习岗位，带着虚心学习的心态，处处谨小慎微。这几天，有的同事开始跟小 Z 聊天，告诉她公司“内部情况”。小 Z 有点不知所措，她觉得同事们说的不一定是事实，但是心理还是受到了影响，以至于最近几天情绪不高。

同步思考

1. 你认为小 Z 应该怎么做?
2. 你认为职场新人的心态应该是什么样的?

(五)缺乏职业意识

职业意识来源于我们对工作的认识、评价、情感、态度和心理的综合认知反应,具体来说,职业意识主要包括奉献意识、竞争意识、协作意识、创新意识等,是职业道德、职业操守、职业行为等职业要素的总和。职业意识可以是约定俗成的、师承父传的,也可以是通过法律、法规、行业自律、规章制度、企业条文体现的。职业意识有社会共性,也有行业或企业特性。它是每一个从业者最基本,也是必须牢记和自我约束的意识。职业意识影响一个人的职业发展和自我职业能力提升,大学生只有在大学阶段接受挑战和训练,才能够具备职业意识。

三、如何做好职业心理准备

（一）实现从学生角色向职业角色的转换

1. 毕业前的实习期

在毕业前的实习期，大学生要调整自己，做好准备，积极参加实习。要意识到实习的目的是了解职业信息、熟悉职业环境、积累职业经验，为自己的职业选择做准备。因此，大学生在实习期间要时刻提醒自己，要站在职业人、为工作负责的角度面对问题、解决问题；在工作环境中，要虚心向同事学习、请教，积累工作经验，低调处事，与同事建立和谐、互助的工作关系，尽快熟悉工作流程、了解工作任务，认真开展工作；对领导交代的任务，要尽心尽力完成，并在工作中总结经验，不断提升工作能力；主动向领导汇报工作的完成情况，遇到不知如何处理的问题，不要自作主张，要及时与领导沟通。

2. 入职后的岗前培训期

入职后的岗前培训期也是大学生适应职业角色的关键期。通过培训，可以了解工作单位的具体情况，如规章制度、升职空间等工作程序，可以与其他新入职的同事有更多的相互学习和沟通交流的机会，提升团队凝聚力，形成良好的人际关系，这对尽快融入工作单位起到重要作用。同时，还可以在岗前培训中结识一些经验丰富的前辈，为以后请教专业问题、提升自己的职业能力奠定良好的基础。此外，岗前培训也是展现自己才华的重要机会，大学生在虚心学习的同时，应勇于表达，大方展示自己，让更多的人了解自己的特长及能力，为在职场上更好地发挥自己的优势创造机会。

（二）建立清晰的自我认知，树立正确的职业价值观

1. 正确评估自己的能力

能否正确评估自己的能力，对大学生求职就业的成败有着重大的影响。为了避免在职场上产生巨大的心理落差，大学生要充分认识自己的优点和不足，通过获取职业信息、实习、参加实践活动等多种方法了解、探索自己的职业能力，知道自己适合做什么、不适合做什么，这样才有可能对职业环境做出客观的判断，发挥自己在择业、就业中的主动性，拓宽自己的职业渠道。

2. 避免盲从

每个人的职业需求都有所不同,大学生不能够随意盲从。求职不能只考虑工作的收入、工作条件、地点等因素,更要考虑职业对自我发展的影响与作用。对于那些虽然现在工作条件一般,但发展空间大、能让自己充分发挥作用的单位要优先考虑;对于那些现在经济发展水平一般,但发展潜力大、创业机会多的工作地点也要重视。如果盲目去一些表面上看来不错,但不适合自己、自己的才能不能得到有效发挥的单位工作,是很难走下去的。

3. 改变非理性认知

在工作中,不可避免地会面临各种竞争压力和挫折,如何看待这些压力和挫折,会给我们的职业发展和身心健康带来重要影响。有些大学生对竞争缺乏合理的认识,强求自己在竞争中必须超过他人,否则就否定自己,产生较强的挫折感和自卑感,即使在竞争中取胜,也会害怕将来被别人超越,生活在恐惧、不安和无意义感中,最终导致职业倦怠。有些大学生害怕挫折和失败,一旦工作遇到困难,就容易自暴自弃、不思进取。这些都与非理性认知有关。

大学生要学会从积极的视角看待问题,将竞争看作提升自己的机会以及更好地自我完善的途径,而不是作为评判自己的方法。即使在竞争中与他人相比失败了,也并不意味着自己没有进步和成长,只是说明自己还有提升的空间,可以先欣赏自己的成长,然后再确定进一步提升的方向。同样,挫折是人生的常态,我们在职业领域的成长就是不断在挫折中学习、不断"试误"并改变的过程。当我们从这个角度看待挫折的时候,就不会把工作上暂时的困难看作失败,而是当作一次学习的机会,寻找原因,从而不断充实自我,提升自身能力与水平。

4. 调整期望值,确定合理的目标

大学生在求职就业过程中,结合自身实际调整期望值是首要任务。时代的飞速发展要求大学生学会树立长远的职业发展的观念,放弃"一步到位"的观念。任何人都不具备预测未来的能力,在当前获得一个理想的职业的时机还不成熟时,应采取"先就业,后择业,再创业"的办法。也就是在择业时不要求全责备、期望太高,可以先选择一个职业,不断提高自己的社会生存能力、积累工作经验,然后再凭借自己的努力,把握职业发展方向,逐步实现自我价值。

有很多大学生有激情、有梦想,希望在职业发展平台上早出成绩、多出成绩。这种上进心令人欣赏,但是过分强调理想的效果往往是高不成、低不就,忽略了对现实的考虑,也容易遭受挫折。还有的同学急功近利,不能用发展的眼光看问题,看到周围人在其他行业发展得好,就频繁更换工作以求快速成功,然而最后却与成

功失之交臂。种种例子告诉我们,确定合理、明确的职业目标,踏踏实实,稳中求进,坚定逐步实现职业理想才能真正为职业发展搭建坚实阶梯。

(三)坚强的意志力和强大的自我控制能力

求职就业对每个大学生来说都是一次重装的转折。在此期间,我们可能会遇到各种挑战,承受一些自己从前想象不到的压力。有的大学生因此而心生退意,选择回避,但是人生就是不断面对挫折、不断成长的过程。有的大学生不愿意去基层或艰苦的地方,不愿意承担需要付出较多精力的工作,这些都会给职业发展带来阻碍。纵观古今中外,任何事业有成的人无不经历重重困难,却以脚踏实地的精神、顽强的意志最终走出职业困境,成就自我。很多成功者都曾是普通人,要坚信,坚强的意志力和强大的自我控制能力是大学生身心成熟的两个重要特征,经得起诱惑,耐得住寂寞,生活有目标,做事有底线,必将实现人生的梦想。

(四)充分利用身边的资源

如果在面对求职就业问题时总是拖延,没有动力,不妨利用身边的资源,寻求专业帮助。

1. 专业教师

可以多和所学专业的教师交流,向他们请教所学专业的性质、特点、发展趋势、行业特点等,从而对专业的发展有更加深入的认识。

2. 就业指导中心

在就业指导中心,可以了解学校历年就业趋势走向,企业招聘、实习单位的信息,还能接受求职技巧、技能的培训,比如如何撰写简历、参加面试等。还会有专业人员为你做职业兴趣测试、能力测试,帮助你进行职业规划。

3. 心理咨询中心

在心理咨询中心,可以和专业人员共同探讨自己内心的兴趣、意愿,了解自己对工作、生活意义的理解,明确自己的需求,处理在职业选择中的情绪困扰、内心冲突等问题。

4. 其他人际资源

校友、学业前辈、朋友、家人等都是重要的人际资源,也是最直接的社会支持系统。通过他们,我们能够获得对实践工作领域状况的描述和个人经验感受。如果能够获得推荐机会进入企业实习,更可以直接感受企业的文化与工作氛围。在职业生涯规划中,遇到困难、犹豫不定或充满困扰时,能与这些值得信任的人进行交流非常重要。或许这种交流不一定能解决实际问题,但是至少会让我们释放压力,重新有力量面对困难和挑战。

四、职业心理的调适方法

(一)认识与悦纳职业自我

刚刚了解职场的大学生,对当前存在的职业问题不要一味抱怨,更没有必要自卑,要知道这是每个人都必然经历的,应客观了解自己的现状,学会扬长避短。另外,要用发展的观点看待自己的处境,要知道有缺点和不足是正常的,这并不可怕,应接纳当下,树立信心,在实践过程中不断认识与悦纳职业自我。

(二)稳定情绪,抓住机遇

面对求职就业,大学生还需要做好情绪调控,针对问题理性分析,这样,当机会来临时,才可以抓住机遇,保证求职的顺利。同时,学习情绪调适方法,克服面试现场的恐惧。多参加招聘会,熟悉求职氛围,积累经验,不能盲从,应结合自身实际把握机遇。要时刻记住,只有适合自己的才是最好的。要注意机遇的时效性,在发现就业机会时要主动出击,不能犹豫,也不要害怕失败,应有敢试敢闯的精神。

(三)坦然面对就业挫折,提高心理承受力

面对市场竞争、就业压力,大学生求职总会遇到许多困难、挫折甚至是委屈。面对这些问题大学生更需要调整心态,要用冷静和坦然的态度待之,客观地分析自己失败的原因,调整自己的求职策略,积累经验,坦然面对就业挫折,提高心理承受力。要知道,通过求职增强的自我心理调节能力与承受能力,对今后的职业生活都是非常有价值的。

(四)树立职业理想,实现人生价值

理想是前进的方向,是心中的目标。人生发展的目标是通过职业理想确立的,并最终通过职业理想实现。理想是指路的明灯,没有理想,就没有坚定的方向。一个人只要树立正确的职业理想,无论是在顺境或者是在逆境,都会奋发进取,勇往直前。职业理想在现实生活中可以起到参照物的作用,它指导并调整着我们的职业活动。当一个人在工作中偏离了理想目标时,职业理想就会发挥纠偏作用,尤其

是在实践中遇到困难和阻力时，如果没有职业理想的支撑，人就会心灰意冷，丧失斗志。因此，树立职业理想可以激励我们将美好的未来和宏伟的憧憬变成现实，以坚忍不拔的毅力和顽强拼搏的精神为之努力奋斗，实现人生价值。

（五）平衡工作和生活

初入职场的大学生在追寻职业发展的同时，也要懂得平衡工作和生活。当下社会经济迅速发展，快节奏、高效率的工作成为发展趋势，但工作和生活两者平衡，才能带给我们成就感和快乐，也能提高工作效率。所以，要合理划清工作和生活的界限。享受生活的美好、家庭的温馨，能让自己感到不但在工作中被人需要，而且在生活中也能带给他人安全、支持与温暖，同时也能从家人、朋友身上获得情感上的支持与满足。工作之余需要适当与家人、朋友沟通，发展工作以外的兴趣、爱好等等，这些活动能为我们的生活带来新的活力，让我们体验到工作和生活对自己的真正意义。尤其对那些在工作中发展机会较少、满意度较低的人，这种工作以外的满意度与价值观更为重要。

（六）工作态度连接幸福感

大学生需要了解到，工作态度与幸福感息息相关。心理学家研究发现，人们对待工作有三种态度：任务、事业、使命感。如果只是把工作当作一个任务和赚钱的手段，而没有任何自我价值实现的愿望，那么工作的意义就是让这个人生存下去；如果将工作作为事业，那么人们除了注重积累财富，还会注重个人的权力与声望以及工作带来的影响力的提升；如果是将工作看作自己使命，那么财富和发展机会固然重要，工作本身带来的快乐和充实感、成就感等会让自己感受到幸福，因为这是自我价值实现的体现。需要了解的是，拥有使命感的人不一定都有重要或高薪的职位，如一名普通教师，也可以在工作中获得这种使命感。

（七）相信自己

步入职场的大学生，作为新人，多学习、多交流是必要的，但是对于看到的、听到的任何信息，依然要客观分析，学会依据自己不断积累的实践经验辨识。对自己树立信心，相信自己，按照自己的职业理想和规划，不断前进。

心理故事 9-1

相信自己

小青蛙们参加运动会，比赛内容是看谁最先爬上高塔的顶端。它们的父母和老师们聚在塔边观看，为它们加油。比赛开始了，小青蛙们在向上爬的过程中纷纷掉下来，一个接着一个……家长们在下面心疼地议论："太难了!""它们还这么小，肯定爬不上去!"越来越多的小青蛙感到筋疲力尽，放弃了。最后，只有一只越爬越高，累了也不放弃，终于胜利登顶! 大家好奇它是如何做到的，结果发现，它听不到声音!

在职场上也是如此。当你决定前行的时候，不要被旁人的干扰。即使别人告诉你，你不可能实现职业理想，你也要相信自己。

9.2　职业倦怠与自我激励

一、职业倦怠

近年来，职业倦怠现象的出现引发了职业人的广泛关注。大学生了解职业倦怠，学习自我激励，可以帮助自己未来在职场中更好地预防职业倦怠。具体来讲，职业倦怠是一种由工作引发的心理枯竭现象，是人在持续的工作重压之下体验到的身心俱疲、能量被耗尽的心理感受。

(一)职业倦怠的表现

1. 体能枯竭

"累"是职业倦怠最突出的感受，并难以缓解。个人感觉自己正在被一点一点地榨干，体能枯竭，生活也在自己的衰弱面前逐渐脱离了掌控。

2. 情感耗竭

职业倦怠的人会感觉工作之初的热情与活力不再，情感耗竭，曾经善良的自己变得刻薄、没有耐心，受伤、无助或任何难以承受的感觉，最终都变成压抑的愤怒，一再忍耐却将导致一触即发。

3. 低满足感

职业倦怠的人无论是对工作还是对自己，满足感越来越低，甚至开始怀疑自己选错了职业，但又缺乏改变的勇气。

4. 丧失热情

职业倦怠的人对工作丧失热情，情绪烦躁、易怒，对前途感到无望，对周围的人、事、物漠不关心。

5. 工作态度消极

职业倦怠的人对工作厌倦、对工作过程中接触的人冷淡,没有耐心、不温和,甚至出现态度消极、恶劣的状况。

6. 对工作的价值评价下降

职业倦怠的人常常迟到、早退、请假等,甚至开始打算跳槽或转行,对工作的价值评价下降,但是具体打算换什么工作,自己又说不清楚。

(二)引起职业倦怠的因素

职业倦怠因工作而起,直接影响工作时的身心状态,身心状态又反作用于工作本身,导致工作状态恶化,使职业倦怠进一步加深,这是一种恶性循环。我们如果想要应对职业倦怠,就先要了解引起职业倦怠的因素。

1. 工作压力

在工作过程中,不同个性的人对于工作任务,感受不同,当工作任务难以应对的时候,易出现工作压力。

2. 社会支持匮乏

在工作过程中,尤其在与外界人员交往较少的情境下,社会支持的匮乏会使人产生职业倦怠。人们需要得到家人的理解,需要获得更多的社会支持。

课堂互动 9-2

测一测,填写社会支持量表(参见附录 4)。

---

3. 职业发展瓶颈

当职业发展遇到瓶颈期,职业的发展方向不明确时,人们的工作状态就会出现问题。

(三)职业倦怠的预防

从某种意义上讲,职业倦怠是每个职业人都可能会经历的过程,但是,职业倦怠并不是必然会发生的,做好预防尤为必要。

1. 为职业赋予意义

当我们在工作中意义感缺失，则很难对自己、对工作有积极的评价。赋予工作意义就是给工作增加价值，意义赋予了每件事情以价值。事情越有意义，在心中也越有价值，越容易获得自我价值感。

2. 提升职业素质

职业素质的提升可以为自己赢得更多的发展空间。通常职业素质的提升包含两方面的内容：一是提高心理素质，学会高情商地处理工作过程中的各种关系，做到成熟有度；二是提高专业技能，拥有过硬的技能，工作才会更加得心应手。工作做得好，对职业的控制感强，自然就容易产生职业满足感，不容易引发职业倦怠。

3. 做好职业规划

良好的职业生涯管理，可以使人更理性地看待工作和生活，更平和地处理各种问题，使职业生涯更充实、更有实效。在职业生涯的开发阶段，个人可以对自己的潜能进行科学测评，为职业生涯的发展确立方向、目标、时间和方法，使其具备可操作性。定期根据自己的职业生涯实践进行理性的评估，找出自己的差距和不足，根据内外环境的变化修正自己的职业目标；针对自己的薄弱环节，通过教育和培训进行充实和提高，引导职业生涯顺利发展，从而避免职业枯竭。

4. 了解并超越自我

学会宽容自己、善待自己，不但要了解自己的情绪，接受自己的感受，调整自己的情感，也要理解、接纳他人的情绪感受，做情绪的主人，了解并超越自我，为应对职业压力、预防职业倦怠练好“内功”。

在工作场所将自己的情绪和工作本身分开，体现自己的职业素养。当发现工作所需的资源消耗高于补充时，应主动进行自我充电；当发生职业枯竭时，应尽快找到自己的不足，除了与时俱进掌握新技能外，更要改变观念，重新认识自己的工作。在日常工作中进行创造性的活动，培养新的兴趣点，增加工作的乐趣。职业压力产生的同时也伴随着职业机遇，当我们克服了压力，突破了职业心理极限时，职业生涯将会产生质的飞跃。

5. 适当运用激励

激励就是激发动机、诱导行为，使人发挥内在潜力，为实现目标而积极努力的过程。适当运用激励能预防职业倦怠。

二、自我激励

(一)自我激励的定义

自我激励是指人们通过调动内在动力,以主动的态度和行为,激发自己的积极性、自信心和动力,推动自己朝着目标不断努力和进步的过程。它是一个自我驱动的过程,人们通过思考、目标设定、自我鼓励和自我奖励等方法,可以激发自己内在的动力和愿望,使自己保持积极的心态和行动,克服困难和挑战,实现个人的成长和成功。

(二)自我激励的意义

自我激励是一种重要的心理能力,它能够帮助个体克服惰性、抵抗诱惑,增强意志力,是克服困难、实现个人成长和追求成功的重要途径。它可以激发我们的内在动力,培养自律和坚忍的品质,帮助我们战胜挑战、实现目标,并建立积极的心态和提高心理抗压能力。在面对压力和困难时,自我激励可以帮助我们坚持不懈地追求目标,不断超越自我,实现自我价值的最大化,迈向更高的人生境界。

(三)自我激励的方法

1. 激励自己的三个法则

法则一:保持希望,你认为能,就没什么不可以。

每一个人都有创造的潜能,不论遇到什么困难或危机,只要冷静且多角度思考,就能产生有效的行动,创造奇迹。

法则二:发挥长处,而不是纠结缺点。

发挥长处有助于获得成功,任何成功者都不是天生的,成功的根本原因是开发了人的无尽潜能并使之成为自己的长处。

法则三:为自己找一位导师,不断超越自我。

多与积极向上的人联系,寻求他们的支持和指导。与那些能够激励和鼓舞你的人一起学习和交流,共同成长。当你把自己和一位导师联系起来的时候,你会发现可以得到有价值的信息和帮助,更重要的是你们可以在更深层次上彼此分享,你会因为导师的引导,不断地挑战自我,超越自我。

2. 及时给予自己积极的反馈和奖励

当你达到了一个小目标,或者克服了一个困难,要正向肯定自己的努力和成就，及时给予自己积极的反馈和奖励，激励自己继续前进。

3. 坚持学习

坚持学习新的知识和技能，不断追求进步和突破。通过阅读启发性的书籍、参加培训课程、与专业人士交流等，扩宽自己的知识面和视野。

4. 定期反思和调整

定期反思自己的进展和不足，找出问题并制订改进计划，及时调整目标和策略，提高思维灵活性和环境适应性。

5. 善用心理激励

激励分为两种，一种是物质激励，另一种是心理激励。就成功而言，心理激励更为重要。因为物质激励的结果性更强，只能在短期内鼓舞士气，时间久了就会令人产生倦怠；心理激励则不然，它是先行的，不会因为时间长而降低效用。我们在生活中会接触大量的负面信息，面对这些内容时，就要学会心理激励，主动给予自己正面的、积极的暗示，有意识地激发自己对工作的热情，如每天花点时间做自己喜欢的事，体会工作的乐趣；每天回想一下当天发生的令自己感到骄傲的事情，哪怕是很小的事情，都能够成为一种鼓舞；把能够展示自我价值的东西摆在眼前，时刻吸收它带来的正能量。

每个人都是一座宝藏，蕴藏着无限的潜能，只是鲜少被自己意识到。经过激励后，人的心理动力会加大，积极性会大幅提升。积极性的发挥，取决于能力，而能力的发挥很大程度上跟动力有关。当我们激发了内在动力，就有了一股强大的力量，催促着自己朝着既定的目标加速前进。

心理故事 9-2

一只蜘蛛和三个人

雨后，一只蜘蛛艰难地向墙上已经支离破碎的网爬去。由于墙壁潮湿，它爬到一定的高度，就会掉下来。它一次次地向上爬，又一次次地掉下来……

第一个人看到了，他叹了一口气，自言自语：“我的一生不正如这只蜘蛛吗？忙忙碌碌而无所得。”于是，他日渐消沉。

第二个人看到了，他说：“这只蜘蛛真愚蠢，为什么不从旁边干燥的地方绕一下爬上去？我以后可不能像它那样愚蠢。”于是，他遇事懂得变通。

第三个人看到了，他立刻被蜘蛛屡败屡战的精神感动了。于是，他备受鼓舞，在生活中越挫越勇，变得坚强。

在任何情况下我们都要学会激励自己，看待事情从有助于激励自己的角度出发，这是一种成功必备的重要思维。

9.3 团队合作心理

一、团队合作的意义

团队合作指的是一群有能力、有信念的人在特定的团队中，为了一个共同的目标相互支持、合作奋斗的过程。它可以调动团队成员的所有资源和才智，并且会自动地驱除所有不和谐和不公正现象，同时会给予那些诚心的、大公无私的奉献者适当的回报。如果团队合作是出于自觉自愿，那么它必将产生一股强大而且持久的力量。

知识拓展 9-2

中国登山队追梦不止步——无惧风雪　勇攀高峰

“8848.86 米！珠穆朗玛峰有了新高程！”2020 年 12 月 8 日，这一消息在网络上迅速传播。为了给珠峰“量身高”，中国 2020 珠峰高程测量登山队 8 名攻顶队员于 2020 年 5 月 27 日登顶“地球之巅”。在世界最高峰峰顶，红色的测量觇标引人注目，鲜艳的五星红旗迎风招展。

从海拔 8300 米冲顶，队员们足足用了 9 个小时。山至高处人为峰，队员们齐心协力，改写了多个纪录——首次在珠峰顶峰进行重力测量；首次在媒体信号传输中应用 5G 技术，5G 信号登上世界之巅；全球导航卫星系统（GNSS）测量首次依托中国自主研发的北斗卫星导航系统，国产装备“大显身手”……

一个人的力量很小，可当大家为了共同的目标在各自的岗位上奋力拼搏的时候，就会形成巨大的凝聚力。全身心投入的队员们甚至根本没有意识到他们在珠峰峰顶停留了 150 分钟，创下中国人在珠峰峰顶停留时长的新纪录。

团队合作注重团结。在中国，团结是大江南北披上红色盛装，人们脸上洋溢着自豪的笑容，《我和我的祖国》在大街小巷传唱；是逆行出征的豪迈，顽强不屈的坚守，患难与共的担当，英勇无畏的牺牲，守望相助的感动；是广大军民不畏艰险，同心协力抗洪救灾……总而言之，团结是点点星火，汇聚成炬，这就是中国力量！团结就是

力量,信心赛过黄金。可以说,中国人心往一处想、劲往一处使,同舟共济、众志成城,就没有干不成的事、迈不过的坎。这就是团结的力量,更是团队合作最好的体现。

二、大学生出现团队合作问题的原因

1. 自恃清高

有些大学生有一定的能力或特长,他们在大学里找到了展示自己的舞台,参加各种活动并崭露头角,展示了多方面的才能,也获得了很多肯定和奖励。其中,有些人会认为自己很了不起,自恃清高,认为他人一无是处,应该随意受自己指使,对他人没有耐心,不会充分尊重他人的意见,他们通常以自我为中心,不愿意与他人合作。这样,很容易引起其他同学的不满,也容易与同学发生矛盾和冲突。

2. 嫉妒心强

一部分大学生在学习、交往以及社团活动中希望自己能够超越别人。同时,他们非常担心和害怕别人抢了自己的风头,不能容忍别人比自己更加出色。这些学生的嫉妒心很强,因此他们通常不会顺利地与别人合作,而是会不时地采取一些非正常手段打压、排挤别人。例如,在寝室故意疏远比自己学习好的同学,主动向老师打报告说别人的坏话,等等。显然,这些学生长期这样做肯定会使自己陷入孤立无援的境地。长期生活在对他人的敌意和不满情绪中,也会严重影响自身的身心健康。

3. 合作意识淡漠

有些大学生在成长过程中处处有家人照顾,长期以来被过度保护,因此他们很少能够感受到人与人之间需要相互帮助、相互合作。当他们来到大学后,在生活、学习上遇到困难时,通常向父母求助或者自己解决。他们不知道在很多事情上自己可以向其他人求助,也需要与其他人合作。这种独来独往、合作意识淡漠的情况会导致这些学生无法与周围同学和睦相处,也无法交到知心朋友。

4. 过分看重竞争

合作与竞争本来是相互依存的关系,但是有些大学生却认为“现在社会资源有限,每个人必须处处争名夺利”,于是极力为自己争夺各种机会。虽然良好的竞争有利于激发自己的潜能、提高自己的能力,但是如果我们不能正确对待竞争,过分看重竞争,认为竞争就是“你死我活”,并与他人展开恶性竞争,那么我们的人际关系就会变得紧张,自己也会长期处于紧张、不安的情绪状态。

三、人际资源的价值

大学生常常感叹知音难寻。的确,从出生到现在,我们除了有一些知心朋友之外,还有很多点头之交,有些人经常见到,但是从来没有深入交流。不过,我们千万不要无视这些宝贵的人际资源,因为当我们遇到困难的时候,这些“陌生的熟人”很可能会带给我们意外惊喜。无论我们从事什么职业,只要学会合理利用人际资源,我们就已经走向成功之路了。由此可见,拥有并学会利用人际资源对我们的成功非常重要。

在生活中,我们不仅要有知心朋友,更要把握交往机会,不断扩大自己的交际范围,学会合理利用自己的人际资源。

首先,我们要学会管理自己的“朋友档案”,不能有事情找别人帮忙才想起别人。平时没有事情时也要与别人多联系、多沟通,长此以往,陌生人就变成了熟人,熟人慢慢就变成了朋友。

其次,我们要学会充分了解并合理利用每个人的特点。当需要朋友帮忙时,我们就不会强人所难了,而是能够直接向那些真正有能力帮助我们的人求助,发挥这些朋友的特长,提高解决问题的效率。

最后,我们与他人交往也不能带有太多功利色彩。如果我们总是一味地考虑别人能为自己做什么,而从来不为别人做任何事情,那么,我们宝贵的人际资源也很难发挥作用,当我们真正遇到困难时,很可能会孤立无援、束手无策。因此,我们在交往中还要把握互惠性这一重要的原则,有来有往才称为交往。

思考

1. 请列出自己关于职业问题的困惑,分析产生困惑的原因,并探索自己的内在需求。
2. 如果在面试或者实习过程中遇到挫折,我们要如何应对?请列出应对方法。

□心理素质拓展实践

拓展任务:突破自我

一、拓展目标

1. 素质提升目标:挖掘内在心理力量。
2. 能力提升目标:从心理学视角看待自己以及身边的人和事。
3. 实践能力目标:提升职业实践能力。

二、拓展任务及实施过程

1. 准备阶段:同学们以小组为单位开展活动。每个小组准备一张纸。

2. 活动阶段:列出自己在实习或面对就业等情况下遇到的挑战;小组成员通过头脑风暴的形式突破自我思维填写表格。

挑战	固定型思维	成长型思维
新的任务	畏惧、担心做不好	这是提升的机会

三、拓展小结

微课

第9章
拓展实践说明

通过活动,学生学会以积极的思维方式面对挑战。
学生分享此次实践活动的感悟。

1. 我感受到自己有变化:

____

2. 面对实践、就业等,我有新的看法:

____

□学习反馈单

一、自我评估反馈表

学习反馈项目	自评	改进措施
课前准备情况	优　良　中　差	
课上学习专注度	优　良　中　差	
与教师互动情况	优　良　中　差	
对内容的理解程度	优　良　中　差	
完成学习任务的品质	优　良　中　差	
知识与实践的结合运用情况	优　良　中　差	
课后反思情况	优　良　中　差	

二、问题反馈

1. 通过自我觉察，你是否产生了与课程内容相关的困惑，请具体说一说。

2. 通过学习，结合身边的人或事，你有哪些感悟？

3. 通过学习，你对自己当下的情境有哪些新的认知？

4. 通过学习，你对自身有哪些具体规划？

5. 如果有机会，你希望深入学习和探讨与本次课程相关的内容吗？

学习者签字：　　　　　　　　　　　　　　　　　　日期：　　年　月　日

指导教师签字：　　　　　　　　　　　　　　　　　日期：　　年　月　日

第10章 增强智慧求助意识

学习目标

1. 了解求助的意义。
2. 了解利用心理咨询资源的方法。
3. 实现心理自助与成长。

本章导读

教育部等十七部门联合印发的《全面加强和改进新时代学生心理健康工作专项行动计划(2023—2025年)》指出,学生要树立自助、求助意识,学会理性面对困难和挫折,增强心理健康素质。求助是一种智慧,求助可以帮助我们从第三方视角看到自己没有看到的内在资源,提升应对和解决问题的能力。

俗话说"人生无坦途,跋涉多风雨",我们在生活中,难免会遇到各种各样的困难或问题。虽然每个人都可以尝试运用智慧这把利剑处理问题,但是有些问题超出了我们的能力范围,这时,我们可能需要借助他人的力量,从而更快地找到解决问题的方法和途径。简言之,求助是我们在困境中寻求突破的智慧选择。

心理案例 10-1

小 N 的顾虑

小 N 通过心理健康课程的学习，了解了很多心理健康知识，但是分析自己的情况后，还是想向心理老师咨询一下。可是，顾虑又来了："如果被同学看到怎么办呢？会不会认为我有什么心理问题，对我有看法呢？"

同步思考

1. 小 N 为什么会有顾虑?
2. 你可以给小 N 一些建议吗?

10.1　心理求助与心理咨询

一、心理求助与心理咨询的定义

求助是智慧的行为，是有效利用身边资源的一种表现，是一种积极的人生态度。心理求助是指人们在遇到心理方面的困难时，寻求内在和外在的资源以解决心理困扰，促进自我心理成长的行为。

通过心理求助，个体可以增强社会对自己的支持力量，有助于提升自我认知，从而得到一些新的观点和启发，对问题有更全面和深入的理解。这种自我的提升，对我们的成长和发展具有重要的意义。

在生活中，我们每天会和很多人说很多话，但多半是事务性的、不引发情感的，高质量的交流更是稀缺的，我们很少被鼓励谈论内心的感受。可当一些特殊时刻，比如有一天，你遇到了难题，陷入了低落（或者矛盾、无助、悲伤、愤怒等）的情绪，这时你需要向身边的人表达这种情绪，需要得到理解，这时就需要心理求助。心理求助最重要的意义在于，它可以给你一种日常生活中稀缺的、高质量的交流，促进你内在的情感疏通。

专业心理求助的方式是心理咨询。对于从没有走进过心理咨询室的大学生来说，心理咨询是神秘的。有人把咨询师描述成情绪的回收站，在咨询室里，你可以畅所欲言，把心中一切烦恼尽情倾诉；也有人把咨询师描述成个体成长的镜子，通过咨询师的帮助，我们能够看到更加真实的自己。

从专业的角度来看，心理咨询是心理咨询师运用心理学的原理和方法，帮助求助者发现自身的问题和问题根源，从而挖掘求助者本身潜在的能力，改变其原有的认知结构和行为模式，以提高求助者对生活的适应性的能力，最终解决心理问题的过程。它并不神秘，只要你自己做好心理准备，就可以充分利用学校心理咨询中心或者校外正规机构的资源，进行自我探索，促进自我成长。

二、心理咨询的误区

随着社会的发展，人们对心理咨询的认识和接纳度都有了很大的提升，但是相对于心理咨询发展成熟的国家而言，心理咨询在我国仍是一个人们不熟悉的事物，人们对它的认识仍存在很多误区。

(一)精神病患者才需要心理咨询

许多人会以为,接受心理咨询的人通常是患有严重精神疾病的人,这是一个很大的误解。由于能够受益于心理咨询的人,其本身的心理功能不能太差,例如其至少要具有相当程度的表达能力、理解能力、人际交往能力等,因此,心理咨询的对象主要是在日常生活中遇到困难或挫折而产生心理困扰的正常人群。心理障碍患者只是咨询的人群中的一小部分,发病期的精神病人不在心理咨询的范畴内。

(二)心理咨询师是替人解决问题的人

许多人认为,心理咨询师是专门替人解决心理问题的人,例如认为心理咨询师会帮助失业的人找到工作、帮助失恋的人重获爱情、帮助移情别恋的人回心转意、帮助父母寻回离家的孩子等。这样的期待恐怕是要落空的,因为心理咨询师的主要工作是帮助个体在自我了解的基础上,发挥潜能去处理生活中的实际问题,去为自己做最好的决定,去过自己真正想过的生活。

(三)心理咨询的谈话内容会绝对保密

基于职业道德,心理咨询师通常会对来访者的谈话内容加以保密,即心理咨询师未经来访者同意,不会将来访者的谈话内容告诉其他人。但是,心理咨询的专业保密也是有限制的,当来访者企图伤害自己、伤害他人或危害公共安全,来访者的行为涉及家庭暴力或儿童虐待时,心理咨询师会打破保密原则,与有关人员或部门联系。

(四)心理咨询师能够一眼将人看穿

心理咨询师没有特异功能,没有透视人心的本领。心理咨询师对来访者的理解,是建立在专业知识的学习和咨询经验的积累上的。因此,如果期望在心理咨询中得到心理咨询师的帮助,就需要来访者和心理咨询师建立良好的工作联盟,与心理咨询师紧密合作,给予心理咨询师充分的信任,真实地表达自己,与心理咨询师一起进行自我探索。

(五)好的心理咨询应该是做一次就有效

心理咨询不同于一般的药物治疗,心理咨询很少有做一次就有效的。大部分求助于心理咨询师的人,都是带着许多年形成的心理问题走进心理咨询室的。常言道“冰冻三尺非一日之寒”,要解决这样的心理问题,需要一个长期的过程让来访者认识自己、接纳自己,这至少需要几个月的时间,甚至是几年的时间。心理咨询不能或很难立竿见影。

(六)心理咨询无所不能

在心理咨询中很多来访者把问题抛给心理咨询师,期待心理咨询师为自己开出“良方”。实际上,心理咨询师在心理咨询中所做的工作是,通过关注、支持、反馈以及澄清等方法,帮助来访者看清自己的问题,引发其思考,促进其人格的成长。在心理咨询中真正帮助来访者的是来访者自己,一个优秀的心理咨询师是不会代替来访者直接解决问题的。

知识拓展 10-1

大学生对心理咨询的误解

误解 1:心理咨询就是聊天，不如找朋友。

心理咨询不是简单的聊天，而是有技术含量的“聊天”，心理咨询师的任务不是说服来访者，而是助人自助。

误解 2:心理咨询就是浪费时间，没有任何帮助。

所谓磨刀不误砍柴工，有时候打破了心结，做事效率会高很多。

误解 3:心理咨询师很厉害，你的想法他都知道。

心理咨询师没有魔力，不会看透你的内心想法。

误解 4:心理脆弱的人才会寻求心理咨询。

求助是强者的行为，成功人士往往都懂得求助。

误解 5:有问题扛一扛就过去了，不用寻求心理咨询。

关注今天的心理健康就是为明天的健康买保险，不要等到问题很严重了才去解决它。

误解 6:找心理咨询师的人都是不正常的人。

心理咨询师接待的来访者大部分是正常人，这些人希望获得更好的成长或在某方面表现得更好，和疾病没有关系。

三、心理咨询的特点

从对心理咨询的界定来看,心理咨询既不是“授人以鱼”,也不是“授人以渔”,更像是心理咨询师和来访者一起探索捕鱼的方式,即助人自助。因此,心理咨询有以下特点。

(一)助人自助

心理咨询师会在咨询过程中运用心理咨询的原理和方法帮助来访者解决其心

理困扰,但是这个过程并不是心理咨询师直接解决问题的过程,而是“助人自助”的过程,目的是让来访者自己找到解决问题的方法。

(二)互动性

很多人认为心理咨询和一般看病的过程一样,因此,进了心理咨询室之后就会喋喋不休地先给心理咨询师讲一堆的问题和症状,讲完之后等着心理咨询师“开处方”。其实心理咨询师和来访者的咨询过程并非是一问一答的过程,而是不断进行互动的过程。心理咨询师会提问,但这种提问不是为了“开处方”,而是为了促进来访者自身的探索和思考。

(三)心理性

心理性的意思就是心理咨询解决问题的范畴是心理问题,而一些非心理的问题则不属于心理咨询的范畴。心理咨询不能直接给你好成绩,也不能让离开你的爱人回来,更不能治疗疾病,但是它可以帮助你探索获得好成绩的方法,如何正确面对失恋时的伤痛,如何应对得了疾病之后的绝望感。

四、心理咨询的原则

心理咨询不同于一般的聊天,它体现专业性,有专业性就会有相应的“规矩”。通常情况下,心理咨询师要遵守以下心理咨询原则。

(一)保密原则

很多人对心理咨询有一个非常大的顾虑——“我的问题会不会被别人知道?”因此,保密是大部分来访者的强烈要求。来访者只有确定自己的谈话内容受到严格保密后,才能很放松地向心理咨询师倾诉自己的心声。所以,保密原则是心理咨询中一个非常重要的原则。一位合格的心理咨询师会对来访者所讲的问题保密,一般在进行心理咨询前都会签订类似于“来访者知情同意书”之类的协定,里面规定了哪些情况心理咨询师会保密,哪些情况会打破保密协定。一般情况下,来访者的问题不会被别人知道,但有两个例外情况:一是来访者有可能伤害自己或他人;二是法律规定需要披露的情况。在这两种情况下心理咨询师可以打破保密原则。

(二)地点设置原则

心理咨询作为一项专业的助人工作,不同于简单的聊天,它必须有严格的地点设置。这是心理咨询原则中最根本的一点。心理咨询是在固定的、装饰得比较有安全、温暖的感觉的心理咨询室进行的。一般心理咨询师不出诊,如果有特殊情况(如危机干预)则可以出诊。

(三)时间设置原则

心理咨询中需要进行的时间设置,主要是为了把咨询控制在来访者注意力最容易集中的时间段,这样对解决来访者的问题更有效。

1. 心理咨询时间

来访者心理咨询的时间一般以每次 50 分钟左右较为合适。当然,根据来访者的不同情况和心理咨询师选用的不同咨询技术,心理咨询的时间也会有一定差异,要具体问题具体对待。

2. 心理咨询频率

个人心理咨询的频率目前以每周一次的设置比较普遍。心理咨询师依据来访者的情况,设置心理咨询的频率,可以取得较好的咨询效果。

3. 疗程

疗程指从第一次咨询直到心理咨询目标的实现,整个心理咨询过程将持续的时间长度。心理咨询的疗程长短取决于来访者的心理困难程度、心理咨询目标及心理咨询师选用的心理咨询技术。目前在心理咨询中的疗程一般为6 ~ 20小时。

在不同的心理咨询阶段,根据心理咨询的不同任务,心理咨询时间的长度和频率还需要不断做调整。

(四)预约设置原则

心理咨询师的心理咨询时间安排需要有严格的预约设置。预约设置,一方面是为了避免心理咨询中心有人任意来往,给来访者造成不安全的感觉;另一方面也是为了保障心理咨询师有休息的时间,在咨询后有足够的时间整理自己的思绪,做好迎接下一位来访者的准备。心理咨询师一般不接受临时来访者,除非情况危急。

(五)转介原则

在遇到下列情况时,心理咨询师可以将来访者转介给其他的机构或心理咨询师。

1. 不属于心理咨询解决的范畴

如来访者是精神疾病患者,心理咨询师会将其转介到精神疾病治疗机构,这样更有利于帮助来访者。再如对法律问题,学校的校纪、校规等问题的咨询,也不属于心理咨询的范畴,心理咨询师也可以将来访者转介到相关机构。

2. 心理咨询师个人的问题

凡是心理咨询师觉得自己不适合开展心理咨询的情况都属于此类。如有的心理咨询师能力有限,不擅长解决来访者的某些问题,可以将来访者转介给合适的心理咨询师;有的心理咨询师在心理咨询进程中遇到了重大个人问题,不适合做咨询,这时也可以将来访者转介给别的心理咨询师。

转介的原则是维护来访者的利益。来访者要对转介有正确的认识,转介并不一定是因为自己的问题有多严重,或者是心理咨询师不喜欢自己,而是多方原因导致当下的心理咨询可能帮不到自己。

五、大学生心理咨询的范围

大学生一般遇到的问题可以分为两种:发展性问题和障碍性问题。

发展性问题,就是在某一发展阶段遇到的问题,如果不能顺利完成这个发展阶段的任务就可能会出现问题,这些问题常人都可能会遇到。帮助每个人适应发展阶段的任务,增进身心健康,提高生活质量,实现自我价值,是心理咨询的宗旨。发展性问题涉及职业生涯规划、恋爱关系、新生入学适应、人际关系等。

障碍性问题,是人们在生活、学习、工作及各种人际关系中出现的困难和烦恼,其心理难以适应,导致较严重的心理障碍问题。

大学生心理咨询更多要解决的是发展性问题。通过发展性心理咨询可以了解自己处在什么样的发展阶段,需要发展哪些心理品质,以及怎样发展这些心理品质,以便顺利地发展自己,取得更大成功。

知识拓展 10-2

大学生在心理咨询中常见的主要问题

(1)人际关系问题。

(2)压力问题。

(3)自我问题。

(4)情感问题。

(5)学业问题。

(6)生涯与就业问题。

(7)家庭问题。

(8)慢性身体疾病。

(9)精神障碍。

(10)其他问题，包括环境适应方面的问题。

六、心理咨询的不同形式

我们可以想象一下,心理咨询的场景是什么样的:是来访者和心理咨询师单独面对面坐着,或者是像电影里一样,来访者躺在长椅上,一个人自顾自地说话?实际上,心理咨询的形式有很多种,依据心理咨询对象的不同,心理咨询的形式可以分为个体咨询、家庭咨询和团体咨询。

1. 个体咨询

个体咨询是指心理咨询师与来访者进行一对一咨询的心理咨询方式。在个体咨询中,时间只属于来访者和心理咨询师两个人,心理咨询师专注于来访者一人,来访者通过与心理咨询师一对一的互动进行咨询。咨询过程中的谈话内容通常仅限于心理咨询师和来访者知道。个体咨询比较适用于对个人的深层次心理问题的探索。

2. 家庭咨询

家庭咨询是以家庭为对象实施的心理咨询模式,其目标是协助家庭消除异常、病态的情况,使家庭功能恢复正常。参与咨询的对象是整个家庭,如夫妻二人、一家三口等。家庭咨询解决的问题不仅是家庭中的问题,个人的问题也可以被视作家庭功能失常的一个“症状”,如孩子的厌学问题可能和父母之间的冲突有关。在家庭咨询中,心理咨询师和家庭成员共同合作,从家庭系统的角度解决问题。需要注意的是,有的问题虽然比较适合家庭咨询,但如果有家庭成员不愿意参与,也不要强迫对方参加,可以先从个人咨询开始。

3. 团体咨询

团体咨询指心理咨询师将具有同类问题的来访者组成小组或较大团体,进行共同讨论,予以指导和纠正的咨询形式。不同于个人咨询中心理咨询师和来访者一对一的交流模式,团体咨询创造了一个类似真实的社会生活情境,为参加者提供了社交机会。每个成员既可以从多个角度了解自己、洞察自己,又可以学习其他成员的适应行为,成员间相互支持,共同探寻解决问题的办法。

一般来说,团体咨询要求参与者为咨询中发生的事情保密。团体咨询比较适合那些愿意在团体中敞开心扉的人,也适合有人际交往类心理困扰的人。如果想在人际交往上有所突破,同时希望在解决问题的路上有人同行,可以试试团体咨询。

七、需要心理咨询的时刻

很多人在身体出了问题的时候首先想到去医院,但是当“心理出了问题”的时候,却不愿意寻求专业帮助。其实,心理保健和身体保健的道理是相同的,都要把工夫花在平时,重在预防。

在大学中,每个人都会遇到问题。如果你自己有下面的状况之一,那么你可以考虑进行心理咨询:

(1)在某些时候觉得孤独或者想找人说说话。

(2)在学习、生活、情感等方面压力过大,例如因失恋、学习难度太大、与同伴相处不和谐等,觉得有点胸闷难受、焦虑不安、容易发火、心情忧郁、失眠。

(3)不管出于什么原因,感觉自己被某种不良情绪压抑超过两周时间,且这一情况还在持续。

(4)对于某些特定的物体和行为出现异常反应,例如与人交往困难,怕猫,怕狗,或者在面对一些社会场景,例如广场、商场或者没有特定对象场景的情况下,会觉得焦虑不安,甚至呼吸困难、心跳加速。

(5)某些行为,例如洗手、关煤气,表现出十次以上的反复,这样的情况已经持续了一段时间。

(6)被一些性问题困扰。

(7)有物质依赖,例如吸烟、酗酒。

(8)有对于食物的障碍,例如出现暴食然后呕吐、厌食等。

(9)遇到创伤性事件、突发性刺激事件之后一个月,仍经常被这些事件的记忆干扰,甚至会经常做噩梦、哭泣。

(10)因为身体等原因,正在医院接受药物治疗,但很少进行谈话式的心理咨询。

(11)人际关系一直遭遇挫折,觉得自己的性格在群体中有点格格不入,并让自己感到困惑或痛苦。例如,经常严重猜忌别人是否说自己的坏话,或因害怕会遭受批评而回避与别人交往,或经常和很要好的朋友反目成仇,或经常以自伤和极端事件要挟亲密的人,或觉得自己的情绪经常没有原因就突变而影响了生活。

(12)任何自己心里想不通的事情,长时间困扰自己。

10.2　如何获得良好的心理咨询效果

课堂互动 10-1

推荐身边的心理咨询资源

你有推荐的传播心理健康知识的网站或者公众号吗？推荐的理由是什么？

一、认识心理咨询的作用——靠心理咨询师还是来访者

心理咨询真正发挥作用并非通过心理咨询师，而是通过心理咨询过程中的工作联盟。大量的研究发现，心理咨询起作用的因素主要是咨访双方的工作联盟，而心理咨询师本身技术部分的作用只是心理咨询作用中很小的一部分。

心理咨询中的工作联盟，指心理咨询师与来访者之间建立的一种目标一致、任务一致和彼此有情感连接的联盟关系。目标即双方达成一致的心理咨询目标，即希望通过心理咨询达成的效果。任务指围绕着心理咨询目标展开的具体工作内容。情感连接是通过心理咨询师对来访者的无条件积极关注、接纳、共情等建立的。

因此，心理咨询不像很多人想的那样是一问一答的过程，而是心理咨询师和来访者建立起彼此信任的工作联盟，双方共同投入和努力达成目标的过程。心理咨询起作用不能只靠心理咨询师，也不能只靠来访者，而是双方共同努力的结果。

二、心理咨询前的准备——如何做一个好的来访者

真诚和开放是来访者与心理咨询师建立稳固工作联盟的两块基石。有些来访者在进行心理咨询之前，会感到紧张和不安，这是正常的现象。缓解紧张的方式之一，是来访者把自己的不安坦诚地告诉心理咨询师，这也是来访者“真实表达感受和想法”的第一步。坦诚地表达自己的紧张不仅可以缓解紧张，而且有助于咨访关系的建立，也对调整自身的心理困扰有益。在接下来的心理咨询中，真诚依然很重要，来访者的任何感受、想法都可以和心理咨询师讨论，这是心理咨询最为关键的部分，也是咨访关系和别的关系最大的不同，在别的关系中，人很难真的做到无所顾虑地表达自己的想法。

虽然工作联盟靠心理咨询师和来访者的共同努力来搭建，但最终的改变依然要回归到来访者自己身上。来访者应该在心理咨询中更多地发挥主动性，要充分

地参与心理咨询过程,通过心理咨询发现自己的能力,依靠自身的力量实现改变。

或许你对心理咨询还有这样一些期待:心理咨询师是权威而专业的,是拯救者,可以很快带自己走出苦海,甚至期待在一次心理咨询后,自己的困扰就能够化解。事实上这些想法是需要改变的。心理咨询是一种科学的手段,而不是神奇的魔法,无法在短短的时间里就化解困扰来访者几个月甚至数年的问题。心理咨询是一个过程,其间心理咨询师运用专业的方式方法帮助来访者,但心理咨询师不是万能的,他无法拯救所有人。心理咨询师是来访者的伙伴,双方要在接受每个人都不是全能的前提下,一起学习和成长。

三、心理咨询中的正确心态

1. 积极准备,主动参与

在整个咨询过程中,来访者需要积极准备、主动参与,这样才能帮助自己面对现实,采取恰当的方法解决自己的心理问题。

2. 建立较强的咨询动机

要想在心理咨询中取得满意的效果,必须有改善或改变自己某一方面状况的真诚愿望,建立较强的咨询动机。在咨询前,要先对自己提两个问题:“我确实对自己目前现状况不满意吗?”“我确实愿意在某个方面、某种程度上改变自己吗?”如果你的回答是肯定的,那么你可以去做心理咨询;如果你的回答是否定的,那么你就很难从心理咨询中得到有价值的帮助。

3. 切勿浅尝辄止,避免“蜻蜓点水”

心理困扰、心理障碍不可能像感冒那样吃些药就会很快恢复,它需要一个过程,要耐心地实施心理咨询师的指导计划,切不可因一时看不到明显的咨询效果就放弃,坐下来认真探讨才可能解决问题,否则你的状况难以改善。

4. 知晓自己在咨询室里是安全的

专业的咨询室对来访者来说是安全的。对于来访者的个人隐私,专业的心理咨询师也一定遵守保密原则,这是心理咨询师的基本职业道德之一,是每个心理咨询师必须遵守的行业信条。

5. 做好遇到困难的准备

心理困扰最终的解决必须依靠来访者自己的力量,在这一过程中必定会有困难,因为咨询不得不碰触平时不愿意碰触的心灵最柔软的部分,有时在恢复到良好状态之前,你也许会觉得情况变得更加糟糕,因为心灵的伤口被揭开了,但这是心理咨询正常的发展过程。坚持下去,咨询定能够帮助你更了解自己,逐渐提高自我接纳的程度,更有效地应对生活中的问题和困境,获得更多的自我成长,做真实的自己!

四、选择适合自己的心理咨询师

"众里寻他千百度",在众多的心理咨询师中,如何寻找一个适合自己的心理咨询师呢？一方面,心理咨询师的专业性要过关;另一方面,最关键的一点是来访者内心对心理咨询师的感受良好,这也是在整个心理咨询中重要的部分。一个专业的、适合你的心理咨询师可以让你有以下感受。

1. 可以信任他

如果在心理咨询中,你感受到心理咨询师是可以信任的,感到放松而安全,则可能找对人了;如果你感到自己无法信任心理咨询师,那么可以把顾虑告诉对方,有时这种不信任的信号说明你们双方并不匹配。

2. 愿意向他倾诉

在心理咨询初始阶段,你如果愿意向心理咨询师倾诉,那么有利于后面心理咨询的开展。如果在心理咨询初始阶段,你就感觉不是很愿意向心理咨询师倾诉,这有可能意味着你们是不合适的。而在心理咨询中期,你如果感到不愿意倾诉,有可能是心理咨询阶段的原因,你也可以开诚布公地告诉心理咨询师你的顾虑。

3. 感到被倾听、被接纳和被理解

在一段合适的咨访关系中,来访者会从心理咨询师那里充分地感受到被倾听、被接纳和被理解。心理咨询师不仅仅关注你的故事,也关注故事背后的心理问题,心理咨询师对你的好奇是带着尊重的。

4. 感到有改变和成长

当来访者决定进行心理咨询时,一定是遇到了困惑,因此,确定来访者和心理咨询师合适的关键就是来访者在心理咨询中感受到了情况的改善自己的成长。这个过程也许不会立竿见影,需要来访者有一点耐心,在一段合适的咨访关系中,这种成长迟早会出现。

知识拓展 10-3

如何确定可靠的心理咨询师或者机构

确定心理咨询师是否适合自己很重要，确定心理咨询师是否可靠或者心理咨询机构是否可靠也很重要。在心理咨询师的选择上可以从以下 6 个方面考量。

(1)学历背景。

(2)受训背景。

(3)咨询师没有盲目自信，也没有过分树立权威。

(4)设置稳定。

(5)工作边界明确。

(6)留意咨询中的性移情。

对于咨询机构的可靠性的判断，可以依据专业人士的推荐，或者通过向机构中的咨询师进行咨询后，从咨询师的能力判断。

思考

1. 在你过去的成长经历中，是否有过求助的经历？现在的你如何看待这样的经历？

2. 如果选择求助，你愿意向什么样的人求助？为什么？

□心理素质拓展实践

拓展任务:心理咨询场景模拟展示

一、拓展目标

1. 素质提升目标:挖掘内在心理力量。
2. 能力提升目标:从心理学视角看待自己以及身边的人和事。
3. 实践能力目标:提升助人及自助的实践能力。

二、拓展任务及实施过程

1. 准备阶段:学生以小组为单位,设置心理咨询场景,分角色扮演心理咨询师与来访者。
2. 活动阶段:每个小组自拟咨询议题并开始模拟咨询,小组模拟展示心理咨询。
3. 分享阶段:心理咨询师、来访者、观众分享感受。总结分享心理咨询过程中,需要注意的细节有哪些。

微课

第10章
拓展实践说明

三、拓展小结

通过活动,学生可以切身感受心理咨询情境,突破对心理咨询的认知局限,增强求助意识。

学生分享此次实践活动的感悟。

1. 我对心理咨询有新的认识:

____

2. 通过实践活动,我有启发:

____

□学习反馈单

一、自我评估反馈表

学习反馈项目	自评	改进措施
课前准备情况	优 良 中 差	
课上学习专注度	优 良 中 差	
与教师互动情况	优 良 中 差	
对内容的理解程度	优 良 中 差	
完成学习任务的品质	优 良 中 差	
知识与实践的结合运用情况	优 良 中 差	
课后反思情况	优 良 中 差	

二、问题反馈

1. 通过自我觉察，你是否产生了与课程内容相关的困惑，请具体说一说。

2. 通过学习，结合身边的人或事，你有哪些感悟?

3. 通过学习，你对自己当下的情境有哪些新的认知?

4. 通过学习，你对自身有哪些具体规划?

5. 如果有机会，你希望深入学习和探讨与本次课程相关的内容吗?

学习者签字：　　　　日期：　年　月　日

指导教师签字：　　　　日期：　年　月　日

附录

心理评定量表

附录1 气质类型测试表

1. 测试说明

气质是指人生来就具有的某种稳定的心理活动的动力特征,它本身无所谓好坏,任何一种气质类型都有其积极和消极的方面,气质也不能决定一个人活动的社会价值和成就。正确了解自己的气质类型,有意识地控制自己气质中的消极方面,发扬积极方面,有利于形成良好的个性。

2. 开始测试

请阅读下表的题目,然后结合自己的实际情况在问题后面给出评分:很不符合的计 -2 分;比较不符合的计 -1 分;中等的计 0 分;比较符合的计 1 分;很符合的计 2 分。

序号	题目	选项
1	做事力求稳妥,不做无把握的事	1—很不符合;2—比较不符合;3—中等;4—比较符合;5—很符合
2	遇到可气的事就怒不可遏,把心里话全都说出来才痛快	1—很不符合;2—比较不符合;3—中等;4—比较符合;5—很符合
3	宁可独自干事,也不愿很多人在一起	1—很不符合;2—比较不符合;3—中等;4—比较符合;5—很符合
4	到一个新环境很快就能适应	1—很不符合;2—比较不符合;3—中等;4—比较符合;5—很符合
5	厌恶强烈的刺激,如尖叫、噪声、危险情境	1—很不符合;2—比较不符合;3—中等;4—比较符合;5—很符合
6	和人争吵时,总是先发制人,喜欢挑衅	1—很不符合;2—比较不符合;3—中等;4—比较符合;5—很符合
7	喜欢安静的环境	1—很不符合;2—比较不符合;3—中等;4—比较符合;5—很符合
8	善于和人交往	1—很不符合;2—比较不符合;3—中等;4—比较符合;5—很符合
9	羡慕那种善于克制自己感情的人	1—很不符合;2—比较不符合;3—中等;4—比较符合;5—很符合
10	生活有规律,很少违反作息制度	1—很不符合;2—比较不符合;3—中等;4—比较符合;5—很符合
11	在多数情况下情绪是乐观的	1—很不符合;2—比较不符合;3—中等;4—比较符合;5—很符合
12	与陌生人相处觉得很拘束	1—很不符合;2—比较不符合;3—中等;4—比较符合;5—很符合

续上表

序号	题目	选项
13	遇到令人气愤的事,能很好地自我控制	1—很不符合;2—比较不符合;3—中等;4—比较符合;5—很符合
14	做事总是有旺盛的精力	1—很不符合;2—比较不符合;3—中等;4—比较符合;5—很符合
15	遇到问题时常举棋不定,优柔寡断	1—很不符合;2—比较不符合;3—中等;4—比较符合;5—很符合
16	在人群中从不觉得过分拘束	1—很不符合;2—比较不符合;3—中等;4—比较符合;5—很符合
17	情绪高昂时,觉得干什么都有趣;情绪低落时,又觉得什么都没意思	1—很不符合;2—比较不符合;3—中等;4—比较符合;5—很符合
18	当注意力集中时,别的事很难使我分心	1—很不符合;2—比较不符合;3—中等;4—比较符合;5—很符合
19	理解问题总比别人快	1—很不符合;2—比较不符合;3—中等;4—比较符合;5—很符合
20	碰到危险情境时,常有一种极度恐惧感	1—很不符合;2—比较不符合;3—中等;4—比较符合;5—很符合
21	对学习、工作怀有很高的热情	1—很不符合;2—比较不符合;3—中等;4—比较符合;5—很符合
22	能够长时间做枯燥、单调的工作	1—很不符合;2—比较不符合;3—中等;4—比较符合;5—很符合
23	符合兴趣的事情,干起来劲头十足,否则就不想干	1—很不符合;2—比较不符合;3—中等;4—比较符合;5—很符合
24	一点小事就能引起情绪波动	1—很不符合;2—比较不符合;3—中等;4—比较符合;5—很符合
25	讨厌做需要耐心、细致的工作	1—很不符合;2—比较不符合;3—中等;4—比较符合;5—很符合
26	与人交往不卑不亢	1—很不符合;2—比较不符合;3—中等;4—比较符合;5—很符合
27	喜欢参加气氛热烈的活动	1—很不符合;2—比较不符合;3—中等;4—比较符合;5—很符合
28	爱看感情细腻、描写人物内心活动的文学作品	1—很不符合;2—比较不符合;3—中等;4—比较符合;5—很符合
29	工作、学习时间长了,常感到厌倦	1—很不符合;2—比较不符合;3—中等;4—比较符合;5—很符合
30	不喜欢长时间谈论一个问题,愿意做出实际行动	1—很不符合;2—比较不符合;3—中等;4—比较符合;5—很符合
31	宁愿侃侃而谈,不愿窃窃私语	1—很不符合;2—比较不符合;3—中等;4—比较符合;5—很符合
32	别人说我总是闷闷不乐	1—很不符合;2—比较不符合;3—中等;4—比较符合;5—很符合

续上表

序号	题目	选项
33	理解问题常比别人慢些	1—很不符合;2—比较不符合;3—中等;4—比较符合;5—很符合
34	疲倦时只要短暂休息一下就能精神抖擞,重新投入工作	1—很不符合;2—比较不符合;3—中等;4—比较符合;5—很符合
35	心里有话,宁愿自己想,不愿说出来	1—很不符合;2—比较不符合;3—中等;4—比较符合;5—很符合
36	认准一个目标就希望尽快实现,不达目的,誓不罢休	1—很不符合;2—比较不符合;3—中等;4—比较符合;5—很符合
37	和别人同样学习、工作一段时间后,常比别人更疲倦	1—很不符合;2—比较不符合;3—中等;4—比较符合;5—很符合
38	做事有些莽撞,常常不考虑后果	1—很不符合;2—比较不符合;3—中等;4—比较符合;5—很符合
39	老师或师傅讲授新知识、新技术时,总希望他讲得慢些,多重复几遍	1—很不符合;2—比较不符合;3—中等;4—比较符合;5—很符合
40	能够很快地忘记不愉快的事情	1—很不符合;2—比较不符合;3—中等;4—比较符合;5—很符合
41	做作业或完成一件工作总比别人花的时间多	1—很不符合;2—比较不符合;3—中等;4—比较符合;5—很符合
42	喜欢参加运动量大的体育活动,或各种文艺活动	1—很不符合;2—比较不符合;3—中等;4—比较符合;5—很符合
43	不能很好地把注意力从一件事转移到另一件事上	1—很不符合;2—比较不符合;3—中等;4—比较符合;5—很符合
44	接受一个任务后,就希望把它迅速解决	1—很不符合;2—比较不符合;3—中等;4—比较符合;5—很符合
45	认为墨守成规比冒风险强些	1—很不符合;2—比较不符合;3—中等;4—比较符合;5—很符合
46	能够同时注意几件事务	1—很不符合;2—比较不符合;3—中等;4—比较符合;5—很符合
47	当我烦闷的时候,别人很难使我高兴起来	1—很不符合;2—比较不符合;3—中等;4—比较符合;5—很符合
48	爱看情节跌宕起伏、激动人心的小说	1—很不符合;2—比较不符合;3—中等;4—比较符合;5—很符合
49	对工作抱着认真严谨、始终一贯的态度	1—很不符合;2—比较不符合;3—中等;4—比较符合;5—很符合
50	和周围人的关系总是相处不好	1—很不符合;2—比较不符合;3—中等;4—比较符合;5—很符合
51	喜欢复习学过的知识,重复做已经掌握的工作	1—很不符合;2—比较不符合;3—中等;4—比较符合;5—很符合

续上表

序号	题目	选项
52	希望做变化大、花样多的工作	1—很不符合;2—比较不符合;3—中等;4—比较符合;5—很符合
53	小时候背的诗歌,我似乎比别人记得清楚	1—很不符合;2—比较不符合;3—中等;4—比较符合;5—很符合
54	别人说我"出语伤人",可我并不觉得	1—很不符合;2—比较不符合;3—中等;4—比较符合;5—很符合
55	在体育活动中,常因反应慢而落后	1—很不符合;2—比较不符合;3—中等;4—比较符合;5—很符合
56	反应敏捷,头脑机智	1—很不符合;2—比较不符合;3—中等;4—比较符合;5—很符合
57	喜欢有条理而不甚麻烦的工作	1—很不符合;2—比较不符合;3—中等;4—比较符合;5—很符合
58	兴奋的事常常使我失眠	1—很不符合;2—比较不符合;3—中等;4—比较符合;5—很符合
59	老师讲新概念时,常常听不懂,但是懂了以后就很难忘记	1—很不符合;2—比较不符合;3—中等;4—比较符合;5—很符合
60	假如工作枯燥,马上就会情绪低落	1—很不符合;2—比较不符合;3—中等;4—比较符合;5—很符合

3. 测试计分

(1)将每题的得分填入相应的"得分"栏内。

(2)计算每种气质类型的总得分数。

气质类型																	
胆汁质	题号	2	6	9	14	17	21	27	31	36	38	42	48	50	54	58	总分
	得分																
多血质	题号	4	8	11	16	19	23	25	29	34	40	44	46	52	56	60	总分
	得分																
黏液质	题号	1	7	10	13	18	22	26	30	33	39	43	45	49	55	57	总分
	得分																
抑郁质	题号	3	5	12	15	20	24	28	32	35	37	41	47	51	53	59	总分
	得分																

4. 气质类型的确定

(1)如果某类气质得分明显高出其他三种,且高出4分以上,则可定为该类气质。此外,如果该类气质得分超过20分,则为典型;如果该类气质得分在10~20分之间,则为一般型。

(2)如果两种气质类型得分接近,其差异低于3分而且又明显高于其他两种(高出4分以上),则可定为这两种气质的混合型。

(3)三种气质得分均高于第四种,而且接近,则为三种气质的混合型,如多血质-胆汁质-黏液质混合型或黏液质-多血质-抑郁质混合型。

附录 2 焦虑自评量表

1. 测试说明

焦虑自评量表(SAS)是临床常用的用于测量焦虑情绪严重程度的量表,可以评出测试者焦虑的主观感受。评定的时间范围是“现在或过去一周”。

采用四级评分,其标准为:“1”很少,“2”有时,“3”经常,“4”总是。

2. 开始测试

下面有 20 条文字,请仔细阅读每一条,把意思弄明白,然后按照自己最近一周的实际情况进行选择,在相应的选项上画“√”。

序号	题目(括号中为症状名称)	选项
1	我觉得比平常容易紧张和着急(焦虑)	1—很少;2—有时;3—经常;4—总是
2	我无缘无故地感到害怕(害怕)	1—很少;2—有时;3—经常;4—总是
3	我容易心里烦乱或觉得惊恐(惊恐)	1—很少;2—有时;3—经常;4—总是
4	我觉得我可能要发疯(发疯感)	1—很少;2—有时;3—经常;4—总是
5	我觉得一切都很好,也不会发生什么不幸(不幸预感)	1—很少;2—有时;3—经常;4—总是
6	我手脚发抖、打战(手足颤抖)	1—很少;2—有时;3—经常;4—总是
7	我因为头痛、颈痛和背痛而苦恼(躯体疼痛)	1—很少;2—有时;3—经常;4—总是
8	我感觉容易衰弱和疲乏(乏力)	1—很少;2—有时;3—经常;4—总是
9	我觉得心平气和,并且容易安静地坐着(静坐不动)	1—很少;2—有时;3—经常;4—总是
10	我觉得心跳得很快(心悸)	1—很少;2—有时;3—经常;4—总是
11	我因为一阵阵头晕而苦恼(头晕)	1—很少;2—有时;3—经常;4—总是
12	我曾晕倒过,或觉得要晕倒似的(昏厥感)	1—很少;2—有时;3—经常;4—总是
13	我吸气、呼气都感到很容易(呼吸困难)	1—很少;2—有时;3—经常;4—总是
14	我手脚麻木和刺痛(手足刺痛)	1—很少;2—有时;3—经常;4—总是
15	我因为胃痛和消化不良而苦恼(胃痛或消化不良)	1—很少;2—有时;3—经常;4—总是
16	我常常要小便(尿意频数)	1—很少;2—有时;3—经常;4—总是
17	我的手常常是干燥、温暖的(多汗)	1—很少;2—有时;3—经常;4—总是
18	我脸红发热(面部潮红)	1—很少;2—有时;3—经常;4—总是
19	我容易入睡并且睡得很好(睡眠障碍)	1—很少;2—有时;3—经常;4—总是
20	我做噩梦(噩梦)	1—很少;2—有时;3—经常;4—总是
总分		
标准分=总分×1.25		

3. 测试计分

(1)计分方法:第5、9、13、17、19题,1=4分,2=3分,3=2分,4=1分。其余题目1=1分,2=2分,3=3分,4=4分。所有题目得分相加得总分,总分乘1.25得标准分。

(2)分数说明:焦虑评定的分界值为50分,分数越高焦虑倾向越明显。49分以下为正常,50~59分为轻度焦虑,60~69分为中度焦虑,69分以上为重度焦虑。通常来讲,重度焦虑应该去看心理医生,寻求专业的心理帮助和治疗。

附录3　抑郁自评量表

1. 测试说明

抑郁自评量表(SDS)用于衡量抑郁状态的轻重程度及其在治疗中的变化。其由20个陈述句和相应问题条目组成,每个条目按1~4级评分。20个条目中有10项(2、5、6、11、12、14、16、17、18、20)是用正性词陈述的,按反序计分,其余10项是用负性词陈述的,按正序计分。四级评分标准为:"1"很少,"2"有时,"3"经常,"4"总是。

2. 开始测试

下面有20条文字,请仔细阅读每一条,把意思弄明白,然后按照自己最近一周的实际情况进行选择,在相应的选项上画"√"。

序号	题目(括号中为症状名称)	选项
1	我觉得闷闷不乐,情绪低沉(忧郁)	1—很少;2—有时;3—经常;4—总是
2	我觉得一天中早晨最好(晨重夜轻)	1—很少;2—有时;3—经常;4—总是
3	我经常哭或觉得想哭(易哭)	1—很少;2—有时;3—经常;4—总是
4	我晚上睡眠不好(睡眠障碍)	1—很少;2—有时;3—经常;4—总是
5	我吃得跟平常一样多(食欲减退)	1—很少;2—有时;3—经常;4—总是
6	我与异性密切接触时和以往一样感到愉快(性兴趣减退)	1—很少;2—有时;3—经常;4—总是
7	我发觉我的体重在下降(体重减轻)	1—很少;2—有时;3—经常;4—总是
8	我有便秘的苦恼(便秘)	1—很少;2—有时;3—经常;4—总是
9	我心跳比平常快(心悸)	1—很少;2—有时;3—经常;4—总是
10	我无缘无故地感到疲乏(易倦)	1—很少;2—有时;3—经常;4—总是
11	我的头脑和平常一样清楚(思考困难)	1—很少;2—有时;3—经常;4—总是
12	我觉得经常做的事情并没有困难(能力减退)	1—很少;2—有时;3—经常;4—总是
13	我觉得不安而且平静不下来(不安)	1—很少;2—有时;3—经常;4—总是
14	我对未来抱有希望(绝望)	1—很少;2—有时;3—经常;4—总是

续上表

序号	题目(括号中为症状名称)	选项
15	我比平常容易生气、激动(易激惹)	1—很少;2—有时;3—经常;4—总是
16	我觉得作出决定是容易的(决断困难)	1—很少;2—有时;3—经常;4—总是
17	我觉得自己是个有用的人,有人需要我(无用感)	1—很少;2—有时;3—经常;4—总是
18	我的生活过得很有意思(生活空虚感)	1—很少;2—有时;3—经常;4—总是
19	我认为如果我死了,别人会生活得更好(无价值感)	1—很少;2—有时;3—经常;4—总是
20	平常感兴趣的事我仍然感兴趣(兴趣丧失)	1—很少;2—有时;3—经常;4—总是
总分		
标准分 = 总分 ×1.25		

3. 测试计分

第2、5、6、11、12、14、16、17、18、20题,1 = 4分,2 = 3分,3 = 2分,4 = 1分。其余题目1 = 1分,2 = 2分,3 = 3分,4 = 4分。所有题目得分相加得总分,总分乘1.25得标准分。

4. 结果解释

SDS总分的正常上限为41分,分值越低状态越好。标准分为总分乘1.25后所得的整数部分。按照中国常模结果,以SDS标准分大于或等于50判断为有抑郁症状。SDS标准分的分界值为53分,其中53~62分为轻度抑郁,63~72分为中度抑郁,73分以上为重度抑郁。

抑郁严重度 = 各条目累计分 ÷80。结果:0.5以下为无抑郁,0.5~0.59为轻微至轻度抑郁,0.6~0.69为中度抑郁,0.7以上为重度抑郁。仅供参考。

附录4 领悟社会支持量表

1. 测试说明

社会支持指来自社会各方面包括家庭、朋友、同事、伙伴、党团和工会等组织给予个体的精神上和物质上的帮助支援,反映了一个人与社会联系的密切程度和质量。

适宜人群:18岁以上成年人。用于测试个体的社会支持程度。原作者通过因素分析将领悟社会支持量表(PSSS)条目分为家庭支持、朋友支持和其他支持三类。

2. 开始测试

以下有12个句子,每一个句子后面有7个答案。请根据自己的实际情况在每句后面选择一个答案。例如,选择“1”表示极不同意,即说明实际情况与这一句子极不相符;选择“7”表示极同意,即说明实际情况与这一句子极相符;选择“4”表示中立状态。其余类推。

序号	题目	选项
1	在我遇到问题时,有些人(领导、亲戚、同学)会出现在我身旁	1—极不同意;2—很不同意;3—稍不同意;4—中立;5—稍同意;6—很同意;7—极同意
2	我能够与有些人(领导、亲戚、同学)共享快乐和忧伤	1—极不同意;2—很不同意;3—稍不同意;4—中立;5—稍同意;6—很同意;7—极同意
3	我的家庭能够切实、具体地给我帮助	1—极不同意;2—很不同意;3—稍不同意;4—中立;5—稍同意;6—很同意;7—极同意
4	在需要时,我能够从家庭获得感情上的帮助和支持	1—极不同意;2—很不同意;3—稍不同意;4—中立;5—稍同意;6—很同意;7—极同意
5	当我有困难时,有些人(领导、亲戚、同学)能够真正给我安慰	1—极不同意;2—很不同意;3—稍不同意;4—中立;5—稍同意;6—很同意;7—极同意
6	我的朋友能真正地帮助我	1—极不同意;2—很不同意;3—稍不同意;4—中立;5—稍同意;6—很同意;7—极同意
7	在发生困难时,我可以依靠我的朋友们	1—极不同意;2—很不同意;3—稍不同意;4—中立;5—稍同意;6—很同意;7—极同意
8	我能与自己的家人谈论我的难题	1—极不同意;2—很不同意;3—稍不同意;4—中立;5—稍同意;6—很同意;7—极同意
9	我的朋友们能与我分享快乐和忧伤	1—极不同意;2—很不同意;3—稍不同意;4—中立;5—稍同意;6—很同意;7—极同意
10	在我的生活中,有些人(领导、亲戚、同学)关心着我的感情	1—极不同意;2—很不同意;3—稍不同意;4—中立;5—稍同意;6—很同意;7—极同意
11	我的家人能心甘情愿协助我做各种决定	1—极不同意;2—很不同意;3—稍不同意;4—中立;5—稍同意;6—很同意;7—极同意
12	我能与朋友们讨论自己的难题	1—极不同意;2—很不同意;3—稍不同意;4—中立;5—稍同意;6—很同意;7—极同意
总分		

3. 测试计分

计分方法:选“1”得1分,选“7”得7分,其余类推。

总分为12~36分为低支持状态,总分为37~60分为中间支持状态,总分为61~84分为高支持状态。总分越高,说明个体的社会支持程度越高。

附录5 SCL-90症状自评量表

1. 测试说明

SCL-90症状自评量表共有90个项目,采用10个因子分别反映10个方面的心理症状情况。其目的是从感觉、情感、思维、意识、行为直到生活习惯、人际关系、饮食睡眠等多种角度,评定一个人是否具有某种心理症状及其严重程度如何。评定的时间是"最近一个星期"的实际感觉。

本测验共90个自我评定项目,测验的10个因子分别为:躯体化、强迫症状、人际关系敏感、抑郁、焦虑、敌对、恐惧、偏执、精神病性及其他。

每一个项目均采取5级评分制,具体说明如下。

0—没有:自觉并无该项问题(症状),记0分。

1—很轻:自觉有该问题,但发生得并不频繁,记1分。

2—中等:自觉有该项症状,其程度为轻度到中度,记2分。

3—偏重:自觉常有该项症状,其程度为中度到严重,记3分。

4—严重:自觉该症状的频度和强度都十分严重,记4分。

2. 开始测试

以下表格中列出了一些有可能会出现的问题,请仔细阅读每一条,然后根据最近一个星期内下述情况影响你的实际感觉,选择符合的选项。结果无正误、好坏之分,心理健康教育中心的老师将严格遵守职业道德,为你保密。

序号	题目	选项
1	头痛	0—没有;1—很轻;2—中等;3—偏重;4—严重
2	神经过敏,心中不踏实	0—没有;1—很轻;2—中等;3—偏重;4—严重
3	头脑中有不必要的想法或字句盘旋	0—没有;1—很轻;2—中等;3—偏重;4—严重
4	头晕或晕倒	0—没有;1—很轻;2—中等;3—偏重;4—严重
5	对异性的兴趣减退	0—没有;1—很轻;2—中等;3—偏重;4—严重
6	对旁人求全责备	0—没有;1—很轻;2—中等;3—偏重;4—严重
7	感到别人能控制你的思想	0—没有;1—很轻;2—中等;3—偏重;4—严重
8	责怪别人制造麻烦	0—没有;1—很轻;2—中等;3—偏重;4—严重
9	记忆力减退	0—没有;1—很轻;2—中等;3—偏重;4—严重
10	担心自己的衣饰不整齐及仪态不端正	0—没有;1—很轻;2—中等;3—偏重;4—严重
11	容易烦恼和激动	0—没有;1—很轻;2—中等;3—偏重;4—严重
12	胸痛	0—没有;1—很轻;2—中等;3—偏重;4—严重
13	害怕空旷的场所或街道	0—没有;1—很轻;2—中等;3—偏重;4—严重
14	感到自己的精力下降、活动减慢	0—没有;1—很轻;2—中等;3—偏重;4—严重
15	想结束自己的生命	0—没有;1—很轻;2—中等;3—偏重;4—严重
16	听到旁人听不到的声音	0—没有;1—很轻;2—中等;3—偏重;4—严重
17	发抖	0—没有;1—很轻;2—中等;3—偏重;4—严重
18	感到大多数人都不可信任	0—没有;1—很轻;2—中等;3—偏重;4—严重
19	胃口不好	0—没有;1—很轻;2—中等;3—偏重;4—严重
20	容易哭泣	0—没有;1—很轻;2—中等;3—偏重;4—严重
21	同异性相处时感到害羞不自在	0—没有;1—很轻;2—中等;3—偏重;4—严重

续上表

序号	题目	选项
22	感到受骗、中了圈套或有人想抓住你	0—没有;1—很轻;2—中等;3—偏重;4—严重
23	无缘无故地突然感到害怕	0—没有;1—很轻;2—中等;3—偏重;4—严重
24	自己不能控制地大发脾气	0—没有;1—很轻;2—中等;3—偏重;4—严重
25	怕单独出门	0—没有;1—很轻;2—中等;3—偏重;4—严重
26	经常责怪自己	0—没有;1—很轻;2—中等;3—偏重;4—严重
27	腰痛	0—没有;1—很轻;2—中等;3—偏重;4—严重
28	感到难以完成任务	0—没有;1—很轻;2—中等;3—偏重;4—严重
29	感到孤独	0—没有;1—很轻;2—中等;3—偏重;4—严重
30	感到苦闷	0—没有;1—很轻;2—中等;3—偏重;4—严重
31	过分担忧	0—没有;1—很轻;2—中等;3—偏重;4—严重
32	对事物不感兴趣	0—没有;1—很轻;2—中等;3—偏重;4—严重
33	感到害怕	0—没有;1—很轻;2—中等;3—偏重;4—严重
34	你的感情容易受到伤害	0—没有;1—很轻;2—中等;3—偏重;4—严重
35	旁人能知道你的私下想法	0—没有;1—很轻;2—中等;3—偏重;4—严重
36	感到别人不理解你、不同情你	0—没有;1—很轻;2—中等;3—偏重;4—严重
37	感到人们对你不友好、不喜欢你	0—没有;1—很轻;2—中等;3—偏重;4—严重
38	做事必须做得很慢,以保证做得正确	0—没有;1—很轻;2—中等;3—偏重;4—严重
39	心跳得很厉害	0—没有;1—很轻;2—中等;3—偏重;4—严重
40	恶心或胃部不舒服	0—没有;1—很轻;2—中等;3—偏重;4—严重
41	感到比不上他人	0—没有;1—很轻;2—中等;3—偏重;4—严重
42	肌肉酸痛	0—没有;1—很轻;2—中等;3—偏重;4—严重
43	感到有人在监视你、谈论你	0—没有;1—很轻;2—中等;3—偏重;4—严重
44	难以入睡	0—没有;1—很轻;2—中等;3—偏重;4—严重
45	做事必须反复检查	0—没有;1—很轻;2—中等;3—偏重;4—严重
46	难以做出决定	0—没有;1—很轻;2—中等;3—偏重;4—严重
47	怕乘电车、公共汽车、地铁或火车	0—没有;1—很轻;2—中等;3—偏重;4—严重
48	呼吸困难	0—没有;1—很轻;2—中等;3—偏重;4—严重
49	一阵阵发冷或发热	0—没有;1—很轻;2—中等;3—偏重;4—严重
50	因为感到害怕而避开某些东西、场合或活动	0—没有;1—很轻;2—中等;3—偏重;4—严重
51	脑子变空了	0—没有;1—很轻;2—中等;3—偏重;4—严重
52	身体发麻或刺痛	0—没有;1—很轻;2—中等;3—偏重;4—严重
53	喉咙有梗塞感	0—没有;1—很轻;2—中等;3—偏重;4—严重
54	感到前途没有希望	0—没有;1—很轻;2—中等;3—偏重;4—严重
55	不能集中注意力	0—没有;1—很轻;2—中等;3—偏重;4—严重
56	感到身体的某一部分软弱无力	0—没有;1—很轻;2—中等;3—偏重;4—严重
57	感到紧张或容易紧张	0—没有;1—很轻;2—中等;3—偏重;4—严重
58	感到手或脚发重	0—没有;1—很轻;2—中等;3—偏重;4—严重

续上表

序号	题目	选项
59	想到死亡的事	0—没有;1—很轻;2—中等;3—偏重;4—严重
60	吃得太多	0—没有;1—很轻;2—中等;3—偏重;4—严重
61	当别人看着你或谈论你时感到不自在	0—没有;1—很轻;2—中等;3—偏重;4—严重
62	有一些不属于你自己的想法	0—没有;1—很轻;2—中等;3—偏重;4—严重
63	有想打人或伤害他人的冲动	0—没有;1—很轻;2—中等;3—偏重;4—严重
64	醒得太早	0—没有;1—很轻;2—中等;3—偏重;4—严重
65	必须反复洗手、点数或触摸某些东西	0—没有;1—很轻;2—中等;3—偏重;4—严重
66	睡得不稳、不深	0—没有;1—很轻;2—中等;3—偏重;4—严重
67	有摔坏或破坏东西的想法	0—没有;1—很轻;2—中等;3—偏重;4—严重
68	有一些别人没有的想法	0—没有;1—很轻;2—中等;3—偏重;4—严重
69	感到对别人神经过敏	0—没有;1—很轻;2—中等;3—偏重;4—严重
70	在商店或电影院等人多的地方感到不自在	0—没有;1—很轻;2—中等;3—偏重;4—严重
71	感到做任何事情都很困难	0—没有;1—很轻;2—中等;3—偏重;4—严重
72	感到一阵阵恐惧或惊恐	0—没有;1—很轻;2—中等;3—偏重;4—严重
73	感到在公共场合吃东西很不舒服	0—没有;1—很轻;2—中等;3—偏重;4—严重
74	经常与人争论	0—没有;1—很轻;2—中等;3—偏重;4—严重
75	单独一人时神经很紧张	0—没有;1—很轻;2—中等;3—偏重;4—严重
76	感到别人对你的成绩没有作出恰当的评价	0—没有;1—很轻;2—中等;3—偏重;4—严重
77	即使和别人在一起也感到孤单	0—没有;1—很轻;2—中等;3—偏重;4—严重
78	感到坐立不安,心神不定	0—没有;1—很轻;2—中等;3—偏重;4—严重
79	感到自己没有什么价值	0—没有;1—很轻;2—中等;3—偏重;4—严重
80	感到熟悉的东西变成陌生的或不像是真的	0—没有;1—很轻;2—中等;3—偏重;4—严重
81	大叫或摔东西	0—没有;1—很轻;2—中等;3—偏重;4—严重
82	害怕会在公共场合晕倒	0—没有;1—很轻;2—中等;3—偏重;4—严重
83	感到别人想占你的便宜	0—没有;1—很轻;2—中等;3—偏重;4—严重
84	为一些有关性的想法而苦恼	0—没有;1—很轻;2—中等;3—偏重;4—严重
85	你认为应该因为自己的过错而受到惩罚	0—没有;1—很轻;2—中等;3—偏重;4—严重
86	感到要很快把事情做完	0—没有;1—很轻;2—中等;3—偏重;4—严重
87	感到自己的身体有严重问题	0—没有;1—很轻;2—中等;3—偏重;4—严重
88	从未感到和其他人很亲近	0—没有;1—很轻;2—中等;3—偏重;4—严重
89	感到自己有罪	0—没有;1—很轻;2—中等;3—偏重;4—严重
90	感到自己的想法不正常	0—没有;1—很轻;2—中等;3—偏重;4—严重

3. 测试计分

总分超过 160 分或阳性项目数超过 43 项,或任一因子分超过 2 分,就可以考虑筛选阳性。

(1)总分:90 个项目得分之和。

(2)总症状指数(总均分):总分除以90。

总症状指数为0~0.5,表明被试自我感觉没有量表中所列的症状;为0.6~1.5,表明被试感觉有点症状,但发生得并不频繁;为1.6~2.5,表明被试感觉有症状,其程度为轻到中度;为2.6~3.5,表明被试感觉有症状,其程度为中度到严重;为3.6~4,表明被试感觉有症状且症状的频度和强度都十分严重。

(3)阳性项目数:指被评为1~4分的项目数分别是多少,它表示被试在多少项目中感到"有症状"。

阳性症状均分(总分除以阳性项目数):指个体自我感觉不佳的项目的程度究竟处于哪个水平。

(4)因子分:SCL-90包括10个因子,每一个因子反映个体某方面的症状情况,通过因子分可了解症状分布特点。当个体在某一因子的得分大于2时,即超出正常均分,则个体在该方面就很可能有心理健康方面的问题。

①躯体化,包括序号1、4、12、27、40、42、48、49、52、53、56、58,共12项。

躯体化主要反映身体不适感,包括心血管、胃肠道、呼吸和其他系统的不适,头痛、背痛、肌肉酸痛,以及焦虑等。

该分量表的得分为0~48分。得分在24分以上,表明个体在身体上有较明显的不适感,并常伴有头痛、肌肉酸痛等症状。得分在12分以下,躯体症状表现不明显。总的说来,得分越高,躯体的不适感越强;得分越低,症状体验越不明显。

②强迫症状,包括序号3、9、10、28、38、45、46、51、55、65,共10项。

强迫症状主要指那些明知没有必要,但又无法摆脱的无意义的思想、冲动和行为,一些比较一般的认知障碍的行为征象也在这一因子中反映。

该分量表的得分为0~40分。得分在20分以上,强迫症状较明显。得分在10分以下,强迫症状不明显。总的说来,得分越高,表明个体越无法摆脱一些无意义的行为、思想和冲动,并可能表现出一些认知障碍的行为征兆;得分越低,表明个体在此种症状上表现越不明显,没有出现强迫行为。

③人际关系敏感,包括序号6、21、34、36、37、41、61、69、73,共9项。

人际关系敏感主要是指某些人际的不自在与自卑感,特别是与其他人比较时更加突出。在人际交往中的自卑感,心神不安,明显的不自在,以及人际交流中的不良自我暗示,消极的期待等是产生这方面症状的典型原因。

该分量表的得分为0~36分。得分在18分以上,表明个体人际关系较为敏感,人际交往中自卑感较强,并伴有行为症状(如坐立不安、退缩等)。得分在9分以下,表明个体在人际关系上较为正常。总的说来,得分越高,个体在人际交往中表现出的问题就越多,自卑、自我中心越突出,并且已表现出消极的期待;得分越低,个体在人际关系上越能应付自如,人际交流自信、胸有成竹,并抱有积极的期待。

④抑郁,包括序号5、14、15、20、22、26、29、30、31、32、54、71、79,共13项。

苦闷的情感与心境为其代表性症状,以生活兴趣的减退、动力缺乏、活力丧失等为特征,还表现出失望、悲观以及与抑郁相联系的认知和躯体方面的感受,另外,还包括有关死亡的思想和自杀观念。

该分量表的得分为0~52分。得分在26分以上,表明个体的抑郁程度较强,生活缺乏足够的兴趣,缺乏运动活力,极端情况下,可能会有想死亡的思想和自杀的想法。得分在13分以下,表明个体抑郁程度较弱,生活态度乐观积极,充满活力,心情愉快。总的说来,得分越高,抑郁程度越明显;得分越低,抑郁程度越不明显。

⑤焦虑,包括序号2、17、23、33、39、57、72、78、80、86,共10项。

焦虑一般指烦躁、坐立不安、神经过敏、紧张以及由此产生的躯体征象,如震颤等。

该分量表的得分为0~40分。得分在20分以上,表明个体较易焦虑,易表现出烦躁、不安静和神经过敏,极端时可能导致惊恐发作。得分在10分以下,表明个体不易焦虑,易表现出安定的状态。总的说来,得分越高,焦虑表现越明显;得分越低,越不会导致焦虑。

⑥敌对,包括序号11、24、63、67、74、81,共6项。

主要从三方面反映敌对的表现:思想、感情及行为。其项目包括厌烦的感觉、摔物、争论直到不可控制而脾气爆发等各方面。

该分量表的得分为0~24分。得分在12分以上,表明个体易表现出敌对的思想、情感和行为。得分在6分以下,表明个体容易表现出友好的思想、情感和行为。总的说来,得分越高,个体越容易敌对,好争论,脾气难以控制;得分越低,个体的脾气越温和,待人友好,不喜欢争论,无破坏行为。

⑦恐怖,包括序号13、25、47、50、70、75、82,共7项。

恐惧的对象包括出门旅行、空旷场地、人群或公共场所和交通工具。此外,还有社交恐怖。

该分量表的得分为0~28分。得分在14分以上,表明个体恐怖症状较为明显,常表现出社交、广场和人群恐惧。得分在7分以下,表明个体的恐怖症状不明显。总的说来,得分越高,个体越容易对一些场所和物体感到恐惧,并伴有明显的躯体症状;得分越低,个体越不易产生恐怖心理,越能正常地交往和活动。

⑧偏执,包括序号8、18、43、68、76、83,共6项。

偏执主要指投射性思维、敌对、猜疑、妄想、被动体验和夸大等。

该分量表的得分为0~24分。得分在12分以上,表明个体的偏执症状明显,较易猜疑和敌对。得分在6分以下,表明个体的偏执症状不明显。总的说来,得分越高,个体越易偏执,表现出投射性的思维和妄想;得分越低,个体思维越不易走极端。

⑨精神病性,包括序号7、16、35、62、77、84、85、87、88、90,共10项。

反映各式各样的急性症状和行为,即限定不严的精神病性过程的症状表现。

该分量表的得分为0~40分。得分在20分以上,表明个体的精神病性症状较为明显。得分在10分以下,表明个体的精神病性症状不明显。总的说来,得分越高,越多地表现出精神病性症状和行为;得分越低,就越少表现出这些症状和行为。

⑩其他，包括序号19、44、59、60、64、66、89，共7项。

附加项目或其他，作为第10个因子处理，以便使各因子分之和等于总分。

附录6　自我和谐量表

1.测试说明

自我和谐量表(SCCS)依据人格理论中自我和谐概念的7个维度(情感及其个人意义、体验、不和谐、自我交流、经验的组成、与问题的关系、关系的方式)设计，由治疗者的主观评定变为患者的自我报告。经因素分析得到三个分量表："自我与经验的不和谐""自我的灵活性""自我的刻板性"。自我和谐是对症状的原因进行评价，量表既可以作为评估心理健康状况的一般工具，也可以用于心理治疗研究和实践的疗效评估。

2.开始测试

下面是一些个人对自己看法的陈述，填答时，请看清每句话的意思，然后圈选一个数字以代表该句话与你现在对自己的看法符合的程度，每个人对自己的看法都有其独特性，因此答案是没有对错的，你只要如实回答就可以了。

序号	题目	选项
1	我周围的人往往觉得我对自己的看法有些矛盾	1—完全不符合；2—比较不符合；3—不确定；4—比较符合；5—完全符合
2	有时我会对自己在某方面的表现不满意	1—完全不符合；2—比较不符合；3—不确定；4—比较符合；5—完全符合
3	每当遇到困难，我总是首先分析造成困难的原因	1—完全不符合；2—比较不符合；3—不确定；4—比较符合；5—完全符合
4	我很难恰当地表达我对别人的情感反应	1—完全不符合；2—比较不符合；3—不确定；4—比较符合；5—完全符合
5	我对很多事情都有自己的观点，但我并不要求别人也与我一样	1—完全不符合；2—比较不符合；3—不确定；4—比较符合；5—完全符合
6	我一旦形成对事物的看法，就不会再改变	1—完全不符合；2—比较不符合；3—不确定；4—比较符合；5—完全符合
7	我经常对自己的行为不满意	1—完全不符合；2—比较不符合；3—不确定；4—比较符合；5—完全符合
8	尽管有时得做一些不愿意的事，但我基本上是按自己的意愿办事的	1—完全不符合；2—比较不符合；3—不确定；4—比较符合；5—完全符合
9	一件事的好与不好，没有什么可含糊的	1—完全不符合；2—比较不符合；3—不确定；4—比较符合；5—完全符合

续上表

序号	题目	选项
10	我如果在某件事上不顺利，就往往会怀疑自己的能力	1—完全不符合；2—比较不符合；3—不确定；4—比较符合；5—完全符合
11	我至少有几个知心朋友	1—完全不符合；2—比较不符合；3—不确定；4—比较符合；5—完全符合
12	我觉得我做的很多事情都是不该做的	1—完全不符合；2—比较不符合；3—不确定；4—比较符合；5—完全符合
13	不论别人怎么说，我的观点绝不改变	1—完全不符合；2—比较不符合；3—不确定；4—比较符合；5—完全符合
14	别人常常会误解我对他们的好意	1—完全不符合；2—比较不符合；3—不确定；4—比较符合；5—完全符合
15	很多情况下我不得不对自己的能力表示怀疑	1—完全不符合；2—比较不符合；3—不确定；4—比较符合；5—完全符合
16	我朋友中有些是与我截然不同的人，但这并不影响我们的关系	1—完全不符合；2—比较不符合；3—不确定；4—比较符合；5—完全符合
17	与朋友交往过多容易暴露自己的隐私	1—完全不符合；2—比较不符合；3—不确定；4—比较符合；5—完全符合
18	我很了解自己对周围人的情感	1—完全不符合；2—比较不符合；3—不确定；4—比较符合；5—完全符合
19	我觉得自己目前的处境与我的要求相距太远	1—完全不符合；2—比较不符合；3—不确定；4—比较符合；5—完全符合
20	我很少去想自己做的事是否应该	1—完全不符合；2—比较不符合；3—不确定；4—比较符合；5—完全符合
21	我遇到的很多问题都无法自己解决	1—完全不符合；2—比较不符合；3—不确定；4—比较符合；5—完全符合
22	我很清楚自己是什么样的人	1—完全不符合；2—比较不符合；3—不确定；4—比较符合；5—完全符合
23	我能自如地表达我要表达的意思	1—完全不符合；2—比较不符合；3—不确定；4—比较符合；5—完全符合
24	如果有足够的证据，我也可以改变自己的观点	1—完全不符合；2—比较不符合；3—不确定；4—比较符合；5—完全符合
25	我很少考虑自己是一个什么样的人	1—完全不符合；2—比较不符合；3—不确定；4—比较符合；5—完全符合
26	把心里话告诉别人不仅得不到帮助，还可能招致麻烦	1—完全不符合；2—比较不符合；3—不确定；4—比较符合；5—完全符合
27	在遇到问题时，我总觉得别人都离我很远	1—完全不符合；2—比较不符合；3—不确定；4—比较符合；5—完全符合
28	我觉得很难发挥出自己应有的水平	1—完全不符合；2—比较不符合；3—不确定；4—比较符合；5—完全符合

续上表

序号	题目	选项
29	我很担心自己的所作所为会引起别人的误解	1—完全不符合;2—比较不符合;3—不确定;4—比较符合;5—完全符合
30	如果我发现自己某些方面表现不佳,总希望尽快弥补	1—完全不符合;2—比较不符合;3—不确定;4—比较符合;5—完全符合
31	每个人都在忙自己的事,很难与他们沟通	1—完全不符合;2—比较不符合;3—不确定;4—比较符合;5—完全符合
32	我认为能力再强的人也可能遇上难题	1—完全不符合;2—比较不符合;3—不确定;4—比较符合;5—完全符合
33	我经常感到自己是孤独无援的	1—完全不符合;2—比较不符合;3—不确定;4—比较符合;5—完全符合
34	一旦遇到麻烦,无论怎样做都无济于事	1—完全不符合;2—比较不符合;3—不确定;4—比较符合;5—完全符合
35	我总能清楚地了解自己的感受	1—完全不符合;2—比较不符合;3—不确定;4—比较符合;5—完全符合

3. 测试计分

评分标准:完全不符合计 1 分,比较不符合计 2 分,不确定计 3 分,比较符合计 4 分,完全符合计 5 分。

各分量表的得分为其包含的项目得分直接相加。

三个分量表包含的项目及题号见下表:

项目	包含题目	大学生常模	自测分数
自我与经验的不和谐	1、4、7、10、12、14、15、17、19、21、23、27、28、29、31、33,共 16 项	46.13 ±10.01	
自我的灵活性	2、3、5、8、11、16、18、22、24、30、32、35,共 12 项	45.44 ±7.44	
自我的刻板性	6、9、13、20、25、26、34,共 7 项	18.12 ±5.09	

“自我与经验的不和谐”反映的是自我与经验之间的关系,包含对能力和情感的自我评价、自我一致性、无助感等,它产生的症状更多地反映了对经验的不合理期望。高于 50(±1.25SD)为高分组。

“自我的灵活性”与敌对与恐惧的相关显著,可以预示自我概念的刻板和僵化。高于55(1.19SD)为高分组。

“自我的刻板性”不仅同质性信度较低,而且与偏执有显著相关,使用仍然在探索中。高于23(1.22SD)为高分组。

此外还可以计算总分,方法是将“自我的灵活性”反向计分,再与其他两个分量表得分相加。得分越高,自我和谐程度越高,大学生中,低于 74 分为低分组,75 ~ 102 分为中间组,103 分及以上为高分组。

参考文献

[1] 夏翠翠. 大学生心理健康教育:慕课版[M]. 3 版. 北京:人民邮电出版社,2022.
[2] 黄希庭,郑涌. 大学生心理健康教育[M]. 3 版. 上海:华东师范大学出版社,2020.
[3] 胡谊,张亚,朱虹. 大学生心理健康教育[M]. 2 版. 上海:华东师范大学出版社,2023.
[4] 方平. 自助与成长:大学生心理健康教育:高职高专版[M]. 3 版. 北京:教育科学出版社,2020.
[5] 陈秋燕. 大学生心理健康教育[M]. 北京:北京师范大学出版社,2020.
[6] 周莉,刘海娟. 大学生心理健康教育[M]. 北京:中国人民大学出版社,2020.
[7] 汪丽华,何仁富. 大学生心理健康与生命教育[M]. 北京:北京师范大学出版社,2013.
[8] 洪洁州,夏敏慧,李梓欣. 团体心理游戏 256 例[M]. 北京:人民邮电出版社,2023.
[9] 严玲. 大学生心理健康[M]. 武汉:华中科技大学出版社,2019.
[10] 程灵,邵雅利. 大学生积极心理教育[M]. 北京:清华大学出版社,2022.
[11] 樊富珉,费俊峰. 大学生心理健康十六讲[M]. 2 版. 北京:高等教育出版社,2020.
[12] 申子姣,夏翠翠. 大学生心理健康教育教师用书:手把手教你打造体验式课堂[M]. 2 版. 北京:人民邮电出版社,2022.
[13] 俞国良. 大学生心理健康[M]. 2 版. 北京:北京师范大学出版社,2022.
[14] 何元庆,全莉娟. 大学生心理健康教育[M]. 北京:高等教育出版社,2019.
[15] 郑日昌. 大学生心理健康:自主与自助手册[M]. 2 版. 北京:高等教育出版社,2013.
[16] 朱育红,潘力军,王爱丽. 大学生心理健康教育课堂互动手册[M]. 上海:华东理工大学出版社,2015.